인생이 즐거워지고 비즈니스가 풍요로워
SNS소통연구소 교육 소개

현재 전국에 수백 명의 스마트폰 활용지도사 자격증을 취득한 뉴미디어 마케팅 전문 강사들이 강사로 활동 중에 있습니다.

- **스마트폰 활용지도사 2급 및 1급 자격증**
  스마트폰 기본 활용부터 스마트폰 UCC, 스마트폰 카메라, 스마트워크, 스마트폰 마케팅 교육 등 스마트폰 전문강사를 양성하고 있습니다.

- **유튜브 크리에이터 전문지도사 2급 및 1급 자격증**
  유튜브 기본 활용부터 실전 유튜브 마케팅까지 실질적으로 도움이 되고 돈이 되는 교육을 실시하고 있습니다.

- **SNS마케팅 전문지도사 2급 및 1급 자격증**
  다양한 SNS채널을 활용해서 고객을 유혹하고 매출을 증대시킬 수 있는 실전 노하우와 SNS마케팅 효과를 극대화하기 위한 광고 전략을 구축할 수 있는 노하우에 대해서 교육을 진행 하고 있습니다.

- **프리젠테이션 전문지도사 2급 및 1급 자격증**
  기업체에서 발표자료를 만들거나 제안서를 만들 때 꼭 알고 활용해야 할 프리젠테이션 제작 노하우를 중점적으로 교육하고 있습니다.

- **스마트워크 전문지도사 2급 및 1급 자격증**
  스마트폰 및 SNS를 활용해서 실전에 꼭 필요한 기능과 업무효율을 높일 수 있는 노하우에 대해서 교육을 진행하고 있습니다.

- **디지털문해교육 전문지도사 2급 및 1급 자격증**
  초등학교부터 대기업 임원을 포함한 퇴직 예정자들까지 디지털 기술 활용에 대한 교육을 진행할 수 있도록 디지털문해교육 전문지도사가 교육하고 있습니다.

- **디지털범죄예방 전문지도사 2급 및 1급 자격증**
  4차 산업혁명시대! 디지털리터러시 시대에 청소년부터 성인들에게 이르기까지 각종 디지털범죄로 인해 입을 피해를 방지하고자 교육합니다.

- **AI 챗GPT 전문지도사 2급 및 1급 자격증**
  디지털 대전환시대에 누구나 배우고 익혀야 할 AI챗GPT 각 분야별 전문 강사를 양성하고 있습니다.

SNS소통연구소는

2010년 4월부터 **뉴미디어 마케팅 교육(스마트폰, SNS 마케팅, 유튜브 크리에이터, 프리젠테이션, 컴퓨터 활용 등)**을 진행하고 있으며 4,000여명의 스마트폰 활용지도사를 양성해오고 있습니다. 현재 전국 72개의 지부 및 지국을 운영하고 있습니다.

교육 문의 **02-747-3265 / 010-9967-6654**
이 메 일 **snsforyou@gmail.com**

책을 내면서…

대한민국 국민 5,162만명!
이동전화 가입자 수 5,450만대!

이번에 출간하는 책은 15년 동안 뉴미디어 마케팅 교육(스마트폰, SNS마케팅 등)을 해오고 있는 SNS소통연구소에서 시니어 실버분들의 즐거운 인생을 위해 시니어 실버가 보기 편하게 제작한 책입니다.

책 크기도 A4 크기이고 글자 크기도 14포인트로 제작해 시니어 실버분들이 책을 보는 데 있어 매우 편하게 되어 있습니다.

SNS소통연구소는 14년 동안 시니어 실버들에게 스마트폰 활용 교육을 하면서 꼭 필요한 스마트폰 활용 기능이 무엇인지 누구보다도 잘 알고 있습니다.

따라서 SNS소통연구소에서 발행한 이 책은 스마트폰 활용을 잘 못하시는 시니어 실버 분들에게 훌륭한 스마트폰 기본 활용의 지침서가 될 것입니다.

또한, 전국에서 스마트폰 활용 교육을 하고 계시는 스마트폰 강사님들도 이 책을 스마트폰 기본 교육 시 교재로 사용하시면 강사님과 수강생 분들에게 많은 도움이 되실 거라 자부합니다.

현재 시니어 실버들을 위한 스마트폰 활용 중급편, 고급편 뿐만 아니라 스마트폰 교육 관련 다양한 분야도 출간 중에 있습니다. (예를 들어 스마트폰 카메라, 스마트폰 UCC, 유튜브 크리에이터, 블로그 등)

SNS소통연구소는 2010년도부터 스마트폰 활용 교육을 전문적으로 해오고 있습니다.

스마트폰 교육 전문가를 양성하기 위해서 국내 최초로 스마트폰 강사 자격증인 [스마트폰 활용지도사] 교육을 통해 현재까지 4,300명 이상 되는 분들을 양성했습니다.

자격을 취득하고 훈련을 통해 전문가로 거듭난 [스마트폰 활용지도사] 선생님들은 전국 각 기관 및 단체에서 왕성히 활동을 하고 있습니다.

이번 책 구성도 전국에서 강의를 하는 스마트폰 활용지도사 선생님들의 교육 커리큘럼을 참고해서 탄생하게 된 것입니다.

필요로 하는 전부를 담아내지는 못하지만 그래도 이번 책을 통해 스마트폰 활용 교육 강사님들이나 수강생들 모두에게 도움이 되었으면 좋겠습니다.

SNS소통연구소가 항상 강조하고 있는 "스마트폰 제대로 배우고 익히면 인생이 즐거워지고 비즈니스가 풍요로워집니다!"를 대한민국 국민 모두가 공감하고 제대로 스마트폰 활용을 하셨으면 하는 바람이 간절합니다.

SNS소통연구소 자격증 교육 교재 리스트

내 인생의 반려폰 제대로 활용하기 (기본활용편)
특강에 최적화된 내용과 간결한 구성(68P)

디지털 대전환 시대에 꼭 필요한 디지털 문해 교육의 정석(定石)
디지털문해교육 전문지도사 1급 교재

어르신들을 위한 스마트폰 기초 교실
(개정증보판)
스마트폰 기초부터 기본 UCC 활용 책

스마트폰과 함께 떠나는 해외 여행 교과서
여행에 꼭 필요한 해외 여행 길라잡이

디지털 범죄예방 교육의 정석(定石)
디지털범죄예방 전문지도사 2급 교재

누구나 쉽게 따라하는 AI 챗GPT
스마트폰에서 활용하는 AI 서비스 활용
AI 챗GPT전문지도사 2급 교재

SNS소통연구소 주요 사업 콘텐츠

뉴미디어 마케팅 교육 문의

- 스마트폰 활용
- SNS마케팅
- 유튜브크리에이터
- 프리젠테이션
- 컴퓨터 활용
- 디지털범죄예방
- AI 챗GPT 활용 등

- **SNS소통연구소**(직통전화)
  010-9967-6654
- **디지털콘텐츠그룹**(직통전화)
  02-747-3265

SNS소통연구소 지부 및 지국 활성화

- 2010년 4월부터 교육을 시작한 SNS소통연구소는 현재 전국에 72개의 지부 및 지국을 운영 중

스마트폰 활용지도사 (국내 최초! 국내 최고!)

- 2014년 10월 스마트폰 활용지도사 민간 자격증 취득
- 2급과 1급 과정을 운영 중이며 현재 4,000여 명 이상 지도사 양성

실전에 필요한 전문 교육 (다양한 분야 실전 교육 중심)

- 일반 강사들에게도 꼭 필요한 전문 교육을 실시함 (SNS마케팅, 스마트워크, 프리젠테이션, 컴퓨터 활용 등)

SNS소통연구소 출판사

- 2011년 11월부터 SNS소통연구소 출판사 운영
- 스마트폰 활용 및 SNS마케팅 관련된 책 52권 출판
- 강사들에게 필요한 다양한 분야의 책을 출간 진행 중

지역사회 발전을 위해 사회복지사처럼

스마트폰 활용지도사가 필요합니다!

● **사회복지사란?**

청소년, 노인, 가족, 여성, 장애인 등 사회적 약자에 대한 복지 정책 및 공공 복지 서비스가 증대함에 따라 사회적인 문제로 어려움을 겪는 이들을 돕는 직업

● **스마트폰 활용지도사란?**

개인이 즐거운 인생을 살아가는 데 도움을 드리고 소상공인들에게 풍요로운 비즈니스를 할 수 있도록 도움을 드리는 직업으로 스마트폰 활용지도사가 디지털 문맹 퇴치 운동에 앞장서고 즐거운 대한민국을 만들어가는데 초석이 되었으면 합니다.

SNS소통연구소 **전국 지부 봉사단 현황**

서울/경기북부	울산지부	부산지부
스마트 소통 봉사단	**스폰지**	**BS모바일**
2018년 6월부터 매주 수요일 오후 2시부터 5시까지 스마트폰 활용지도사들이 소통대학교에 모여서 강사 트레이닝을 목적으로 운영되고 있음 (기관 및 단체 재능기부 교육도 진행)	매월 정기모임을 통해서 스마트폰 활용지도사의 역량개발과 지역주민들을 위해 스마트폰 활용 교육 봉사활동 진행	모든 것이 바라는 대로 이루어집니다! 매월 정기모임을 통해서 스마트폰 활용지도사의 역량개발과 지역주민들을 위해 스마트폰 활용 교육 봉사활동 진행
제주지부	**경북지부**	**경기북부**
제스봉	**스소사**	**펀펀 스마트 봉사단**
제주도 스마트폰 봉사단 매월 정기모임을 통해서 스마트폰 활용지도사의 역량개발과 지역주민들을 위해 스마트폰 활용 교육 봉사활동 진행	'스마트하게 소통하는 사람들' 경북지부 스마트폰 봉사단 매월 정기모임을 통해서 스마트폰 활용지도사의 역량개발과 지역주민들을 위해 스마트폰 활용 교육 봉사활동 진행	'배우면 즐거워져요~' 경기북부 스마트폰 봉사단 매월 정기모임을 통해서 스마트폰 활용지도사의 역량개발과 지역주민들을 위해 스마트폰 활용 교육 봉사활동 진행
경기동부	**경기서부**	**대구지부**
스마트 119 봉사단	**스마트 위드유**	**스마트 소통 약방**
'스마트한 사람들이 모여 지역주민들의 스마트한 인생을 도와드리는 봉사단' 매월 정기모임을 통해서 스마트폰 활용지도사의 역량개발과 지역주민들을 위해 스마트폰 활용 교육 봉사활동 진행	매월 정기모임을 통해서 스마트폰 활용지도사의 역량개발과 지역주민들을 위해 스마트폰 활용 교육 봉사활동 진행	매월 정기모임을 통해서 스마트폰 활용지도사의 역량개발과 지역주민들을 위해 스마트폰 활용 교육 봉사활동 진행

SNS소통연구소
(2024년도 8월 기준) **출판 리스트 52권**

SNS소통연구소

전국 지부 및 지국 현황

서울 (지부장-이종구)
- 강남구 (지국장-최영하)
- 강동구 (지국장-윤진숙)
- 강북구 (지국장-명다경)
- 강서구 (지국장-문정임)
- 관악구 (지국장-손희주)
- 광진구 (지국장-최혁희)
- 금천구 (지국장-김명선)
- 도봉구 (지국장-오영희)
- 동대문구 (지국장-조재일)
- 동작구 (지국장-최상국)
- 마포구 (지국장-김용금)
- 서초구 (지국장-조유진)
- 성북구 (지국장-조선아)
- 송파구 (지국장-문윤영)
- 양천구 (지국장-송지열)
- 영등포구 (지국장-김은정)
- 용산구 (지국장-김수영)
- 은평구 (지국장-노승유)
- 중구 (지국장-유화순)

경기북부 (지부장-이종구)
- 의정부 (지국장-한경희)
- 양주 (지국장-유은서)
- 동두천/포천 (지국장-김상기)
- 구리 (지국장-김용희)
- 남양주시 (지국장-정덕모)
- 고양시 (지국장-백종우)

경기동부 (지부장-이종구)
- 용인시 (지국장-김지태)

경기서부 (지부장-이종구)
- 시흥시 (지국장-윤정인)
- 부천시 (지국장-김남심)
- 광명시 (지국장-이명옥)

경기남부 (지부장-이중현)
- 수원 (지국장-권미용)
- 이천/여주 (지국장-김찬곤)
- 평택시 (지국장-임계선)
- 안성시 (지국장-허진건)
- 화성시 (지국장-한금화)

인천광역시 (지부장-이종구)
- 서구 (지국장-어현경)
- 부평구 (지국장-최신만)
- 중구 (지국장-조미영)
- 계양구 (지국장-전혜정)
- 연수구 (지국장-조예윤)

강원도 (지부장-장해영)
- 강릉시 (지국장-임선강)

충청남도 (지부장-김미선)
- 청양/아산 (지국장-김경태)
- 금산/논산 (지국장-부성아)
- 천안시 (지국장-김숙)
- 홍성/예산 (지국장-김월선)

대구광역시 (지부장-임진영)

대전광역시 (지부장-이종구)
- 중구/유성구 (지국장-조대연)

경상북도 (지부장-남호정)
- 고령군 (지국장-김세희)
- 경주 (지국장-박은숙)

전라북도 (지부장-송병연)

광주광역시 (지부장-이종구)
- 북구 (지국장-김인숙)

울산광역시 (지부장-김상덕)
- 동구 (지국장-김상수)
- 남구 (지국장-박인완)
- 중구 (지국장-장동희)
- 북구 (지국장-이성일)

부산광역시 (지부장-손미연)
- 사상구 (지국장-박소순)
- 해운대구 (지국장-배재기)
- 기장군 (지국장-배재기)
- 연제구 (지국장-조환철)
- 부산진구 (지국장-김채완)
- 북구 (지국장-황연주)

제주도 (지부장-여원식)

CONTENTS

CONTENTS

CONTENTS

CONTENTS

4차 산업혁명 시대 스마트폰 활용을 제대로 배우고 익혀야 하는 이유

1 스마트폰 활용을 제대로 배우고 익혀야 하는 이유?

전 세계 유명한 경제학자들이 연구한 바에 의하면 인구 5천만 명을 기준으로 볼 때 100만 명 이상이 사용하면 패션(Fashion)이라 하고 500만 명 이상이 사용하면 트렌드(Trend)라 하고 1000만 명 이상이 사용하면 문화(Culture)라고 합니다.
패션이나 트렌드는 바뀔 수 있지만, 문화는 쉽게 바뀌지 않습니다. 이제 스마트폰 활용은 선택이 아니라 필수입니다.
이제는 스마트폰 활용 방법을 배울 지 말지가 아니라 스마트폰을 제대로 배우고 익혀서 가족 간, 세대 간의 즐거운 인생과 더욱 풍요로운 비지니스 결과를 만들어 내야 할 것입니다.

2022년 12월 현재
이동전화 가입자수 7,160만대!

대한민국 국민
5,167만명 기준

100만명 이상이 사용하면
Fashion(패션)

500만명 이상이 사용하면
Trend(트렌드)

1,000만명 이상이 사용하면
Culture(문화)

2 가족 간 지인들 간의 원활한 소통을 위해서라도 스마트폰 활용 방법 제대로 배워야 합니다.

스마트폰 활용이 문화로 자리 잡은 요즘 시니어 실버들의 경우 용어 자체가 생소한 경우가 많아 소통하는데 어려움을 많이 겪고 있습니다.

과거에는 운전면허 연습은 가족 간에 하면 싸움만 난다고 했습니다.

요즘은 스마트폰에 대해서 실버들이 물어보고 하면 자식들은 "바빠요!"하고 피하고 손주들은 "전에 알려드렸잖아요!"하고 피한답니다. 궁금해도 자존심 때문에 어디 물어볼 데도 마땅치 않은 게 현실이기도 합니다.

스마트폰 제대로 배우고 익히면 세대 간의 소통도 원활해질 것입니다. 소통이 원활하지 않으면 불통이 되고 불통이 반복되면 먹통이 되고 맙니다. 진정 스마트폰 활용 교육은 가족 간의 소통을 위해서라도 꼭 필요한 교육입니다. 손주들과 자녀들과 소통을 위해서라도 스마트폰 활용은 꼭 배우고 익히셔서 활용하시면 좋을 것 같습니다.

3 디지털 문맹 퇴치를 위해서라도 스마트폰 활용 교육은 체계적으로 이루어져야 합니다.

대한민국 국민 5,160만 명!

50세 이상은 2022년 말 기준으로 2천 2백만 명이 넘어섰고, 60세 이상은 1,400만 명, 65세 이상은 900만 명이 되었습니다.

나이가 많다고 해서 스마트폰 활용을 못 하는 건 아니지만, 현재 50세 이상 기준으로 보면 스마트폰 등의 디지털 기기 활용에 익숙치 않은 분들이 많이 있습니다. 앞으로의 부국은 자원이 많은 나라보 다도 국민 개개인의 지식수준이 높은 나라가 부국이라고 합니다.

스마트폰은 제2의 두뇌라고도 합니다. 진정 스마트폰 제대로 배우고 익혀서 디지털 문맹 인구가 줄어 들면 자연히 대한민국의 지식수준이 올라가고 부국이 되는 초석이 될 것입니다.

소통대학교
스마트 시대의
그림자
'디지털 문맹'
스마트폰 활용 교육 문의
SNS소통연구소 이종구 010-9967-6654

연합뉴스
정부 역시 이런 정보 격차를 줄이기 위해
노력하고 있습니다.
강의 수강생보다 강사의 수가
턱없이 부족하다는 지적도 있는데요.

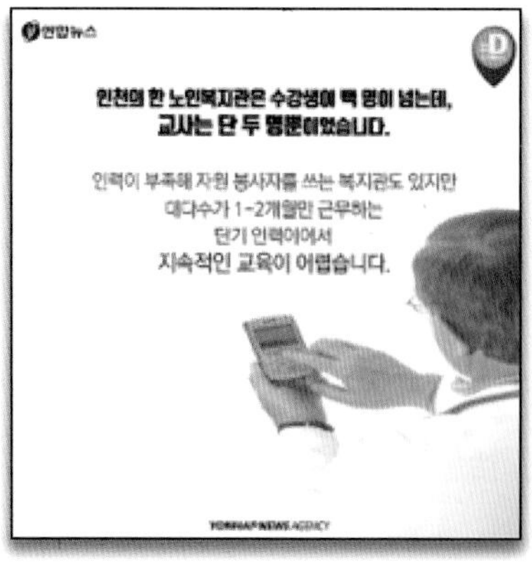
연합뉴스
인천의 한 노인복지관은 수강생이 백 명이 넘는데,
교사는 단 두 명뿐이었습니다.
인력이 부족해 자원 봉사자를 쓰는 복지관도 있지만
대다수가 1-2개월만 근무하는
단기 인력이어서
지속적인 교육이 어렵습니다.

4 스마트폰 활용 몇 번 반복해서 해보시면 어렵지 않게 하실 수 있습니다.

어르신들의 경우 처음 수업을 받으실 때 다들 어려워하십니다. 어려워하는 게 당연한 일일 것입니다. 60~70년 이상을 기계와 별로 친하지 않게 살아왔고 스마트폰 용어는 생소한 단어라 어려워 하는 게 당연한 일입니다.

하지만, 몇 번 반복해서 하다 보면 기본적인 스마트폰 활용은 어렵지 않게 하시게 됩니다.

실례로 2017년 6월 16일부터 하루에 2시간씩 15회를 서울 노원구에 있는 한 노인복지관에서 스마트폰 기초 교육을 시행하였습니다. 14분이 수강을 하시는데 평균연령 74세였습니다.

처음에는 문자 보내는 것도 힘들어하시고 카카오톡에서 사진 보내는 것도 잘 모르시던 분들이 6개월 정도 기간이 지나니까 자판 사용하는 게 어려워 문자도 안 보내고 하시던 분들이 지금은 음성으로 문자도 보내시고 카카오톡 채팅도 즐겁게 잘하십니다.

카카오페이를 간단히 등록해서 카카오톡에서 손주나 자식들에게 용돈도 보내고 선물도 간단하게 보내니 가족분들이나 주변 친구분들이 놀라워한다고 합니다.

단체방에서도 직접 촬영한 사진 위에 좋은 글이나 명언들을 입력해서 보내고, 친구들과 촬영한 사진으로 이미지 합성을 멋지게 하셔서 친구들과 공유하시고 영상 편지도 직접 만들어서 가족 및 지인들과 공유하고 즐거움을 나누고 계십니다.

현재 전국 노인복지관 등 공공기관에서 스마트폰 활용 교육을 받으시는 70대 80대 노인분 들도 몇 번 반복해서 실습해보시면 어느 정도 따라와 주시고 지금은 저희 스마트폰 활용지도사 선생님들한테 즐거운 인생을 살게 해줘서 고맙다고 볼 때마다 말씀해 주시고 카톡이나 문자로 "감사합니다""사랑합니다"를 보내주고 계십니다.

이처럼 스마트폰 활용은 처음에 뭐가 뭔지 잘 몰라서 스마트폰 사용을 못 하지만 조금만 배우고 익히시면 혼자서도 충분히 궁금한 점을 찾아서 하실 수 있습니다.

앞으로의 부국(富國)은 자원이 많은 나라보다도 국민 개개인의 지식수준이 높은 나라가 부국이 된다고 합니다.

대한민국의 발전을 위해서, 가족 간의 소통을 위해서, 조직의 발전을 위해서라도 스마트폰 제대로 배우고 익히셔야 할 것입니다.

5 스마트폰 활용 몇 번 반복해서 해보시면 어렵지 않게 하실 수 있습니다.

앞으로 치명적인 병에 걸리지 않는 이상 누구나 100년을 사는 세상이 되었습니다.
그러나 우리는 100세의 삶이 어떤지, 어떤 미래가 도래할지 제대로 알지 못합니다.
과연 100세 시대는 우리에게 세상을 열어줄 것인가?
지금 나이가 70이어도 앞으로 최소 30년 이상을 더 사실 수 있습니다. 시니어 실버들이 스마트폰을 제대로 배우고 익혀서 실생활에 활용해본다면 아주 늦은 나이에 도전해 큰 성공을 이룬 사람들 영상을 보시고 현재의 삶에 만족하지 마시고 자신이 하고 싶은 일을 하시면서 2막을 살아가시면 하는 바랍니다.
(QR코드를 스캔하시면 관련 영사을 보실 수 있습니다)

CHECK 리스트

스마트폰 개요

1 스마트폰(SmartPhone)

1) **스마트폰이란?**

손안의 PC(모바일 PC)로 시간과 공간의 제약 없는 지능형 스마트폰은 휴대폰 기능은 물론 TV, 동영상 제작, 카메라, 팩스, 캠코더, MP3 기능까지 갖추고 있어 '다기능 지능형 복합 단말기'라고도 불립니다. 최근에는 AI 기능에 사물 인식 기능, 번역은 물론 다양한 앱을 통해서 비즈니스에도 상용되고 있습니다.

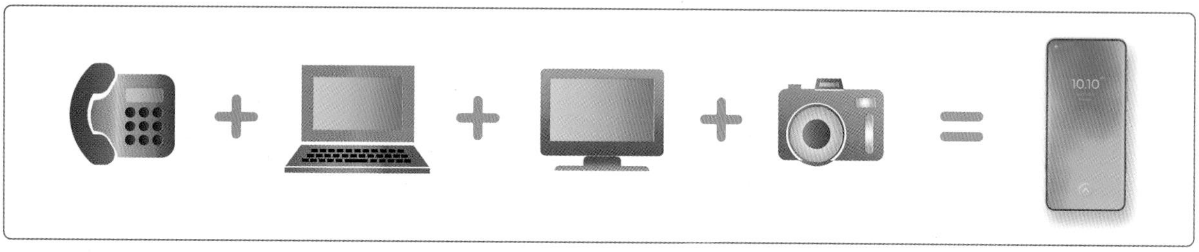

2) 컴퓨터[운영체제]와 비슷한 모바일[운영체제]가 설치되어 있으며, 다양한 프로그램 **[애플리케이션]**을 설치하여 사용할 수 있습니다.

※ [운영체제] : 컴퓨터의 하드웨어(기기)와 소프트웨어(프로그램)를 제어하여 사용자가 컴퓨터를 쓸 수 있게 만들어 주는 프로그램

※ [애플리케이션] : 앱 또는 어플이라고 말 하기도 한다. 스마트폰이나 컴퓨터에서 특정한 기능을 사용할 수 있도록 만들어진 프로그램

3) 전화와 문자는 기본이고 음악, 카메라, 인터넷, 게임, 채팅, 사진, 영상, 메일, 날씨, 지도, 내비게이션, 일정표, 파일 공유 등 인공지능 음성 서비스까지 수많은 기능을 사용할 수 있습니다.

2 스마트폰의 특징

1) 크기가 작아 휴대하기 편합니다.
2) 사용법이 간단합니다.
3) 언제 어디서나 인터넷을 연결할 수 있습니다.
4) 와이파이(Wi-Fi)를 사용하여 무료로 인터넷을 사용할 수 있습니다.
5) 생활에 편리한 프로그램이 많아서 유용합니다.
6) 각자 분야에 맞는 앱을 사용하여 일상의 활용도가 높습니다.
7) 다양한 앱을 설치하고 삭제하기가 쉽습니다.
8) 화면구성을 원하는 대로 설정할 수 있습니다.
9) 데이터 사용량이 제한된 용량을 초과할 경우 추가 비용을 부담해야 합니다.
10) 다양한 센서 기술(카메라, 가속도 센서, GPS, 조도 센서, 근접 센서 등 운영체제 및 앱을 쉽고 빠르게 업데이트할 수 있습니다.

스마트폰 운영체제, 제조사, 통신사, 디바이스 정보 알아보기

1 스마트폰의 운영체제 종류

종류	개발사	사용	점유율 (2021년 기준)
안드로이드(Android)	구글	삼성, LG	72.19%,
IOS	애플	아이폰과 아이패드	26.99%
윈도우 모바일 OS	MS(마이크로소프트)	MS의 윈도우폰	0.02%

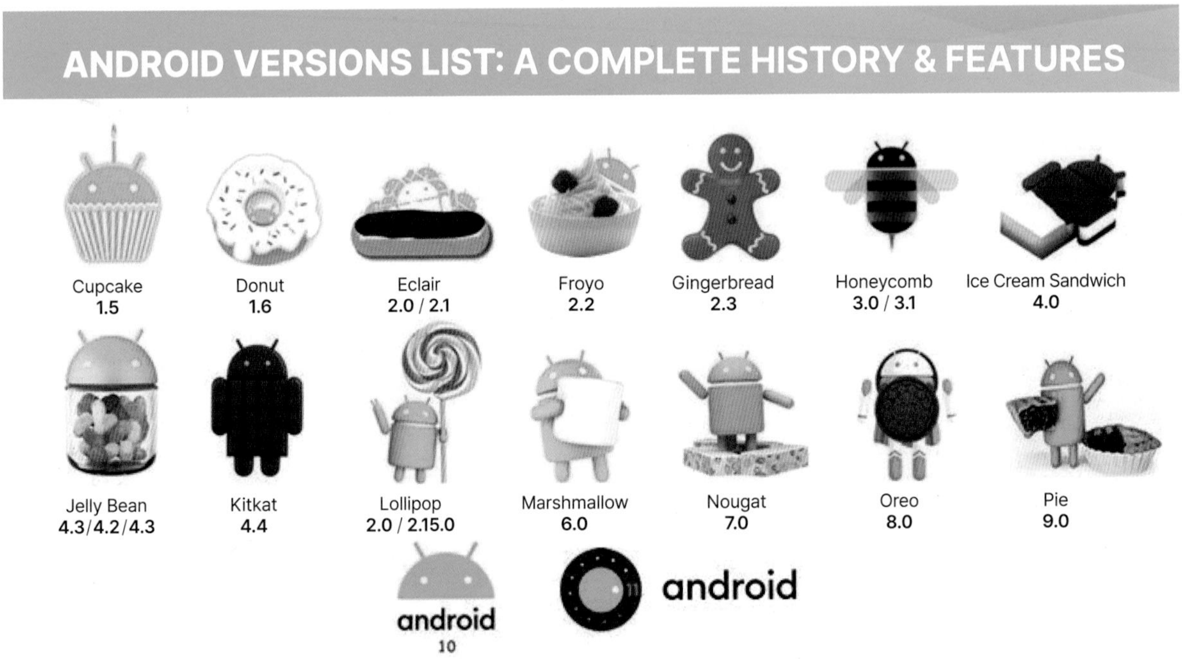

안드로이드 버전의 역사					
버전 (Version)	코드네임 (CodeName)	릴리즈날짜	버전 (Version)	코드네임 (CodeName)	릴리즈날짜
1.0	Android 1.0	2008년 9월	7.0	누가	2016년 8월
1.5	컵케이크	2009년 4월	8.0	오레오	2017년 10월
2.2	프레오	2010년 5월	9.0	파이	2018년 8월
3.0	허니콤	2011년 2월	10	Android 10	2019년 9월
4.4	킷캣	2013년 10월	11	Android 11	2020년 9월
5.0	롤팝	2014년 11월	12	스노우콘	2021년 10월
6.0	마시멜로	2015년 10월	13	티라미슈	2022년 2월

2 제조사와 통신사 알아보기

① **제조사 :** 삼성, 애플, 샤오미, 화웨이 등(삼성전자 서비스:1588-3366)

② **통신사 :** SKT(SK텔레콤), KT(올레), LG U+

3 본인 기기 알아보기

① 제조사 : ② 통신사(요금제) : ③ 디바이스(기기) 이름 : ④ 모델번호 :

⑤ 시리얼번호 : ⑥ IMEI : ⑦ 안드로이드버전 :

4 디바이스 정보 – 모델명, 모델번호, IMEI 번호, 안드로이드 버전 찾아보기 (버전 12)

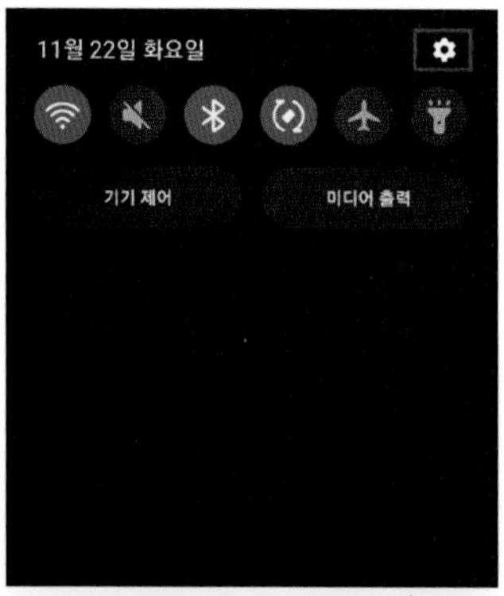

상단 알림바를
손가락으로 내려
[설정]을 터치합니다.

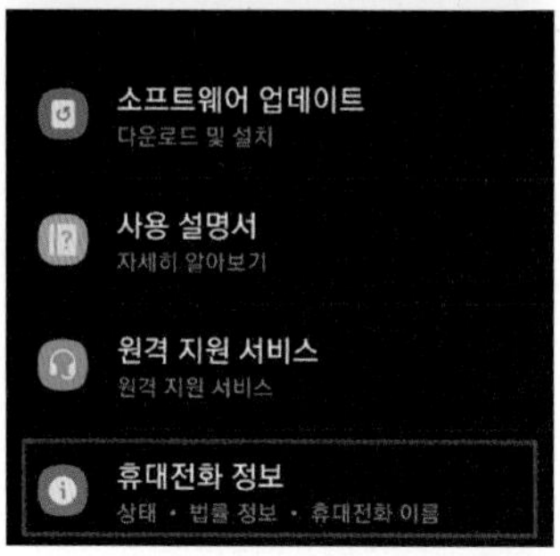

하단으로 드래그하여
[휴대전화 정보]를
터치합니다.

1 스마트폰 화면 상단 알림바를 손가락으로 내려서 우측 상단에 톱니바퀴처럼 생긴 [설정] 아이콘을 터치합니다. 2 메뉴목록의 가장 하단으로 이동하여 [휴대전화 정보]를 터치합니다. [디바이스 이름]-제품명, [모델번호]를 확인합니다.

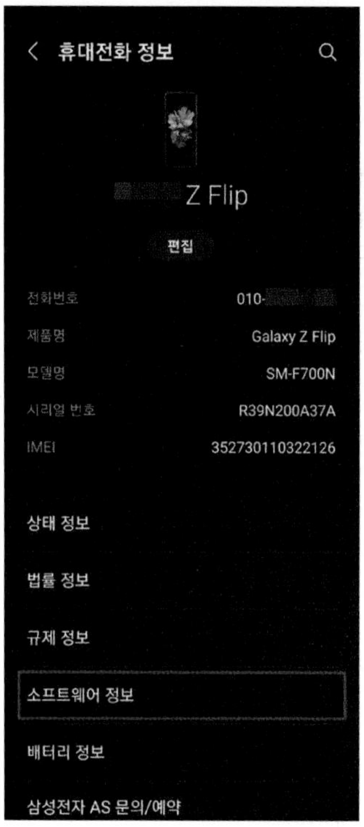

☜ 소프트웨어 정보를 터치하여

안드로이드 버전을 확인합니다. ☞

1 [휴대전화 정보]에서 [소프트웨어 정보]를 터치합니다.
2 기기의 버전을 확인합니다.

스마트폰 화면 및 전원 켜고 끄기

1) 화면 켜고/끄기

①켜기 : "홈"버튼 또는 "전원" 버튼을 짧게 터치합니다.

▶ 잠금 미설정 시 : 화면을 드레그합니다. ▶ 잠금 설정 시 : 잠금을 해제합니다.

②끄기 : "전원" 버튼을 짧게 누릅니다.

2) 전원 켜기

① "전원" 버튼을 몇 초간 길게 누릅니다.

3) 전원 끄기

①[**빅스비**]가 탑재 되면서 전원 끄기가 다양한 방법이 있습니다.

빠른 설정창
빠른 설정창에서 아래에 표시된 버튼을 누르세요.
12:45

[**상태 표시줄**]을 두 번 내리면 [**전원**] 버튼이 나옵니다

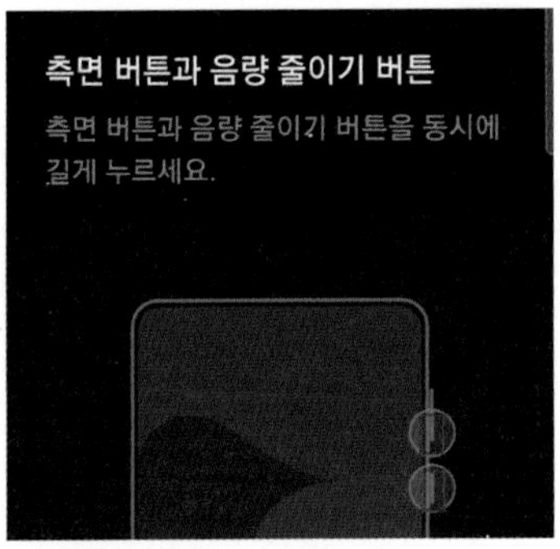
측면 버튼과 음량 줄이기 버튼
측면 버튼과 음량 줄이기 버튼을 동시에 길게 누르세요.

[**음량줄이기 버튼**]과 [**측면 버튼**]을 길게 눌러 줍니다.

측면 버튼을 길게 눌러 빅스비에게 말할 수 있습니다.

[**빅스비**]를 사용 하신 분은 [**"헤이 빅스비"**]를 불러 [**"전원 꺼줘"**]라고 말로 합니다

②예전처럼 [**전원**] 버튼을 사용하려면 설정 → 유용한 기능 → 측면 버튼 → 길게 누르기 → [**전원 끄기 메뉴**]를 터치합니다.

4) 다시 시작 (또는 재시작)

①[**전원**] 버튼을 길게 누릅니다. ②[**다시 시작**] (또는 [**재시작**])을 터치합니다.

스마트폰 주요 버튼과 아이콘 모양 이해하기

1) [주요 버튼] 기능

※ 스마트폰 기종에 따라 모양이나 위치가 다를 수 있습니다.

버튼		기능
	전원	• 길게 누르면 전원을 켜거나 끔 • 짧게 누르면 화면이 켜지거나 잠김
	최근 실행 앱	• 짧게 누르면 최근에 실행한 애플리케이션 목록이 보이고 모두 닫기 할 수 있음
	메뉴	• 짧게 누르면 현재 화면에서 사용 가능한 메뉴가 나타남
	홈	• 짧게 누르면 홈 화면이 실행 • 버튼일 경우 누르면 화면이 켜짐 (길게 누르면 OK 구글이 실행되기도 한다.)
	취소	• 짧게 터치하면 이전 화면으로 전환

2) 홈화면 하단 주요 버튼 아이콘

최근 실행 앱　　홈　　취소

3) 주요 아이콘

	설정		공유
	검색		편집
	삭제	○○○	더보기
	메뉴		저장
	즐겨찾기		링크

스마트폰 각 부분의 명칭 알아보기

※ 스마트폰 기종이나 출시한 통신사에 따라 다를 수 있습니다. (삼성 갤럭시 S21+ 기준)

앞면

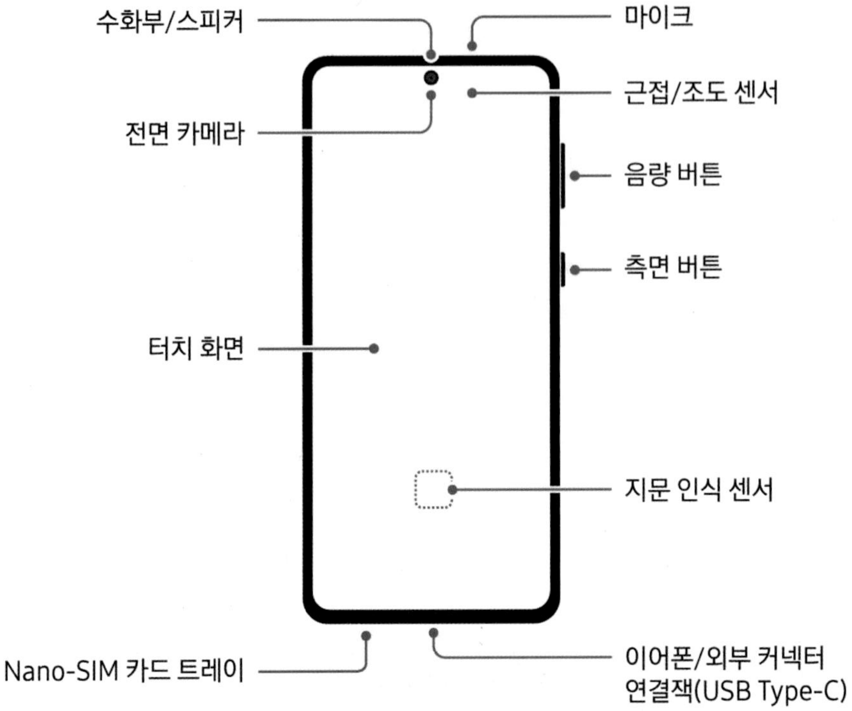

뒷면

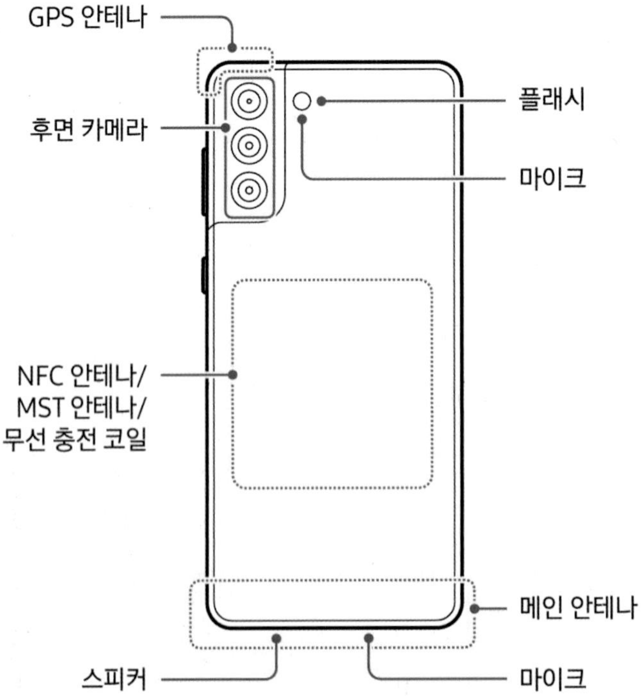

스마트폰 조작 방법 알아보기

1) 터치, 탭 누르기

① 스마트폰 화면을 가볍고 짧게 눌렀다 떼는 작업입니다.
② 앱을 실행하거나 메뉴 선택 등에 사용합니다.
③ 키보드를 이용해서 문자를 입력할 때는
화면을 가볍게 누릅니다.

2) 롱 터치 (길게 누르기)

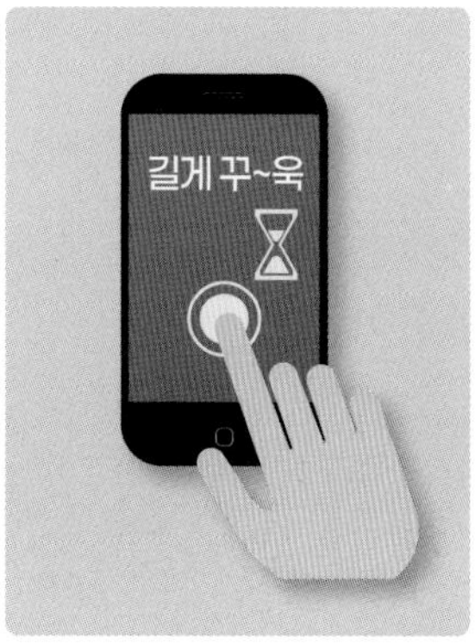

① 스마트폰 화면을 길게 누릅니다.
(세게 누르지 않아도 됩니다.)
② 선택한 대상에 대해 가능한 작업 목록이 나옵니다.

3) 더블 터치 (두 번 두드리기)

① 화면을 빠르게 두 번 누릅니다.
② 사진, 지도, 웹 페이지 등이 실행된 상태에서
일정 비율로 화면을 확대/축소할 수 있습니다.

스마트폰 조작 방법 알아보기

4) 드래그 (끌기)

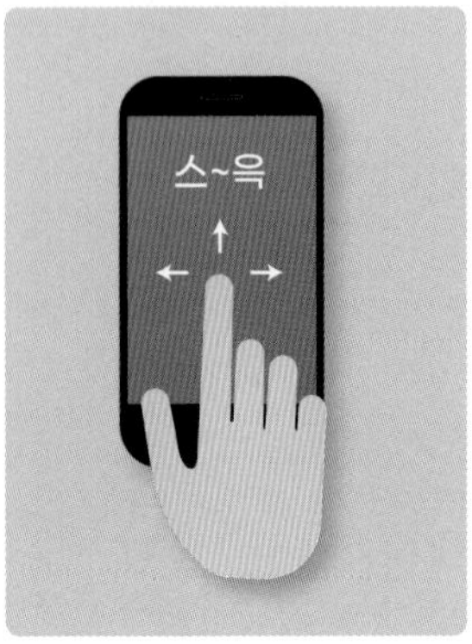

① 화면에 손가락을 터치 상태에서 손을 떼지 않고
원하는 위치로 이동한 후 손을 떼는 것

② 화면 이동할 때 사용합니다.

5) 스크롤 하기 (위/아래로 올리기/내리기, 좌우로 밀기)

① 손가락을 위·아래, 좌·우로 스크롤 합니다.

② 홈 화면 또는 앱스 화면에서 다른 페이지로 이동할 수 있습니다.

③ 웹 페이지나 목록 화면에서는 위, 아래로 스크롤하여
내용을 확인할 수 있습니다.

6) 핑거 줌 실행 (오므리고 펼치기)

① 두 손가락으로 동시에 화면을 오므려서 축소하거나,
펼쳐서 확대하여 사용합니다.

② 사진, 글자, 인터넷 화면을 확대/축소할 수 있습니다.

스마트폰 화면 구성(잠금 화면, 홈 화면, 앱스 화면)

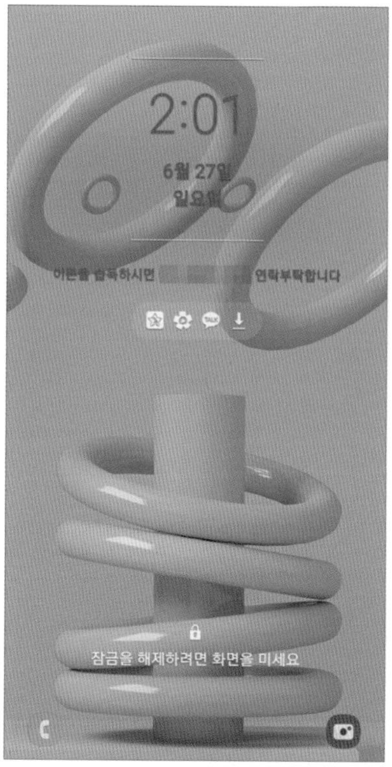

설정에 대해 알아보기

1. 잠금 화면

스마트폰의 화면을 켜서 나오는 첫 화면

①잠금 미설정 시 : 화면을 드래그합니다.

②잠금 설정 시 : 잠금을 해제합니다.

(화면 잠금 방식 : 패턴, 비밀번호, PIN)

2. 홈 화면

잠금 화면을 열면 나오는 시작 화면입니다.

①상태 알림 줄

홈 화면 상단에 위치한 부분을 말합니다.

알림 줄을 내리면 스마트폰에 알림 정보를 확인

②위젯 (날씨와 시계)

사용자가 바탕화면 상에서 곧바로 사용할 수 있도록 자주 사용하는 기능만을 모아 놓은 도구 모음입니다.

③앱 아이콘

자주 쓰는 앱 아이콘을 꺼내놓고 사용하며, 원하는 위치로 배치할 수 있습니다.

④고정 아이콘

홈화면에서 페이지를 변경해도 고정되며,자주 사용하는 앱들로 사용합니다.

3. 앱스 화면

홈 화면의 아래에 있는 앱스를 터치하여 나오는 화면입니다.

①스마트폰에 설치된 모든 앱을 모아 보여 주는 곳입니다.

②사전에 설치된 내장(기본) 앱과 사용자가 필요하여 추가로 설치한 앱이 여러 페이지에 나열되어 있습니다.

③앱은 기본적으로 앱스 바탕에 설치됩니다.

④앱스 화면에서 (취소)버튼을 터치하면 홈 화면으로 전환됩니다.

상태 알림 줄 - 아이콘 설명

①사용자의 사용 환경에 따라 화면 상단의 상태 표시줄에 아이콘이 나타나면서 스마트폰의 현재 상태를 알려줍니다.

②통신사, 새로 온 문자, 부재중 전화 등을 알려줍니다.

③와이파이 연결, 배터리 상태, 시간 등을 확인할 수 있습니다.

CHECK 리스트

알림창 살펴보기 - 기본적인 내용

1) (위쪽) 상태 알림 줄을 아래로 드래그해서 내리면 알림창 내용을 확인할 수 있습니다.

2) 빠른 설정 창, 밝기, 진행 중인 앱, 알림 목록 통신사 등을 확인할 수 있습니다.

3) 알림창 화면

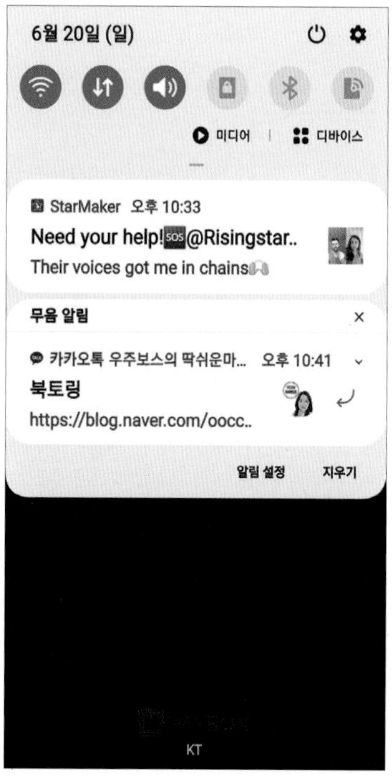

상태 알림 줄 아이콘

① 무료로 무선 인터넷을 사용/ 해제할 수 있습니다.

② 데이터를 사용/ 차단할 수 있는 기능입니다.

③ 소리/ 진동/ 무음으로 설정합니다.

④ 화면을 가로/ 세로로 회전합니다.

⑤ 블루투스 스피커나 장비들을 연결할 때 사용합니다.

⑥ 스마트폰의 데이터를 다른 기기와 공유할 때 사용합니다.

⑦ 손전등을 켜거나 끌 수 있습니다.

⑧ 비행기 탑승 모드입니다.

⑨ 전화나 문자 등 모든 통신을 차단합니다.

⑩ 배터리 사용 가능 시간을 늘릴 때 절전 모드를 켭니다.

⑪ 화면 녹화를 할 수 있습니다.

⑫ T-money, NFC등 모바일 결제 서비스에 사용됩니다.

⑬ 스마트폰과 PC를 연결합니다.

⑭ 편안하게 화면보기 입니다.

⑮ 큐알(QR) 코드 스캔입니다.

⑯ 스마트폰 화면을 스마트TV등에서 크게 볼 수 있습니다.

⑰ 스마트폰 화면 밝기 조절 기능입니다.

전원

설정

검색

더보기

● **파란색**
상태 알림줄 아이콘이 활성화된 상태

● **회색**
상태 알림줄 아이콘이 비활성화된 상태

소리/진동/무음 바꾸기

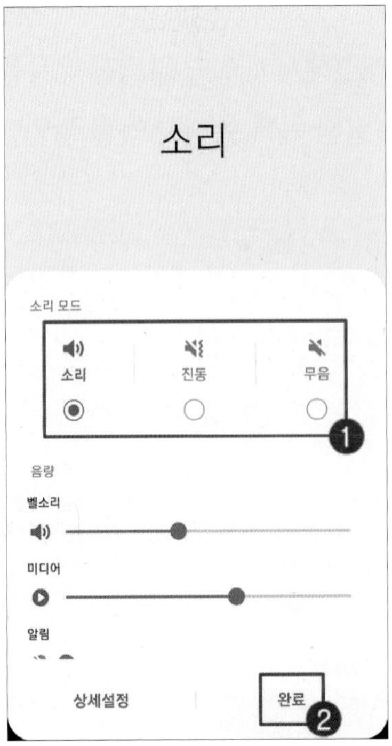

1 알림 줄을 끌어 내린 후에 (소리) 기능을 터치합니다. 2 ①소리 / 진동 / 무음 중에 원하는 부분을 터치하고 ②[**완료**]를 터치합니다. 3 ①[**일정시간 무음**]은 일정시간만 무음으로 지정하고자 할 때 터치합니다. 지정한 일정시간이 지나면 사용하던 모드로 다시 변경됩니다. ②[**완료**]를 터치합니다.

화면 자동 꺼짐 시간 조절하기

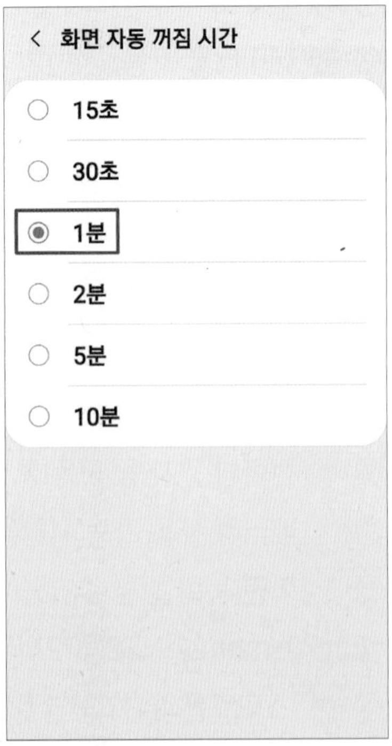

1 [**설정**]에서 [**디스플레이**]로 이동합니다. 2 [**화면 자동 꺼짐 시간**]을 터치해서 시간을 지정합니다. 조정 시간이 짧은경우 화면을 자주 켜야하는 불편함이 있으며 조정 시간이 길면 오랜 시간 사용하지 않는 채로 두면 배터리 소모가 크게 됩니다. ②조정 시간이 긴 경우 오랜 시간 사용하지 않는 채로 두면 배터리 소모 큼 3 [**화면 자동 꺼짐 시간**] 조절하기 : 1분~2분 정도

WI-FI(와이파이)로 네트워크 연결하기

1. Wi-Fi(와이파이,Wireless Fidelity : 무선 데이터 전송 시스템)란?

카페 와이파이 연결

① 무료로 이용 가능한 근거리 무선 네트워크망으로 통신사의
요금제에서 제공하는 데이터 제공량과는 별도로 이용할 수 있습니다.

② 주로 가정집의 인터넷에 무선 공유기를 연결하여
사용하는 형태가 가장 많으며 공공장소에서는 통신사에서 무료로 제공하기도 합니다.

2. 와이파이 장점과 단점

장점 : 와이파이 사용량 요금은 무료입니다. 무제한으로 빠른 속도 이용 가능합니다.

단점 : 와이파이 지역을 벗어나면 인터넷이 끊깁니다. 이동 시 이용이 불편하고 해킹과 도청 등 보안에 취약합니다.

3. Wi-Fi (와이파이) 설정하기

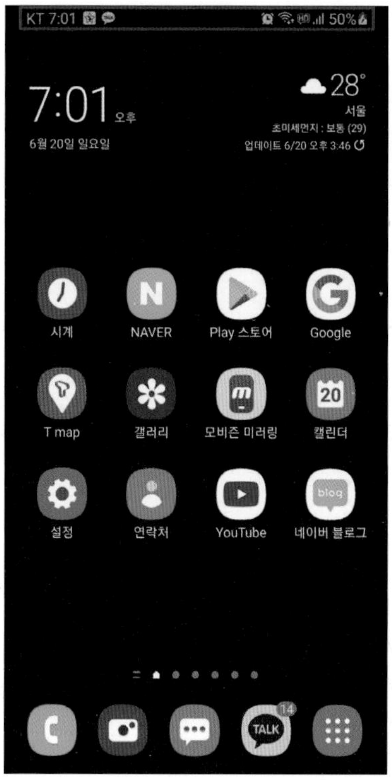

1 Wi-Fi(와이파이) 켜기- (위쪽) 상태 알림 줄을 끌어내린 후 터치합니다.

2 길게 누르거나 알림 한 번 더 아래로 내리면 Wi-Fi(와이파이) 이름 목록이 보입니다.

3 ①근처에 있는 Wi-Fi(와이파이) 목록 리스트가 영문으로 보입니다. ②원하는 Wi-Fi(와이파이)를 터치합니다. (예:SK, Public, Star_ , KT_GIGA, 상점명 등이 영문으로 보입니다.

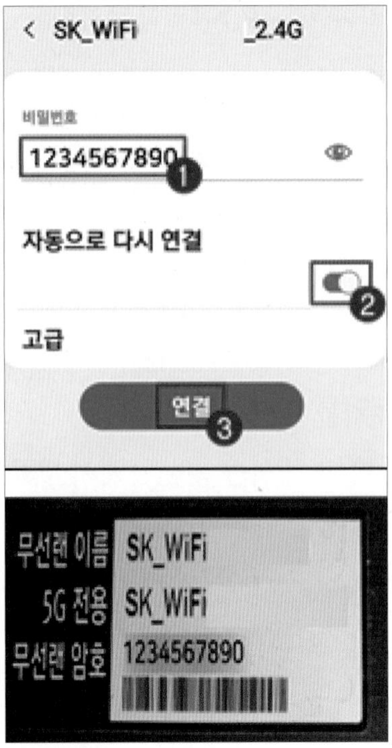

1 ①눈 표시를 터치하여 글자를 보이게 합니다. ②비밀번호(무선랜 암호)를 찾아 입력합니다.

2 ①비밀번호를 확인합니다. ②[**자동으로 다시 연결**]을 터치합니다. ③[**연결**]을 터치합니다.

3 현재 네트워크에 연결됩니다.

CHECK 리스트

모바일 데이터 사용 및 차단하기

1. 데이터 통신의 개요

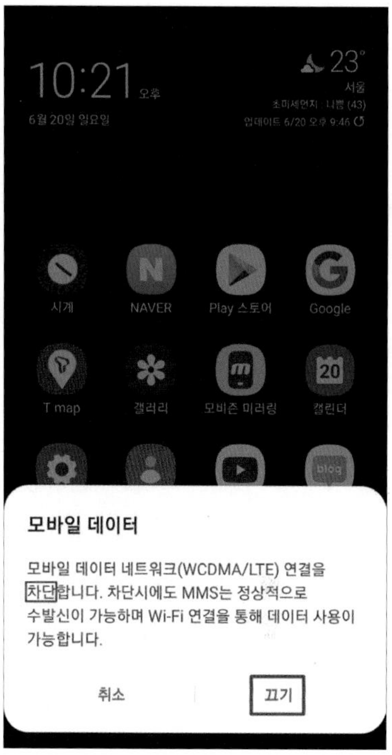

①LTE/ 5G 데이타 통신 서비스를 이용하면 Wi-Fi(와이파이)가 되지 않는 지역에서도 인터넷이 가능합니다.

②LTE/ 5G데이터 통신 서비스를 켜고 인터넷을 이용할 경우 유료 데이터 사용요금이 부과되므로 주의합니다.

2. 모바일 데이터 사용하기

①위쪽 알림 줄을 끌어내린 후에 (모바일 데이터)를 터치합니다.

②모바일 데이터 '허용' 묻는 창에서 확인을 터치합니다.

3. 모바일 데이터 차단하기

①위쪽 알림 줄을 끌어내린 후에 (모바일 데이터 네트워크)를 터치합니다. (또는 데이터 네트워크를 터치합니다.)

②모바일 데이터 '차단' 묻는 창에서 확인을 터치합니다.

화면 밝기 조절하기

[방법 1]

[방법 2]

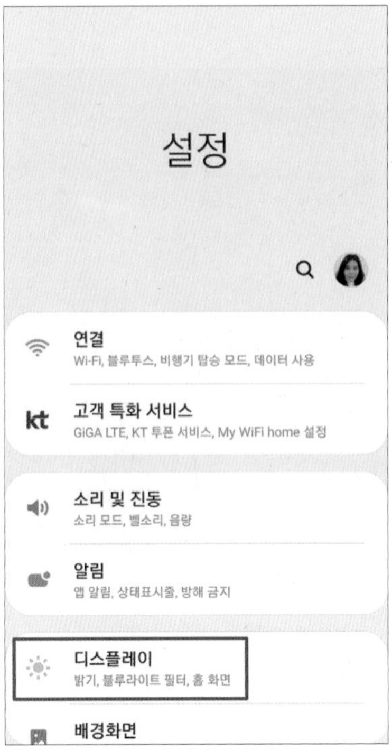

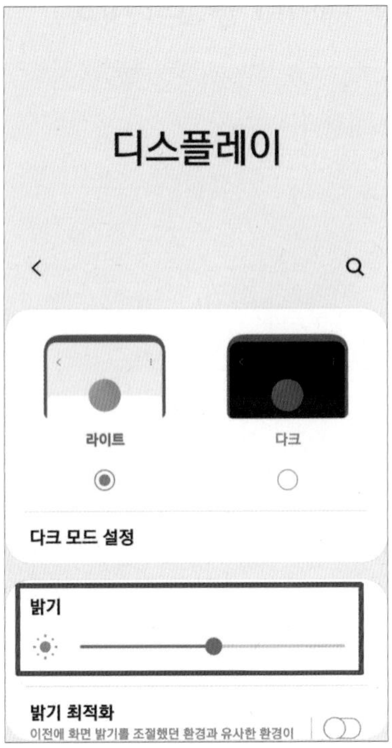

1 방법 1-①상태 알림 줄을 끌어내립니다. ②(아랫쪽) 밝기 조절 막대를 드래그하여 조절합니다.

2 방법 2-①상태 알림 줄을 끌어내립니다. ②설정(⚙)을 터치합니다. ②[**디스플레이**]를 터치합니다.

3 [**밝기**]에서 막대를 드래그하여 조절합니다.

CHECK 리스트

화면 글자 크기 조절하기

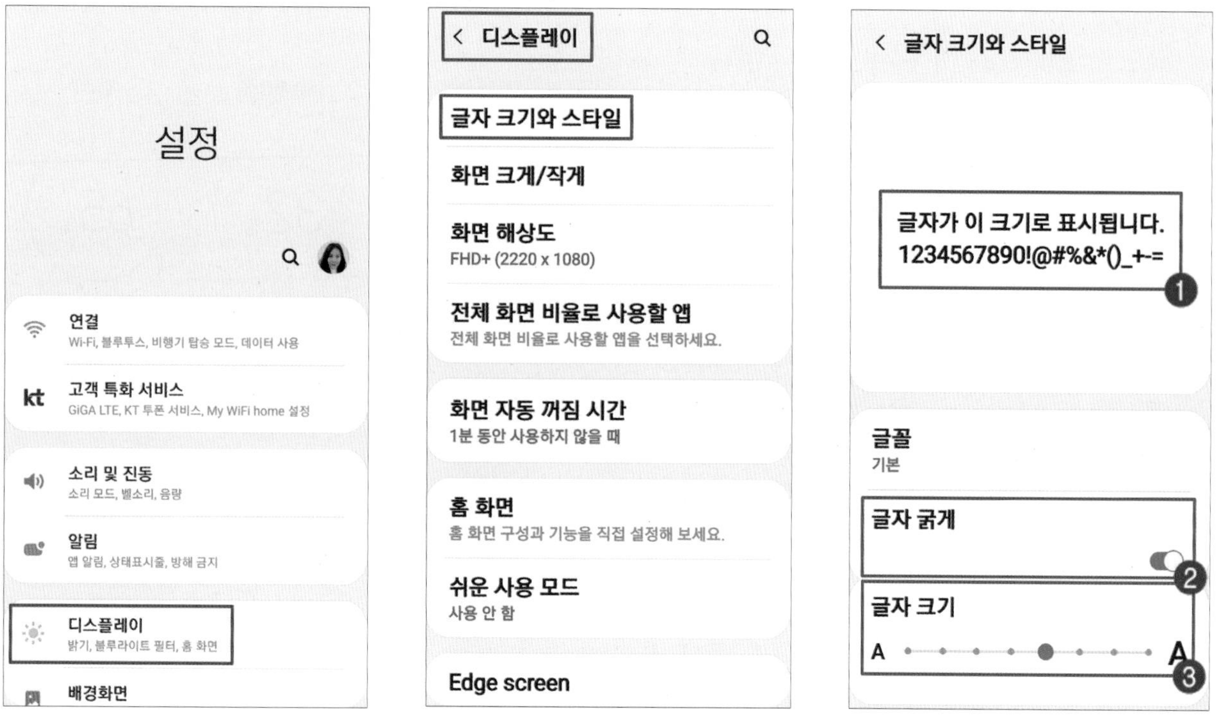

1 [설정]에서 [디스플레이]를 터치합니다. 2 [글자 크기와 스타일]을 터치합니다.

3 ①글자 크기 변화를 확인합니다. ②글자를 굵게 합니다. ③좌, 우로 조절합니다.

저장 공간 확인 및 확보하기

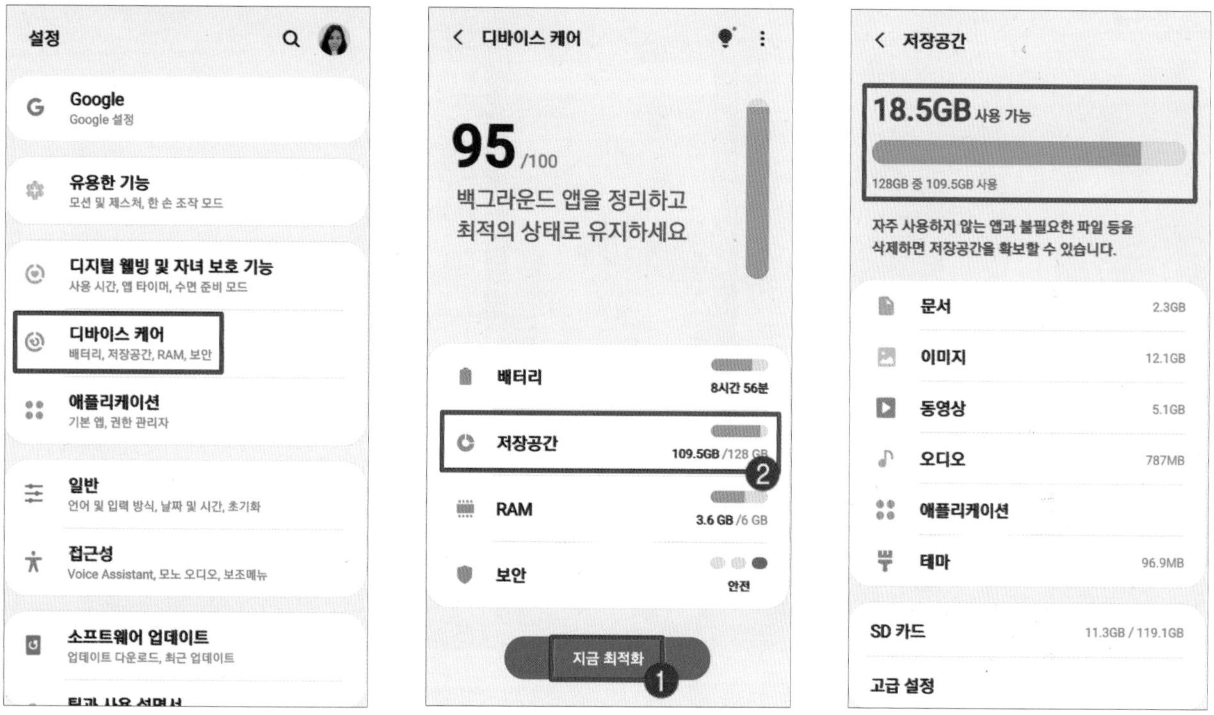

1 [디바이스 케어]를 터치합니다. 2 ①지금 최적화를 터치합니다. ②저장공간을 터치합니다.

3 저장공간을 확인할 수 있습니다.

LG폰

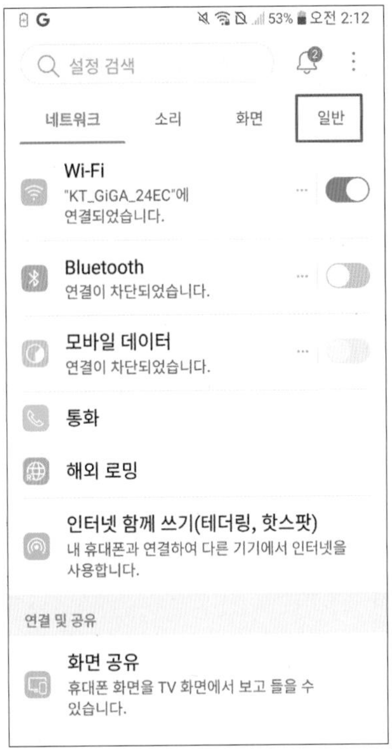

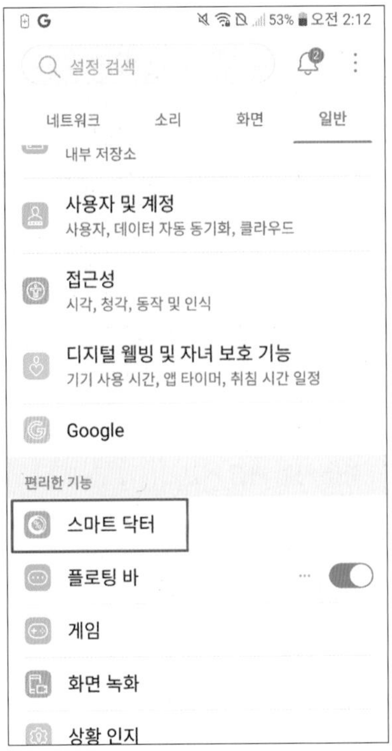

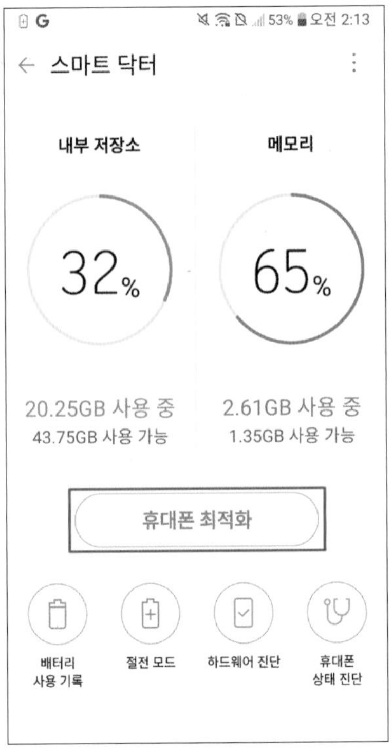

1 설정 화면에서 [일반]을 터치합니다. 2 [스마트 닥터]를 터치합니다. 3 [휴대폰 최적화]를 터치하여 정리합니다.

최근 실행 앱 확인하기

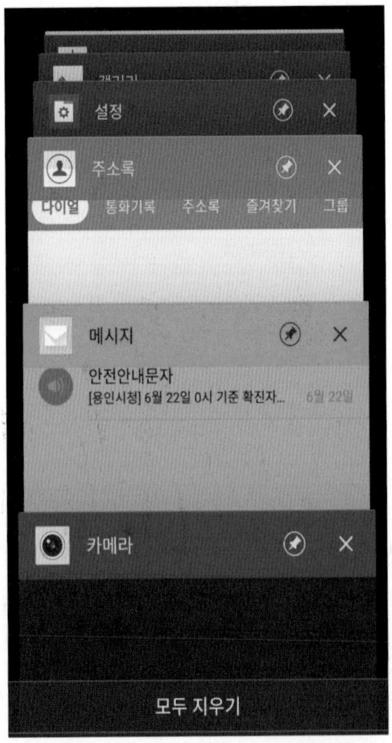

1 스마트폰 왼쪽 하단에 있는 **[최근 실행 앱]**을 터치합니다. 최근 실행했던 앱 목록이 나옵니다. 2 원하는 앱을 터치합니다. 3 LG폰 **[최근 실행 앱]**화면입니다. **[최근 실행 앱]**을 삭제하려면 **[모두 지우기]**를 터치합니다. 최근에 사용한 앱이 없습니다라는 문구가 보입니다.

디바이스 케어로 스마트폰 최적화하기

(1) 스마트폰 기기 최적화하기

디바이스 케어는 누구나 손쉽게 터치 한번으로 스마트폰을 최적의 상태로 유지 및 관리 할 수 있는 기능입니다. 그리고 사용자가 스마트폰을 장시간 사용할 수 있도록 절전 모드를 제공하며 RAM을 효율적으로 관리하고 여유 공간을 확보합니다.

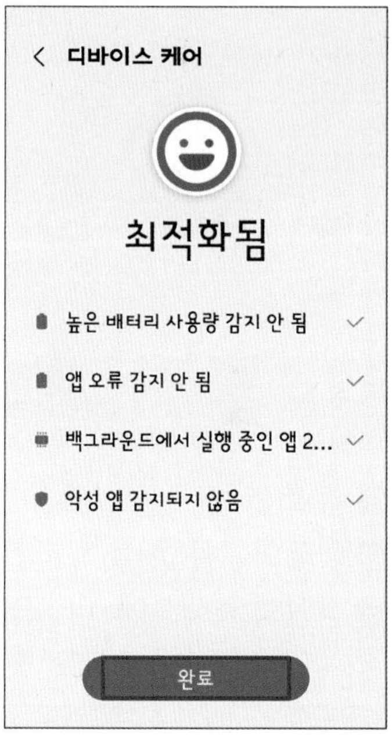

1 홈 화면의 [알림 줄] - [설정] - [배터리 및 디바이스 케어]를 터치합니다.
2 스마트폰을 최적화하기 위해 [지금 최적화]를 터치합니다.
3 최적화 작업이 끝나면 [완료]를 터치합니다.

CHECK 리스트

(2) 홈 화면에 디바이스 케어 위젯 추가하기

위젯 기능을 활용하여 홈 화면에 디바이스 케어 위젯을 추가하여 수시로 스마트폰을 최적화할 수 있습니다.

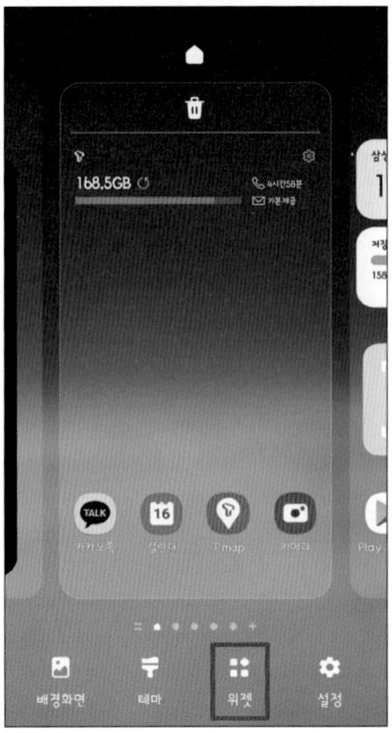

1 홈 화면 빈 곳을 길게 누르거나 엄지손가락과 검지손가락을 꼬집듯이 모아줍니다.
2 아래의 [위젯]을 터치합니다.
3 상단의 검색창에 ①[디바이스 케어]를 입력한 다음, 아래의 ②[디바이스 케어]를 터치합니다.

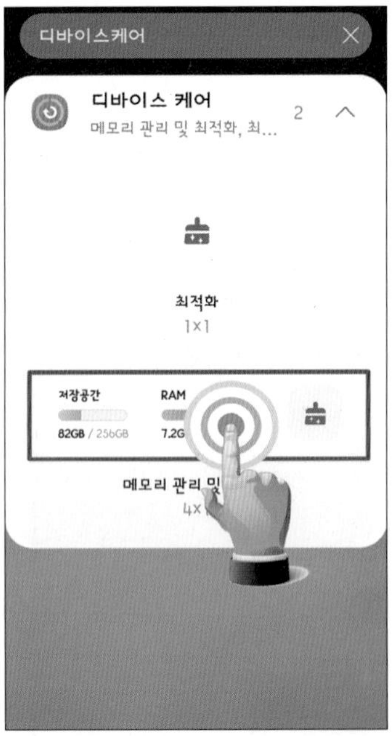

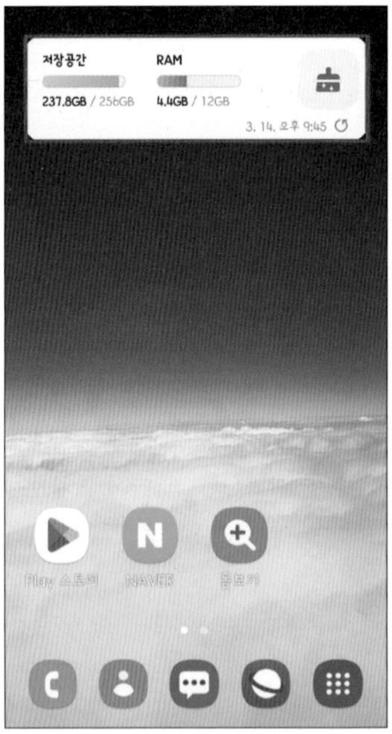

1 디바이스 케어 위젯의 [최적화 1×1], [메모리 관리 및 최적화 4×1] 2개의 종류 중 [메모리 관리 및 최적화 4×1] 손가락으로 길게 눌러 홈 화면 나올 때까지 기다립니다.
2 홈 화면의 원하는 위치에 가져다 놓고 손을 떼어줍니다.

※ 스마트폰 버전에 따라 디바이스 케어의 최적화 모양 빗자루모양  혹은  을 터치하여 최적화 하면 됩니다.

연락처 활용

(1) 연락처 사용하기

1) 연락처 추가하기

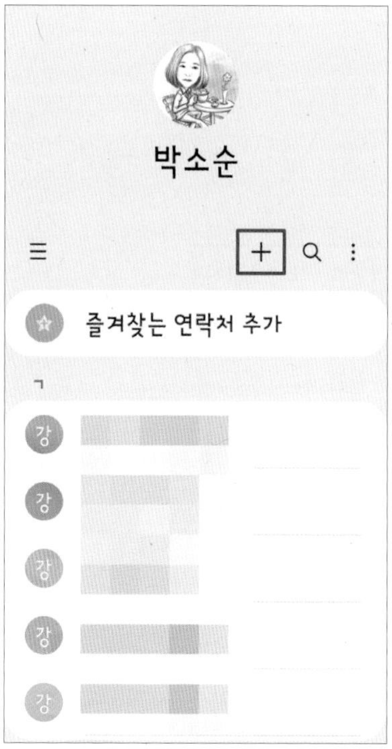

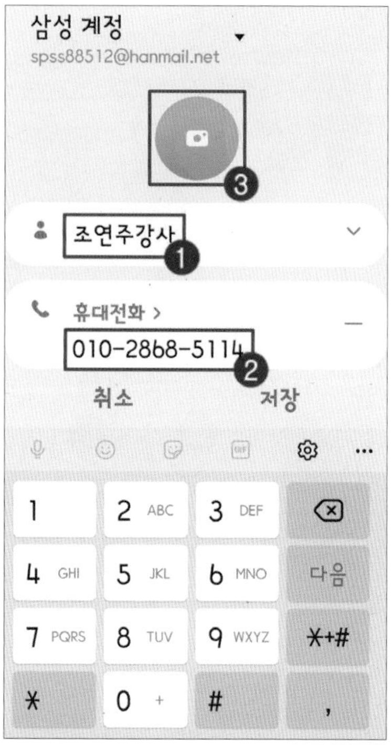

1. 홈 화면에서 연락처를 터치하여 실행한 다음 오른쪽 위 [✚ **(연락처 추가)**]를 터치합니다.
2. 연락처 추가할 ①[**이름**], ②[**핸드폰 번호**]을 입력한 다음, ③[**카메라 모양**]을 터치합니다.
3. 원하는 ①[**이미지**]를 선택한 다음, ②[**저장**]을 터치합니다.

▶ 이미지가 추가된 연락처를 확인 할 수 있습니다.

※ 연락처에 사진을 추가하고 싶을 때에는 이미지 아래의 [**갤러리**] 혹은 [**카메라**]를 터치한 다음 완료하면 됩니다.

2) 즐겨찾기 사용하기

자주 연락하는 번호는 즐겨찾기를 이용하면 연락처 상단에 고정되어 신속하게 연락할 수 있습니다.

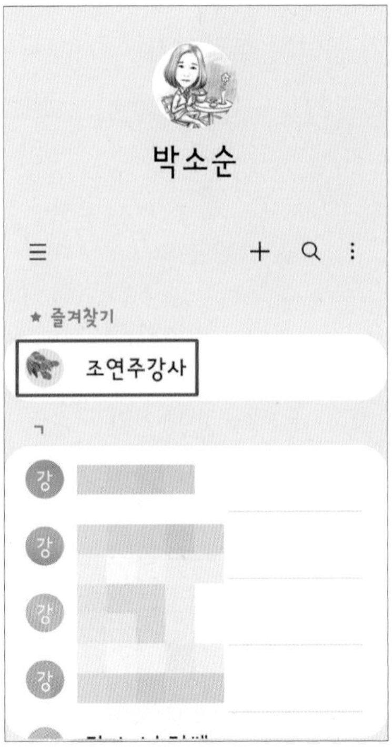

1 연락처에서 즐겨찾기 하고 싶은 사람의 이름을 터치한 다음 왼쪽 하단의 [**즐겨찾기**]를 터치합니다.

2 왼쪽 하단의 즐겨찾기 별 모양이 [**노란색 별**]로 변경된 걸 확인할 수 있습니다.

3 연락처 목록의 상단 즐겨찾기 아래에 추가된 이름을 확인할 수 있습니다.

CHECK 리스트

3) 그룹 사용하기

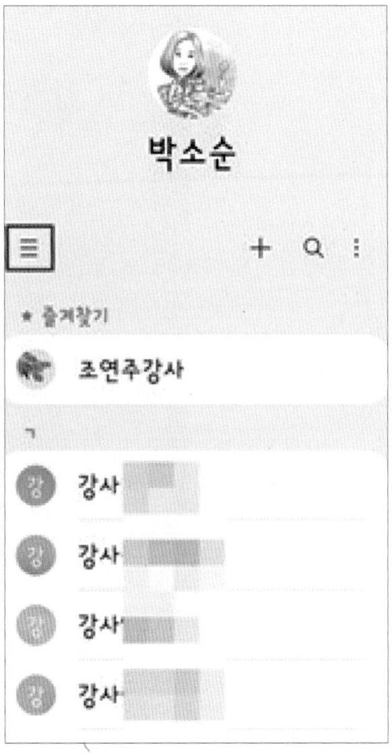

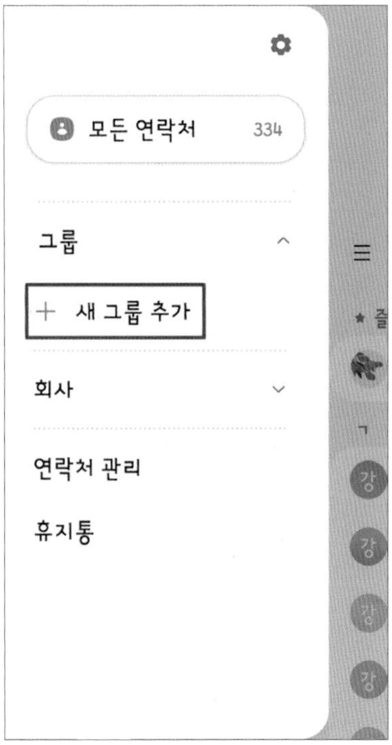

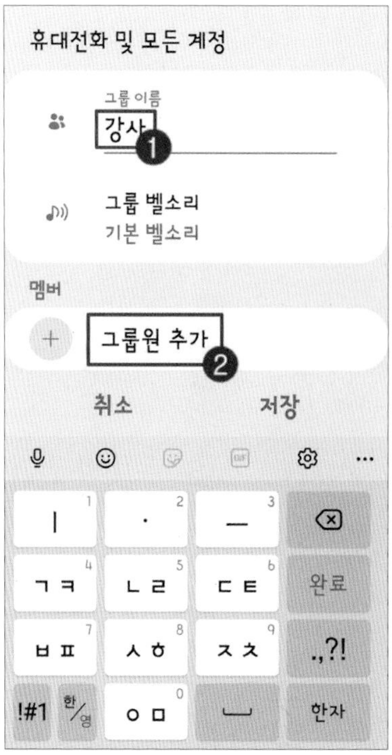

1 그룹을 추가하기 위해 연락처 화면 왼쪽의 [**삼선**]을 터치합니다.

2 연락처 메뉴 중에서 그룹 아래 [**✚ 새 그룹 추가**]를 터치합니다.

3 원하는 그룹 이름 ①[**예 : 강사**]를 입력한 다음, 멤버를 추가하기 위해 ②[**그룹원 추가**]를 터치합니다.

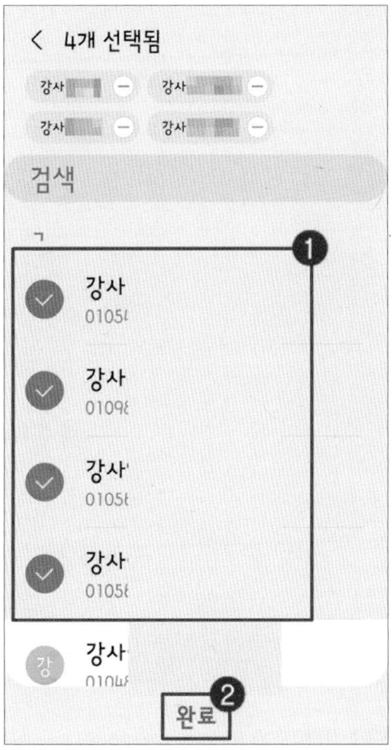

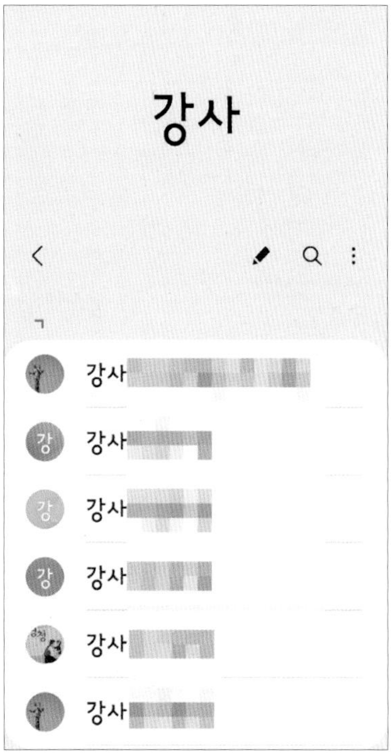

1 그룹에 추가할 ①[**멤버 선택**], ②[**완료**]를 터치합니다.

2 강사그룹에 추가된 멤버를 확인할 수 있습니다.

4) 최근 기록 사용하기

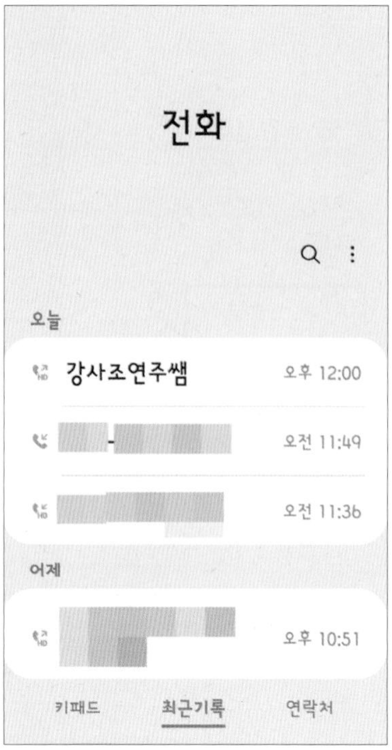

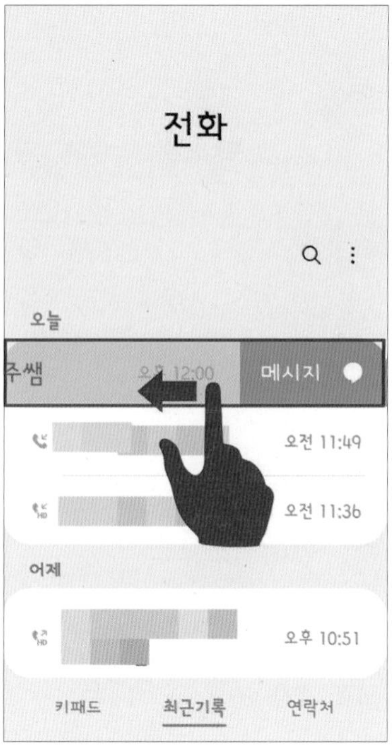

1. 홈 화면의 [**전화**]를 실행한 다음, 하단의 [**최근기록**]을 터치합니다.
2. 최근에 사용한 수신과 발신 목록을 확인할 수 있습니다.
3. 전화번호를 [**왼쪽으로 밀어주면 메시지**]를 보낼 수 있습니다.

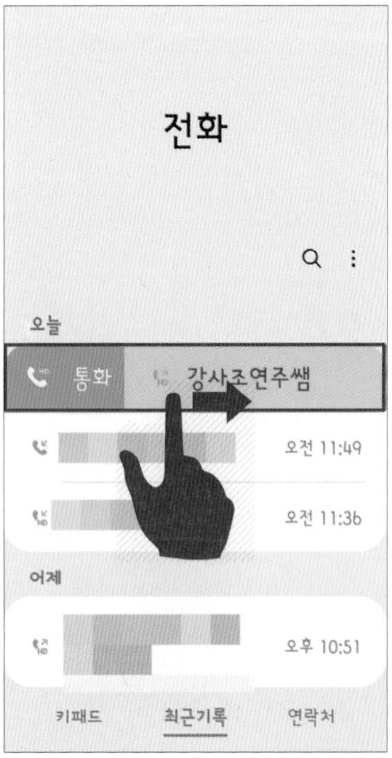

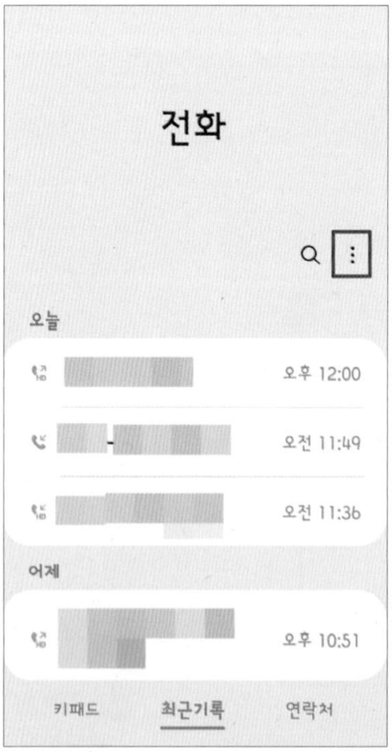

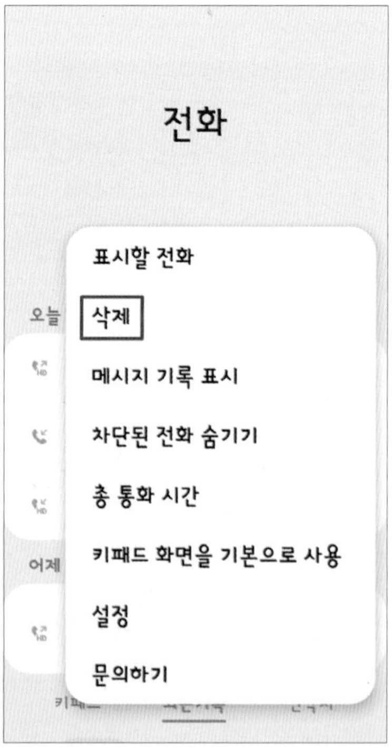

1. 전화번호를 [**오른쪽으로 밀어주면 통화**]를 할 수 있습니다.
2. 최근 기록을 삭제할 경우에는 오른쪽 위 [**⋮ (더보기)**]를 터치합니다.
3. 더보기로 나온 메뉴 중에서 [**삭제**]를 터치합니다.

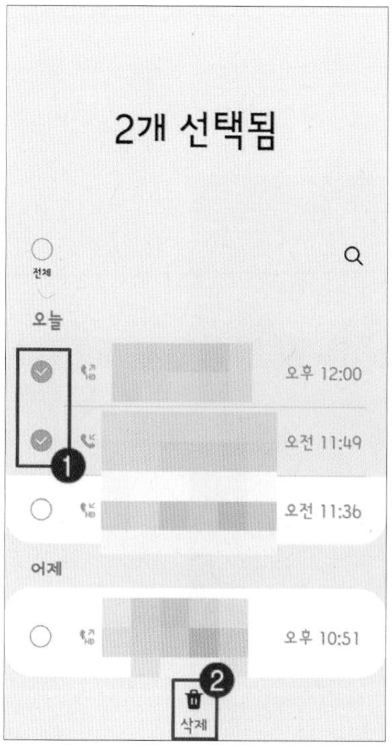

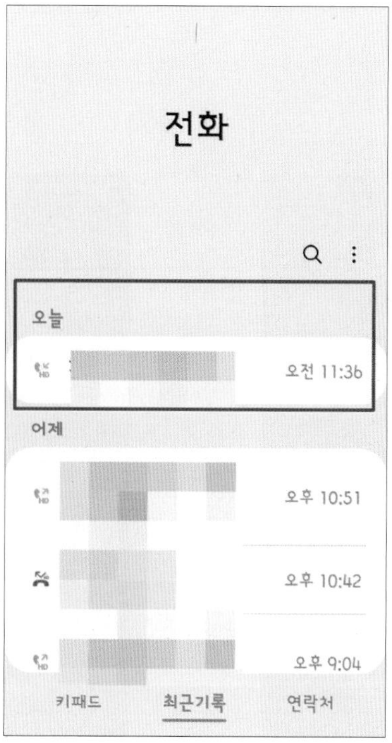

1 삭제하고자 하는 ①[**최근기록을 체크**]한 다음, 아래의 ② [**삭제**]를 터치합니다.

2 오늘 수신 및 발신목록이 삭제된 걸 확인할 수 있습니다.

CHECK 리스트

화면 페이지 편집

1) 홈페이지 추가

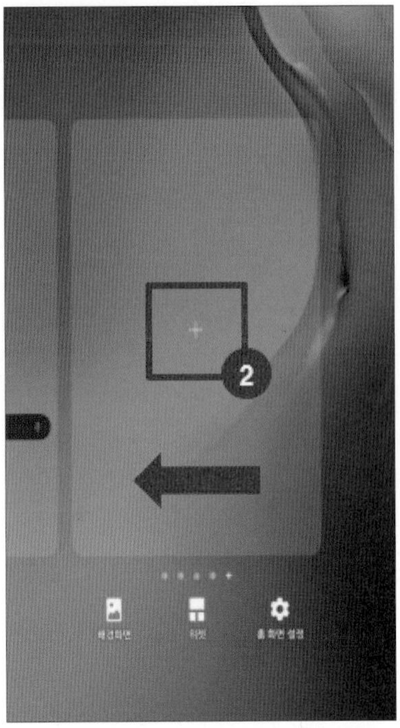

1 ①홈 화면 빈 곳을 3초 정도 길게 누릅니다. (또는 엄지와 검지를 이용하여 홈 화면을 대각선으로 꼬집듯 당겨줍니다.) 2 ②화면을 왼쪽으로 넘겨 ✚를 터치하면 새로운 페이지가 추가됩니다.

2) 홈페이지 삭제

1 ①홈 화면 빈 곳을 3초 정도 길게 누릅니다.

2 ②이 상태에서 휴지통을 클릭하면 해당 페이지를 삭제할 수 있습니다.

3) 홈 화면 순서변경

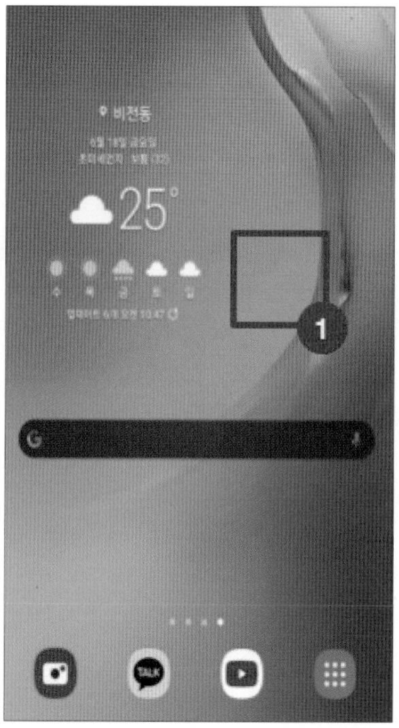

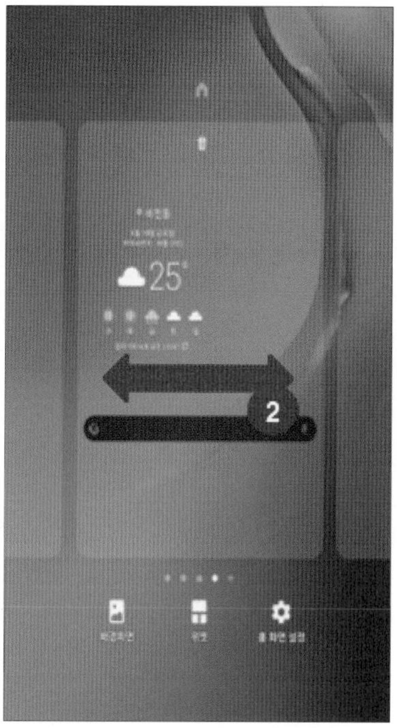

1 ①홈 화면 빈 곳을 3초 정도 길게 누릅니다.

2 ②누른 상태에서 밀면 앞뒤 페이지와 화면 순서를 바꿀 수가 있습니다.

4) 홈페이지 변경

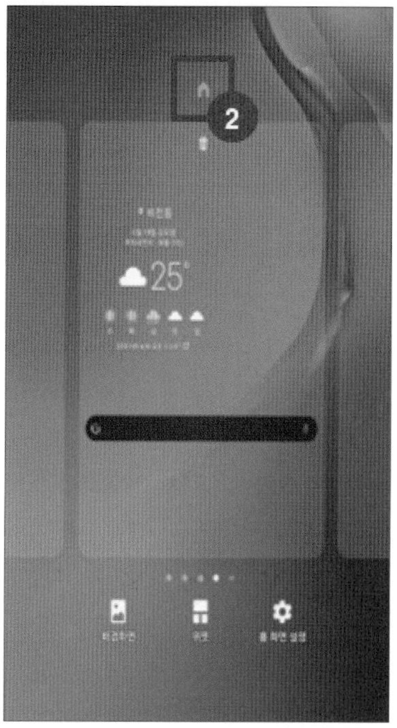

1 ①홈 화면 빈 곳을 3초 정도 길게 누릅니다. 2 ②페이지의 위쪽에 집 모양을 터치하면 해당 페이지가 홈페이지로 설정됩니다.

※ **홈페이지 : 휴대폰을 켰을 때 보이는 홈 화면의 첫 화면**

폴더 관리하기

1) 폴더 만들기

1 ①홈화면의 앱을 길게 누릅니다. (예 : 다음 메일)

2 ②다른 앱 위로 겹치게 드래그하여 놓습니다. (예 : 갤러리)

3 ③[**폴더이름 입력**]을 터치하여 원하는 폴더 이름을 입력합니다. (예 : 이것저것)

2) 폴더에 앱을 모으기

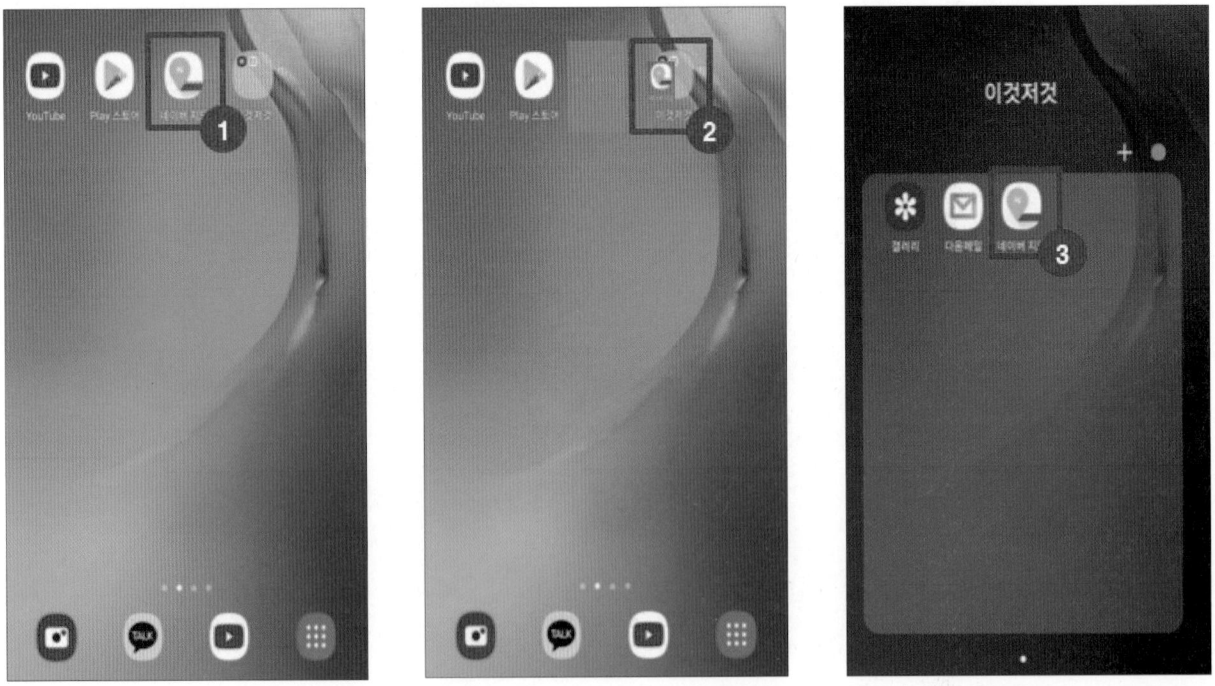

1 ①앱을 길게 누릅니다. 2 ②[**이것저것**] 폴더 위로 겹치게 앱을 드래그하여 놓습니다.

3 ③그러면 폴더 안으로 [**네이버지도**] 앱이 추가되며, 이와 같이 앱을 모을 수가 있습니다.

3) 홈 화면 어플 정리 하기

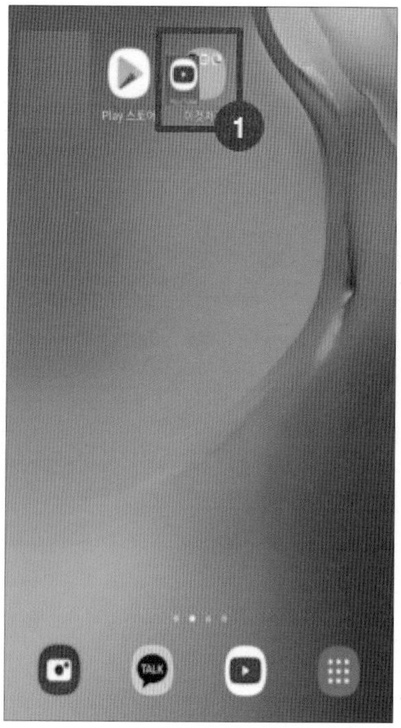

1 ①정리할 앱을 원하는 폴더 위로 겹치게 드래그하여 놓습니다.

2 ②그러면 폴더에 홈 화면 앱이 들어가게 됩니다. 이 방법을 반복하여 홈 화면의 앱들을 폴더에 끌어다가 정리할 수 있습니다.

CHECK 리스트

위젯(Widget) 활용하기

1) 바로(다이렉트) 전화걸기

1 ①홈 화면 빈 곳을 3초 정도 길게 누릅니다. 2 ②하단의 위젯을 터치합니다.

3 ③검색란에 연락처라고 입력합니다.

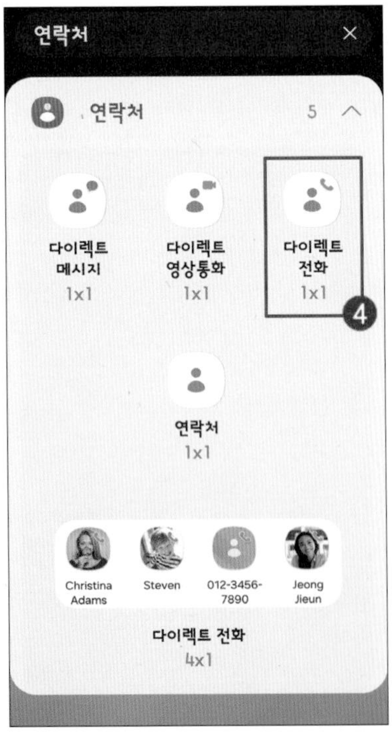

1 ④다이렉트 전화를 선택하여 길게 누릅니다.

2 ⑤검색란에 바로 전화 걸기 할 사람 이름을 입력하여 선택합니다.

3 ⑥홈 화면에 생성된 위젯을 터치하면 그 사람에게 바로 전화를 걸 수가 있습니다.

2) 돋보기

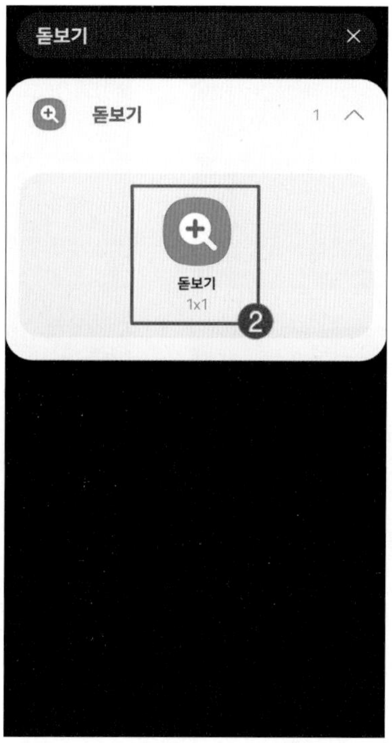

1 ①위젯에서 [**위젯을 검색 하세요**] 부분을 터치하여 [**돋보기**]라고 입력합니다.

2 ②검색된 돋보기 아이콘을 길게 눌러 홈 화면에 추가합니다.

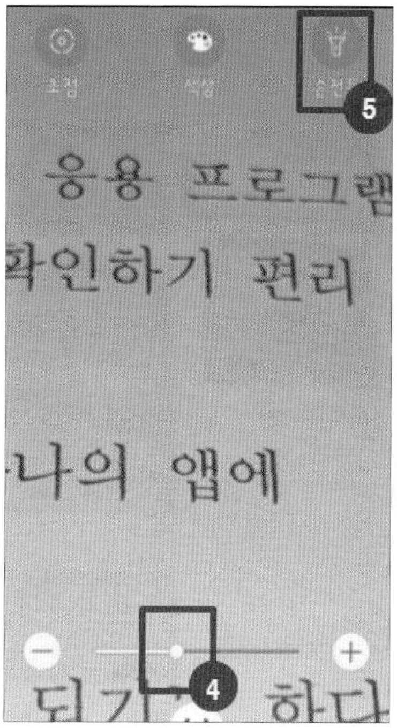

1 ③홈 화면에 추가된 돋보기 아이콘을 터치합니다.

2 ④확대하려는 그림이나 글자 위에 돋보기의 조절점을 이용하여 크기를 조절합니다.

⑤필요시 손전등을 터치하여 밝은 화면을 실행합니다.

3) 그 외 (날씨 및 시계)

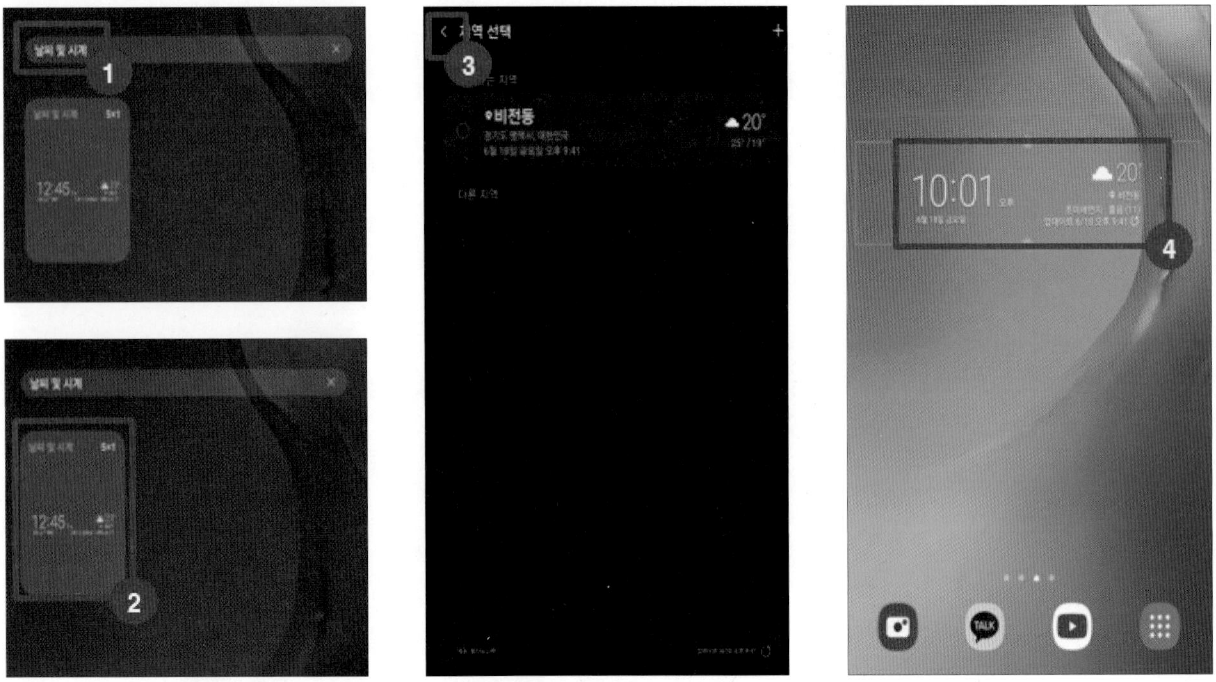

1 ①위젯에서 **[위젯을 검색 하세요]** 부분을 터치하여 **[날씨 및 시계]**라고 입력합니다.

2 ②**[날씨 및 시계 5x1]** 위젯을 길게 눌러 홈 화면에 추가합니다.

3 ③홈 화면에 추가 지역 선택 화면이 나오면 해당 지역을 터치하여 위젯을 추가합니다.

4 ④본 위젯을 통해 홈 화면에서 해당 지역의 날씨를 시시각각 알 수가 있습니다.

CHECK 리스트

시계 앱 활용하기(알람)

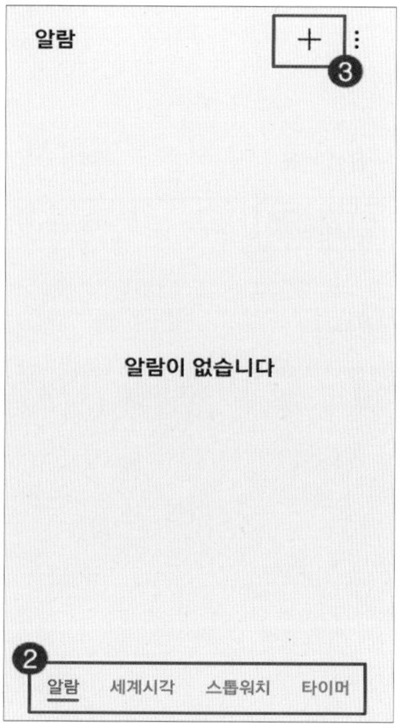

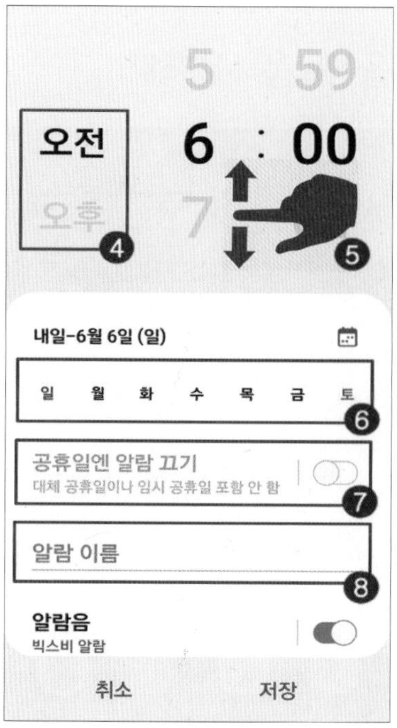

1 ①홈 화면이나 앱스 화면에서 [**시계**]를 터치합니다. **2** ②하단 메뉴에서 [**알람**]을 터치하여 활성화합니다. [**세계시각**], [**스톱워치**], [**타이머**]도 활용할 수 있습니다. ③[**+**]를 터치합니다. **3** ④[**오전**]이나 [**오후**]를 선택합니다. ⑤숫자를 위아래로 드래그하여 [**시간**]과 [**분**]을 맞춥니다. ⑥알람 음을 [**요일**] 또는 [**날짜**]를 선택합니다. ⑦[**공휴일**]엔 [**알람 끄기**]를 활성화하면 알람 음이 꺼집니다 ⑧[**알람 이름**]을 설정할 수도 있습니다.

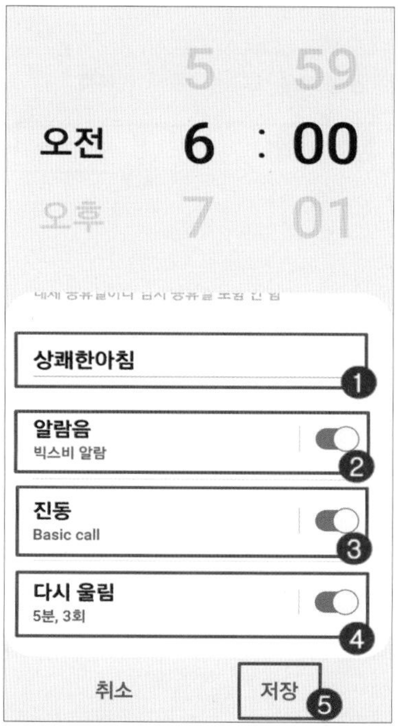

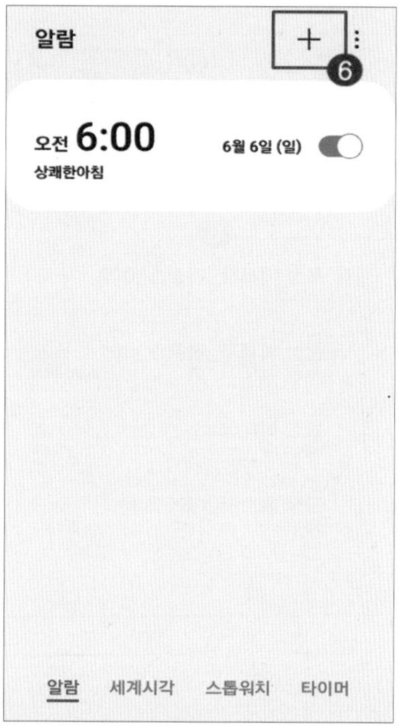

1 ①[**알람 이름**]을 터치하여 [**상쾌한 아침**]이라고 설정했습니다. ②원하는 음악으로 [**알람 음**]을 설정할 수도 있고 ③[**진동 패턴**]을 설정할 수도 있습니다. ④[**알람 간격**]과 [**반복 회수**]를 정할 수 있습니다. ⑤[**저장**]을 터치합니다. [**알람이 확정**] 되었습니다. **2** ⑥[**+**]를 터치하여 알람을 추가할 수 있습니다. **3** ⑦알람 [**끄기**] 또는 [**삭제**]할 경우는 알람을 길게 누른 후 ⑧[**끄기**] 또는 [**삭제**]를 터치하면 됩니다.

문자메시지

음성녹음 사용하기

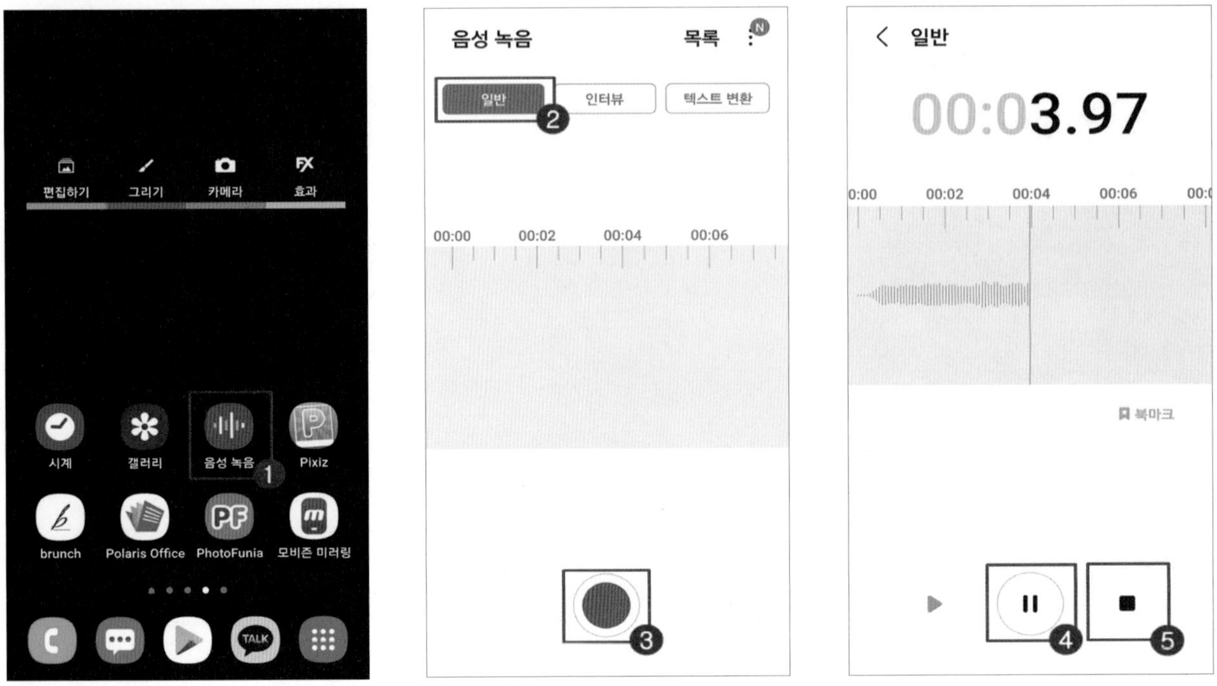

1 ①홈 화면이나 앱스 화면에서 [**음성녹음**]을 터치합니다. 2 ②[**일반**]을 터치한 후 ③[**녹음 시작**] 버튼을 터치합니다. 3 ④녹음 중에는 [**일시 정지**] 버튼 터치합니다. ⑤녹음이 끝나면 [**정지 버튼**]을 터치합니다.

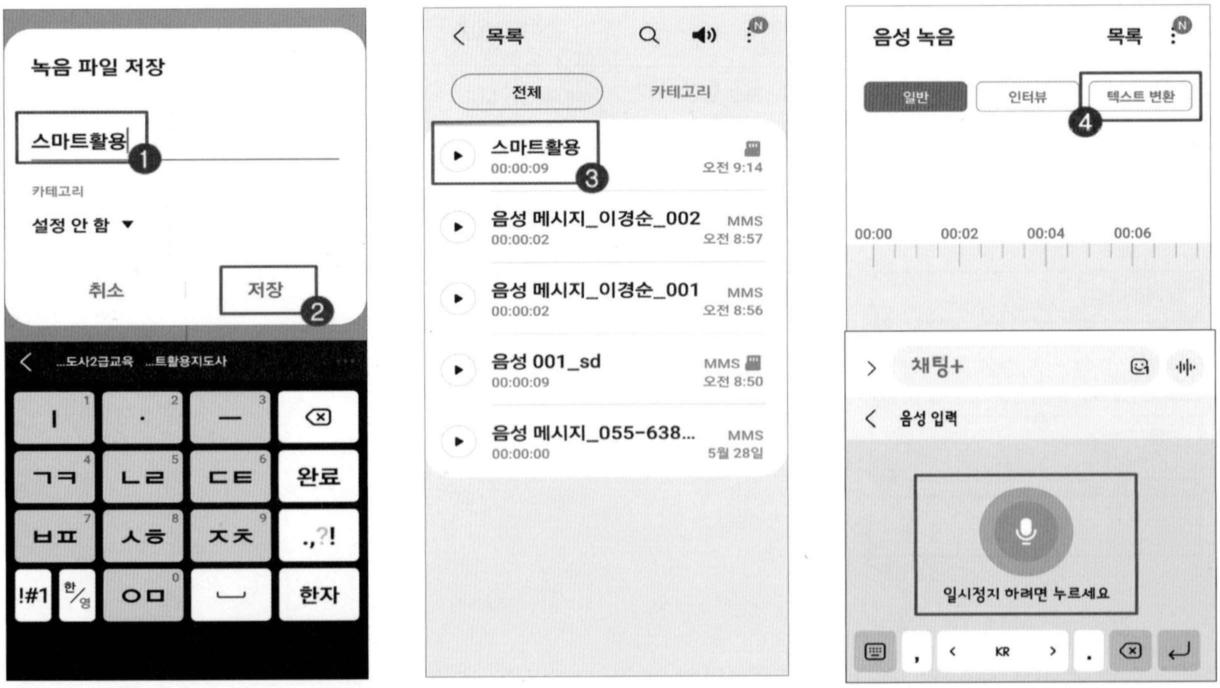

1 ①녹음 파일 저장에서 [**스마트 활용**] 이름변경 입력한 후 ② [**저장**]을 터치합니다. 2 ③[**스마트 활용**] 파일명으로 저장되었습니다. 3 ④[**텍스트 변환**]은 음성과 동시에 텍스트로 변환됩니다. ⑤[**녹음**] 버튼을 터치하여 녹음을 시작합니다.

음성녹음 확인하기

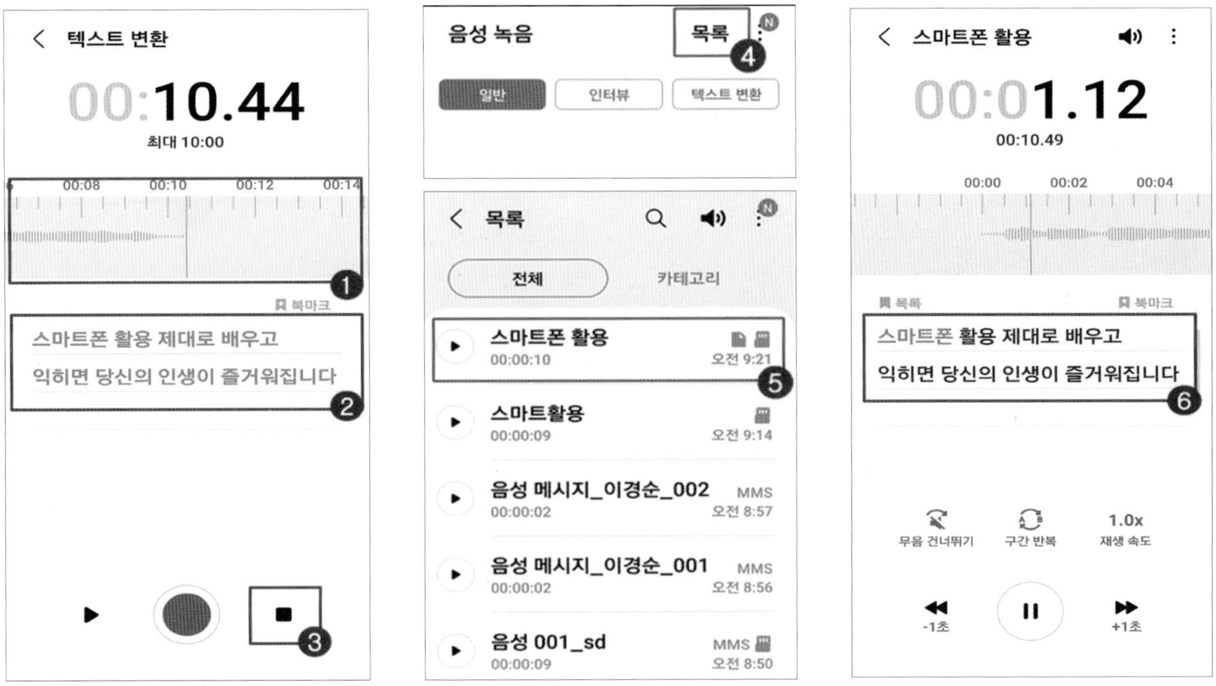

1 ①음성이 [**녹음**]되면서 ②[**텍스트로 변환**]이 됩니다. ③끝나면 [**정지**] 버튼을 눌러 저장합니다. **2** 녹음한 내용을 듣기 위해 홈 화면이나 앱스화면에서 [**음성녹음**]을 터치합니다. ④[**목록**]을 터치합니다. ⑤재생하고자 하는 목록을 터치합니다. **3** ⑥재생과 동시에 텍스트로 변환됩니다.

음성 녹음 파일 이름 변경하기

◈ 파일 이름을 변경해 보겠습니다.

1 [**음성 목록**]에서 ①[**변경할 파일**]을 길게 누릅니다. 하단 메뉴에서 ②[**파일 삭제**], [**파일 공유**] ④[**파일 이동**] ⑤[**이름변경**]을 터치합니다. **2** ⑥[**파일명**]을 터치하여 ⑦파일 이름 [**스마트폰 교육**] 변경하고 ⑧[**이름변경**]을 터치합니다. **3** ⑨[**스마트폰 교육**]으로 파일 이름이 변경되었습니다.

말로 문자 보내기

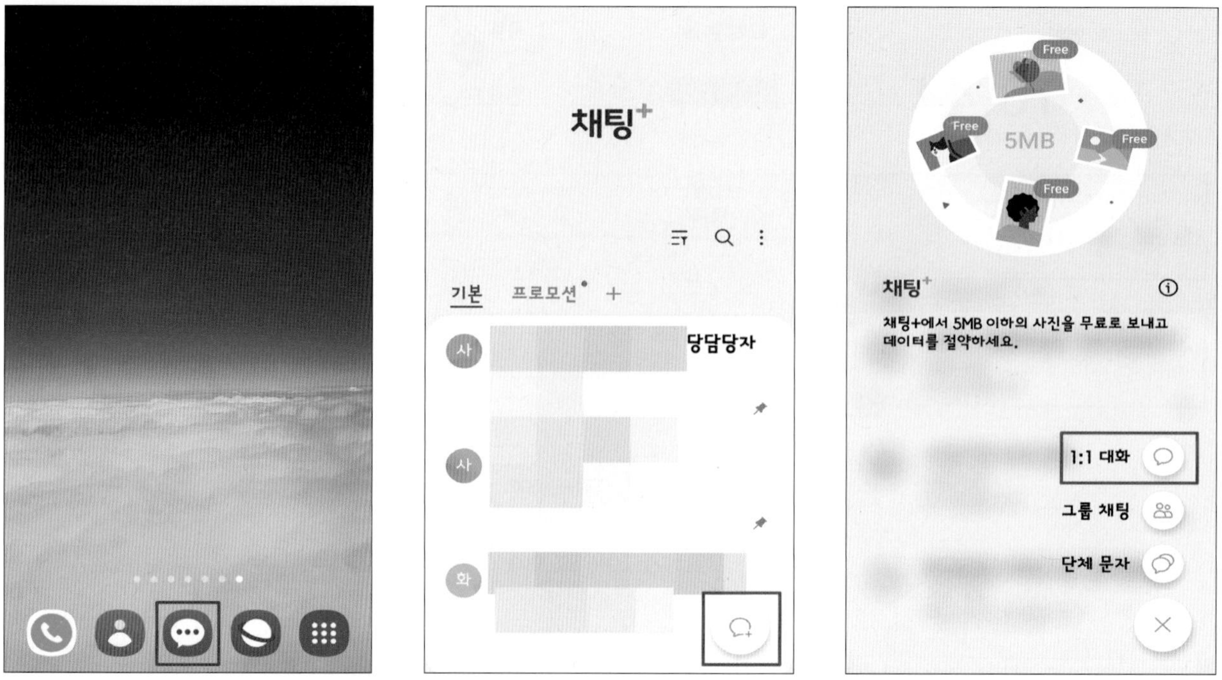

1 홈 화면에서 [메시지] 아이콘을 터치합니다.
2 화면 우측 하단 [말풍선] 아이콘을 터치합니다.
3 [1:1 대화]를 터치합니다.

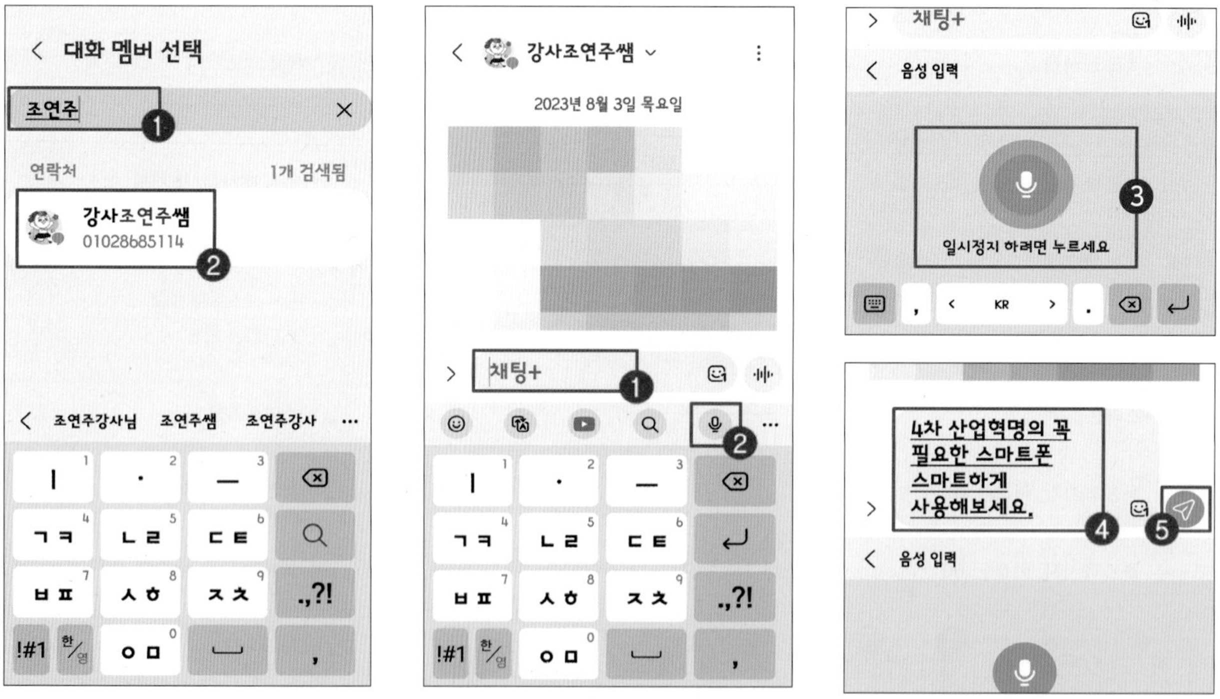

1 ① [연락처 검색 또는 번호 입력창]에 원하는 사람을 입력하고 ② 이름이 보이면 선택합니다.
2 ① 음성으로 메시지를 보내고자 한다면 [문자 입력창]을 터치합니다. ② [마이크]를 터치합니다.
3 ③ [마이크] 아이콘이 파란색으로 보이면 보내고자 하는 메시지를 말로 합니다. ④ [문자 입력창]에 음성으로 말한 부분이 텍스트로 입력되어 집니다. ⑤ [전송버튼]을 터치하면 상대방에게 메시지가 전송됩니다.

음성으로 문자 보내기(인터넷이 안되는 경우)

1 ①[**전화번호**]를 입력하거나 [**연락처**]에서 가져옵니다. ②[✚]를 터치합니다.

2 ③[**음성녹음**]을 터치합니다. 3 ④[**음성녹음 시작**] 버튼을 누르고 녹음을 시작합니다.

1 ①녹음이 끝나면 [**정지**]를 터치하고 ②[**완료**]를 터치합니다.

2 ③[**음성녹음**]이 첨부되었습니다. 전송하기 전에 플레이 버튼 [▶]을 터치하여 미리 들어보거나 삭제 [━] 할 수 있습니다.

④[**보내기**]를 터치합니다. 3 ⑤ [**음성녹음**]이 전송되었습니다

빠른 음성 보내기(인터넷이 안되는 경우)

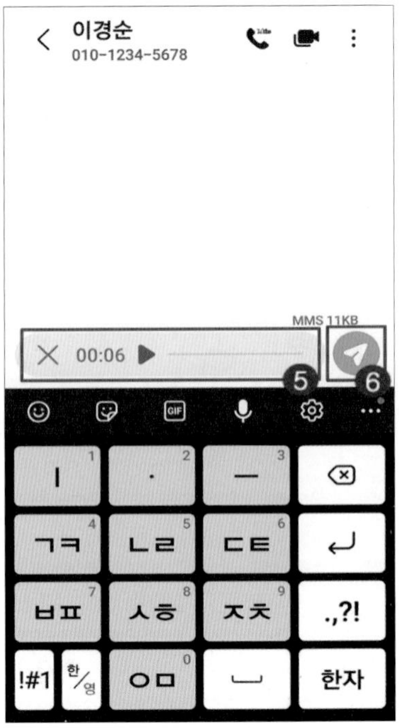

1 ①[**전화번호**]를 입력하거나 [**연락처**]에서 가져옵니다.
②메시지 입력창 오른쪽에 있는 [**음성녹음**] 버튼을 길게 누릅니다.
2 ③누른 상태로 녹음을 하고 녹음이 끝나면 손가락을 뗍니다.
④음성을 인식하고 있습니다. **3** ⑤ [**음성녹음**]이 되었습니다.
4 ⑤플레이 버튼 [▶]을 터치하여 미리 들을 수 있고 [✖]를 터치하면 삭제됩니다.
⑥[**보내기**] 버튼을 터치하면 음성녹음이 [**전송**]이 됩니다.

CHECK 리스트

카메라 설정법

카메라 빠른 실행

1 카메라 빠른 실행을 위해 설정에서 [유용한 기능]을 터치합니다.
2 유용한 기능에서 [측면 버튼]을 터치합니다.
3 측면 버튼에서 [카메라 빠른 실행]으로 설정합니다.

1 유용한 기능에서 설정이 완료된 후 카메라 [측면 버튼]을 빠르게 두 번 누르면 카메라 앱이 실행됩니다.
2 카메라 화면에서 ① 터치하여 전면과 후면 카메라로 바꿀 수 있으며 ② 손가락으로 화면을 위로 아래로 드래그하여 쉽고 빠르게 전면 후면 카메라를 자유롭게 바꿀 수 있습니다.

화이트밸런스로 색감 맞추기

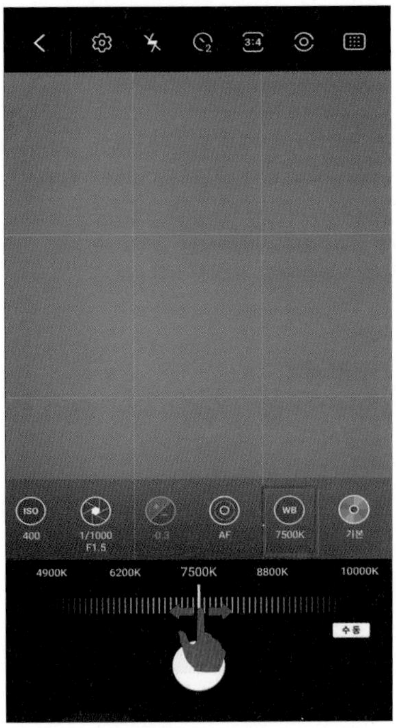

1 [화이트밸런스]를 터치하여 아래 [색온도 k값]을 좌, 우로 움직여 색감을 조절하세요.
2 화이트밸런스를 [오토]로 촬영한 사진입니다. 3 [K값]을 낮춰서 촬영한 사진입니다.

카메라 모드별 촬영 방법(갤럭시폰 기준, 카메라 기종에 따라 이름과 기능이 다를 수 있습니다)

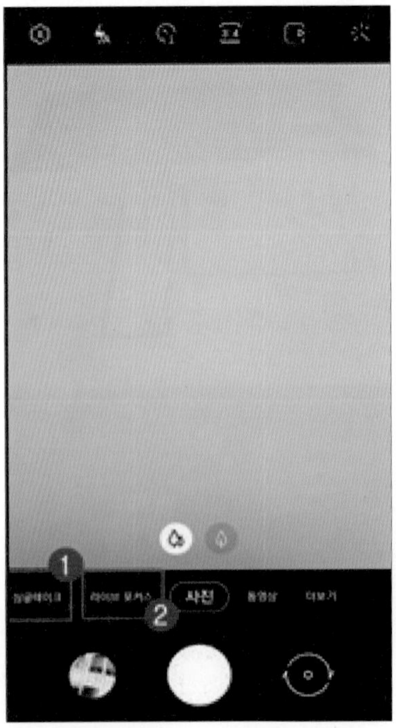

[싱글테이크]
싱글테이크 최대 10개의 베스트 사진과 최대 4개의 동영상이 만들어집니다.

[인물사진(라이브포커스)]
중심 피사체는 돋보이고 배경은 흐리게 찍을 수 있습니다.

[모션포토] 촬영시점 전후 동영상이 0.2초 정도 담깁니다.(최적장면을 선택 할 수 있습니다)

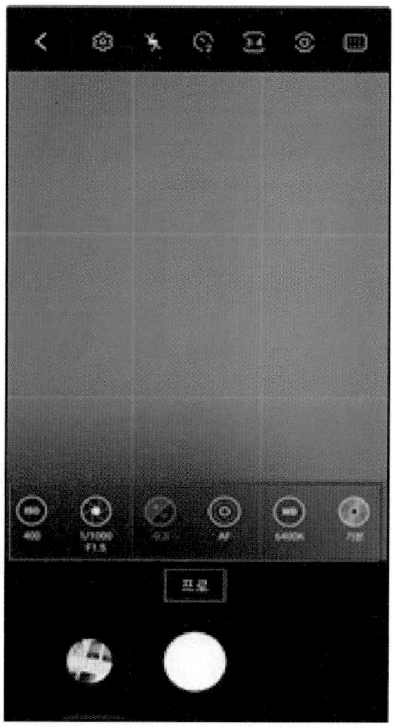

1 [**더보기**] 메뉴를 터치하면 다양한 촬영 모드가 나옵니다. 2 [**프로모드**] DSLR 카메라처럼 ISO 감도, 노출 값, 초점, 화이트밸런스 등을 수동으로 조절해 촬영합니다. 3 [**파노라마**] 넓은 범위의 장면을 한 장의 사진으로 촬영합니다. 산이나 바다와 같은 넓은 지역, 풍경 사진을 촬영할 때 사용하세요. (주의할 점) 카메라를 한 방향으로만 천천히 움직인다. 안내선 밖으로 나가지 않도록 촬영합니다.

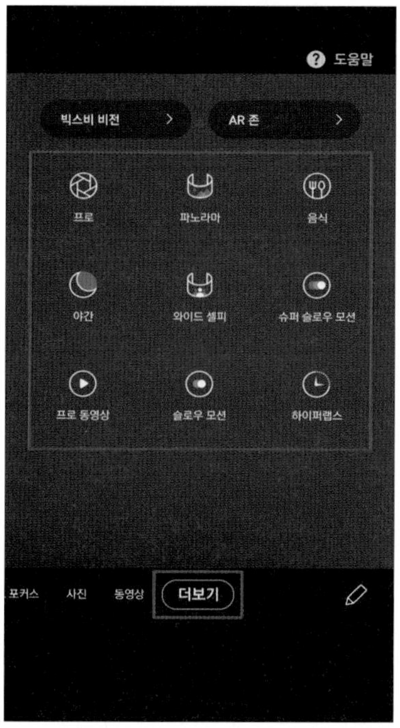

[**음식모드**] 음식을 더 선명하게 촬영합니다.

[**야간모드**] 어두워서 촬영이 어려운 곳에서 야간모드를 설정하면 화면이 밝아져 촬영이 가능합니다.

[**슬로우모션**] 실제보다 느리게 움직이는 영상으로 촬영하는 방법입니다.

[**하이퍼랩스**] 실제보다 빠르게 움직이는 역동적인 영상을 촬영합니다. 일출 모습, 구름이 지나는 모습, 꽃이 피어나는 모습 등 촬영에 이용됩니다.

스마트폰 카메라의 기본설정

1 스마트폰 홈 화면 하단의 [**카메라**] 아이콘을 터치합니다. 2 카메라가 열리면 상단 왼쪽 톱니모양 [**설정**]아이콘을 터치합니다. 3 꼭 설정해야 할 기능들입니다.

[**동영상 손떨림 보정**] 초점이 흔들리는 것을 방지, 선명한 사진을 찍는 데 중요합니다.

[**수직/수평 안내선**] 안정적인 구도를 잡는데 매우 중요합니다. (황금분할선으로 활용)

[**촬영 방법**] 음성버튼, 플로팅 촬영버튼, 손바닥내밀기 (셀피 촬영시) 설정합니다.

[**위치태그**] 사진을 찍은 시점의 위치가 나타납니다.

사진의 상세정보 찾아보기

①해당사진 상단 오른쪽 더보기를 누르면 상세정보가 나옵니다. 촬영일자가 보입니다.
②사진의 용량과 크기를 알 수 있습니다.
③촬영장소
④F값, 화각, 촬영시간, ISO등 촬영정보를 알 수 있습니다.

사진편집 - 포토에디터 사진 보정(갤럭시 노트9 기준)

보정은 촬영된 스마트폰 사진을 한 번 더 업그레이드 하는 과정입니다. 디지털 사진에 있어서 보정은 필수과정입니다. 터치 한 두 번만으로 사진이 확 달라지는 비법을 알아봅니다.
갤럭시폰 갤러리의 [**포토에디터**]와 전문보정앱 [**스냅시드**] 활용하는 방법을 소개합니다.

1.포토에디터 사진 보정
포토에디터의 기능이 계속 업그레이드 되어서 최근 포토에디터는 전문 보정앱 못지않은 기능들을 탑재하고 있습니다.

1) 보정순서는 회전(필요한 경우만) ➜ 기울기 조정 ➜ 프레임 크기 조절 순입니다.

❶ [**포토에디터 사진 보정**]은 사진 하단에 있는 [**연필 모양**] 버튼을 누릅니다.
❷ ①[**프레임 크기**]는 1:1, 3:4, 9:16, Full, Free 선택이 있습니다. 어떤 크기의 프레임을 선택하느냐에 따라 사진의 분위기가 달라집니다. 또한 프레임을 선택해서 불필요한 부분이나 또는 어지러운 배경을 잘라낼 수 있습니다. 프레임 크기를 결정한 후 두 손가락으로 사진 크기를 맞추어 조정하면 됩니다.
❸ ②[**기울기 조정**] 사진에 건물이나 나무, 수평선 등이 수직, 수평이 맞지 않는 경우가 의외로 많습니다. 이 경우 [**기울기 막대**]를 이용해 [**좌우, 상하 조절**]을 해줍니다.

2) 색 보정

색 조절은 보정 작업의 핵심입니다. 포토에디터에는 다양한 색 보정 기능이 있습니다. 크게 필터를 이용한 조정과 밝기, 음영, 하이라이트, 채도를 원하는 만큼만 보정하는 상세 보정이 있습니다.

(1) 필터 보정

이미 만들어져 있는 필터를 사진에 적용하는 보정 법입니다. 스마트폰의 종류에 따라 필터의 이름과 색상이 차이가 납니다. 필터를 하나씩 적용해보면서 맘에 드는 색상을 선택합니다.

❶ [**포토에디터 사진 보정**]은 사진 하단에 있는 [**연필모양**] 버튼을 누릅니다.
❷ [**필터**]아이콘을 터치합니다. ❸ 여러 가지 [**필터**] 중 하나를 선택하시고 필터 아래의 [**조절 막대**]로 필터의 강도를 조절하면 됩니다. 보통은 첫 번째 필터인 [**자동필터**]만 선택해도 한결 산뜻하게 보정이 됩니다. 음식 사진은 노란빛이 나는 필터 따뜻한 필터를 선택하면 음식이 맛있어 보입니다.
필터 끝에 [**다운로드**] 아이콘을 터치하면 더 많은 필터를 설치할 수 있습니다.

CHECK 리스트

2) 상세보정

필터보정만으로 부족할 땐 색의 각 부분을 조정할 수 있는 상세보정을 해보세요.

① **[상세 버튼]**을 터치하면 밝기, 노출, 대비, 채도, 색조, 화이트밸런스(WB)의 메뉴가 있습니다.

② 사진이 어두울 경우 **[밝기]**를 선택하고 아래 **[조절 막대]**로 강도를 조절합니다.

③ **[노출]**은 사진 전체의 밝기를 조절해 줍니다.

① **[대비]** 밝고 어두운 색상의 차이를 작거나 크게 만듭니다, ② **[채도]** 사진의 색상을 더 화사하게 만듭니다. ③ **[색조]** 색의 강약과 농담으로 분위기를 줍니다. 왼쪽으로 움직이면 Magenta가 들어오고요, 오른쪽으로 움직이면 그 보색인 Green 색이 들어옵니다. **[조절 막대]**를 조금씩 움직여서 사진의 분위기를 바꿔보세요. **[WB(화이트밸런스)]**는 색상의 온도를 나타내는 캘빈 값을(K) 조절해서 색상을 표현하는 것입니다. K값이 낮으면(왼쪽) 푸른색, 높으면(오른쪽) 노란빛이 납니다.

1 상세 보정 마지막 [WB]를 누르면 ②번[K] 메뉴를 터치합니다.

2 [**K값 조절 막대**]를 왼쪽으로 이동하면 [**푸른빛**] 사진을 볼 수 있습니다.

3 [**K값 조절 막대**]를 오른쪽으로 이동하면 [**노란빛**] 사진을 볼 수 있습니다.

4 화이트밸런스는 음식 사진, 밤하늘 색을 보정할 때 활용하면 좋습니다. 별이 있는 붉은 밤하늘을 푸른빛이 도는 동화 같은 밤하늘로 만들 수 있습니다.

CHECK 리스트

스냅시드 - 스마트폰 사진 보정의 끝판 왕

다운로드하기 Google Play

- 스냅시드는 구글이 무료로 제공하는 사진 보정 앱입니다.
- 플레이스토어에서 다운로드해 설치하면 됩니다. 무료 앱이고 광고도 없습니다.
- 성능이 포토샵급으로 다양하고 섬세합니다.
- 보정 법이 상당히 직관적이며 프리셋 보정이 많아 이용이 쉽습니다.
- 보정 도구를 손가락으로 터치한 후 좌우로 이동시키는 것만으로도 조절이 가능합니다.
- 28가지 기본 도구들 중 몇 가지만 활용해도 한 층 업그레이드된 사진을 만들 수 있습니다.

스냅시드 사진보정

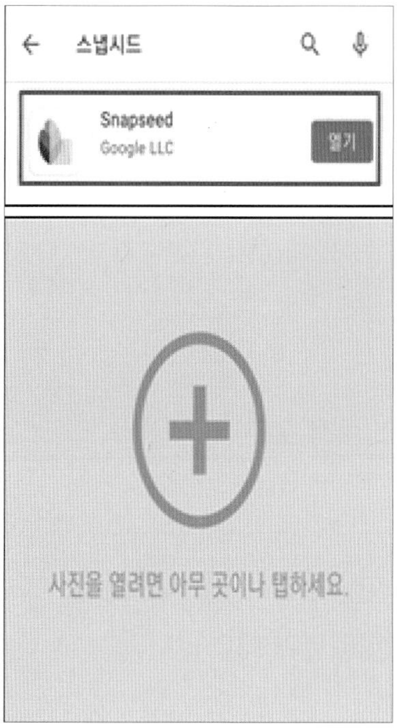

1 구글 [**플레이스토어**]에서 [**스냅시드**]를 설치하여 열기를 터치합니다.
2 스냅시드 [**화면**]을 터치합니다. 3 화면 상단 왼쪽 [**더보기**]를 터치하면 갤러리 메뉴가 나옵니다. [**갤러리**] 메뉴를 터치합니다. 4 [**사진 하나**]를 선택하여 터치합니다.

CHECK 리스트

1. 스타일적용

1 사진을 열면 사진 하단에 **[스타일]** 필터들이 있습니다. 사진에 적용해 본 후 맘에 드는 필터를 선택하여 사용하면 됩니다. 2 필터를 선택한 다음 **[체크]**를 해주세요. 인물사진은 Portrait, 풍경 사진은 Pop이나 Accenturate를 선택해보세요. 스타일 선택 후 원본과 비교해 보려면 사진을 손가락으로 꾹 눌러보세요. 어느 정도 바뀌었는지를 눈으로 확인할 수 있습니다.

2. 스냅시드의 보정 도구 사용법

보정할 사진을 선택한 후 하단 가운데 있는 ①**[도구]**를 선택하면 28개의 보정 도구가 나타납니다. ②**[기본 보정]** 도구를 터치하세요.

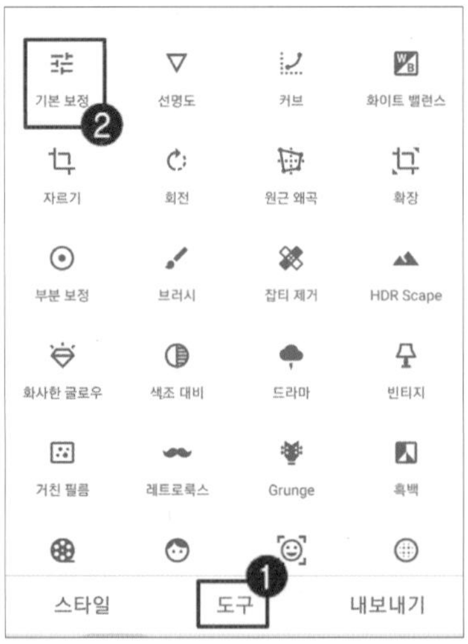

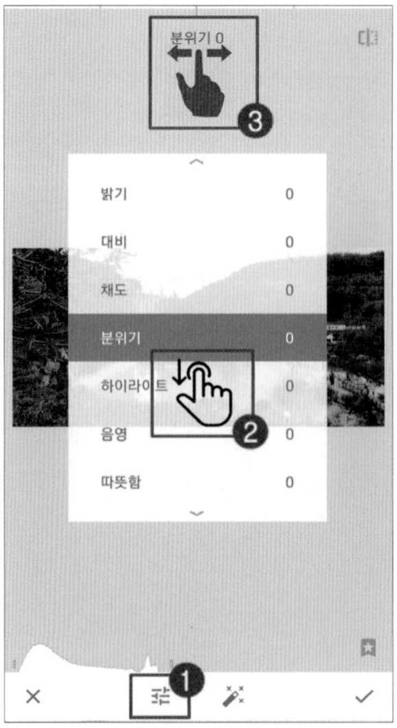

①하단 **[필터]**를 터치하면 하위메뉴가 나타납니다.

②손가락을 떼지 않은 채 아래 위로 움직여 메뉴를 선택한 후 손가락을 떼세요.

③보정의 강도는 위쪽의 슬라이드를 좌우로 움직여서 결정하면 됩니다.

1) 기본 보정 : 밝기, 대비, 채도, 하이라이트, 분위기, 음영, 따뜻함을 설정할 수 있습니다.
기본 보정의 순서

밝기
↓
대비
↓
채도
↓
분위기
↓
하리라이트
↓
음영
↓
따뜻함

①밝기 : 사진의 모든 톤의 밝기 조정 ②대비 : 밝은 부분과 어두운 부분의 차이 조절
③채도 : 색이 선명해짐 ④분위기 : 채도 + 하이라이트 + 음영 보정
⑤하이라이트 : 밝은 부분 보정
⑥음영 : 어두운 부분 보정 (중간 정도의 밝기에서 약간 어두운 부분)
⑦따뜻함 : 색의 온도, 노란 필터를 씌워준 느낌
모든 단계를 다 할 필요 없고 맘에 드는 사진이 만들어질 때까지 하면 됩니다.

2) 선명도 : 흐릿한 사진을 쨍하게 만들어 줍니다.
하위 메뉴 ①구조 : 굵은 선을 선명하게 ②선명하게 : 가는 선과 면을 선명하게 합니다.

3) 커브 : 사진의 밝은 부분과 어두운 부분을 개별적으로 보정할 때 사용합니다.

1 첫 번째 사진은 원본 사진입니다. 사진 앞쪽 부분은 밝은 부분, 사진 뒤쪽 부분은 어두운 부분을 나타냅니다. **[각 부분의 점]**을 위로 올리면 밝게, 아래로 내리면 어두워집니다.

2 어두운 쪽은 더 어둡게 내리고 밝은 부분도 살짝 어둡게 조정합니다.

3 이미 만들어진 **[프리셋]**을 터치하면 ②여러 가지 프리셋을 이용할 수 있습니다.

4) 화이트밸런스 : 이미지가 가지고 있는 색상을 바꿀 때 사용합니다.

CHECK 리스트

하위 메뉴인 색온도와 틴트를 혼합해서 사용하면 다양한 색상의 변화를 만들 수 있습니다.

5) 부분보정 : 사진에서 원하는 특정 부분만 밝기, 대비, 채도, 구조(선명도)를 조절할 수 있습니다. 얼굴만 환하게 하거나 특정 꽃의 색깔을 환하게 할 때 사용하면 좋습니다.

사진 선택 → 도구 → 부분 보정 → 원하는 부분을 손가락으로 터치하면 **[하위 메뉴]**가 나옵니다. 메뉴를 선택 후 상단 **[조절 바]**를 움직이면서 강도를 조절합니다. 밝기 메뉴 아래쪽을 손가락으로 밀어서 **[대비, 채도, 구조]**를 선택하고 조절 바를 통해 강도를 조절합니다.

CHECK 리스트

6) 보정후 사진 저장

[저장방법]
사진 보정이 끝난 후 우측 하단 **[내보내기]**를 누르면 사진 저장방법들이 나타납니다.

- 공유 : SNS로 사진을 보냄
- 저장 : jpg 95% 저장
- 내보내기 : 설정값대로 저장
- 다른 폴더로 내보내기 : 스냅시드 자동 폴더가 아닌 지정한 폴더에 저장

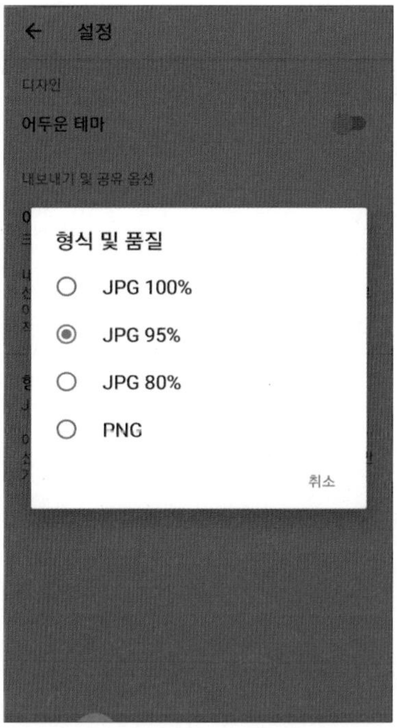

[내보내기 설정]

사진 저장의 형식과 품질은 스냅시드 열기를 한 후 오른쪽 상단 **[더보기]**을 누르면 **[설정]**이 나옵니다.
여기서 **[형식과 품질]**을 지정할 수 있습니다.

CHECK 리스트

푸른 하늘을 멋지게 촬영하는 방법

풍경 사진하면 가장 먼저 떠오른 것이 눈이 시리도록 푸른 하늘입니다. 잘 찍고 싶지만 의외로 잘 안찍히는 것이 풍경이기도 하지요, 하늘을 파랗게 찍고 싶다면 해의 방향만 기억하면 됩니다. 사진사가 해를 등지고 섰을 때 마주 보는 하늘이 가장 파랗습니다.

해가 어느 방향에 있든 해를 등지고 서면 언제나 푸른 하늘을 찍을 수 있습니다.

꽃 사진 잘 촬영하는 방법

보기만 해도 감동을 주는 아름다운 꽃은 누구나 즐겨찍는 피사체입니다.

감성적인 꽃 사진을 찍는 방법을 소개합니다.

1 꽃의 배치는 3분할선이 겹치는 구도가 기본입니다. 2 꽃 여러 송이 보다는 꽃 한 송이를 강조해서 찍는 것이 눈길을 끕니다. 3 나비와 함께 찍으면 생동감이 있습니다.

4 배경이 어지러운 꽃밭에서는 하늘을 배경으로 찍으세요.

음식 사진을 더 맛깔나게 찍는 방법

▶ 세로 구도로 찍자 : 식탁 위가 지저분하다면 세로 구도로 찍자. 한결 깔끔한 사진을 얻을 수 있습니다.

1 가로 구도는 배경이 많아서 식탁 위의 불필요한 것들을 모두 보여줍니다.

2 같은 음식을 세로 구도로 찍었음.
주변 풍경이 사라지면서 훨씬 깔끔한 사진이 되었습니다.

1 **[주연과 조연]** 메인 요리를 돋보이게 할 조연이 필요하다. 메인 요리 주변에 메인 요리와 어울리는 와인이나 포크와 나이프, 물 잔, 음료수를 주변에 함께 두면 식탁의 분위기가 달라 집니다. 색깔이나 무늬를 맞추거나 대조가 되도록 설정한다면 더욱 세련된 사진이 됩니다.

2 **[한입 샷]**은 음식과 어울리는 한입 샷은 음식 사진에 생기를 불어넣습니다.

3 **[대각선 구도]** 옆으로 나란히 앞뒤 일렬 배치보다도 대각선으로 배치하면 세련된 사진이 됩니다.

갤러리에서 사진 및 동영상 확인하기

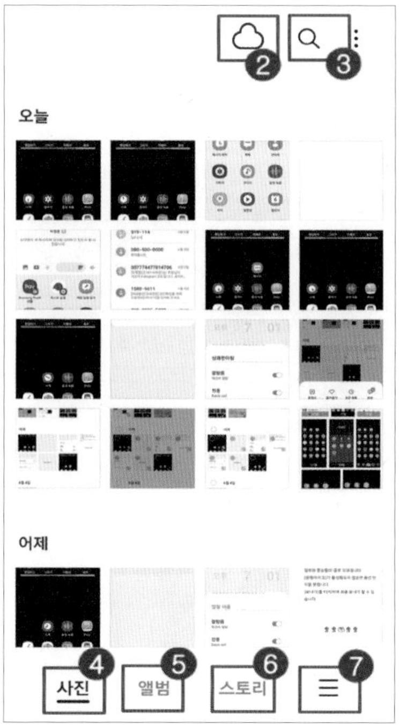

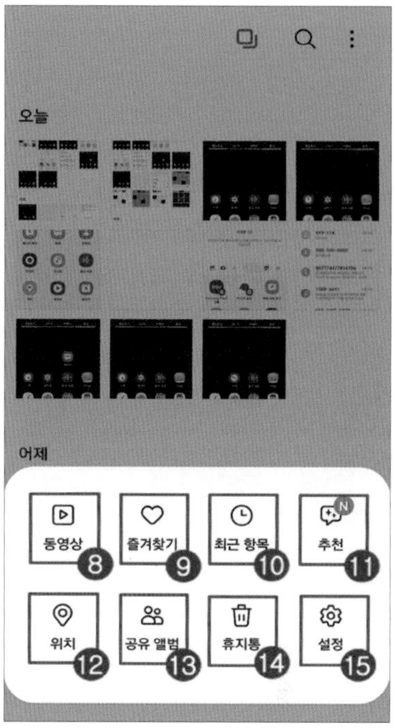

갤러리에 저장된 사진 및 동영상을 확인하고 편집을 할 수 있으며 폴더를 만들어 앨범으로 분류 할 수 있습니다.

1 ①[**갤러리**] 앱을 터치하여 실행합니다

2 ②[☁] 터치하면 마이크로소프트 원드라이브(OneDrive)에 연결됩니다.

③[🔍]는 터치하면 사람 위치 풍경 등 다양하게 사진을 분류하여 보여줍니다.

④[**사진**]에서는 사진과 동영상이 분류 없이 모든 사진이 시간순으로 보입니다.

⑤[**앨범**]은 사진과 동영상이 분류해서 정리되어 있습니다.

⑥[**설정**]에서 [**자동으로 만들기**]를 활성화하면 [**스토리**]를 만들어 줍니다.

⑦[**삼선**]을 터치합니다.

3 ⑧[**동영상**]이 저장되어 있습니다.

⑨[**즐겨찾기**] 사진에서 즐겨찾기 [♥]를 터치하면 즐겨찾기에서 볼 수 있습니다.

⑩[**최근 항목**] 최근 순으로 사진 동영상들이 보입니다.

⑪[**추천**] **리**마스터 된 사진 보기는 AI를 통해 자동으로 진행되는 것만 가능합니다.

⑫[**위치**] 각 도시에서 촬영한 사진을 분류해서 보여줍니다.

⑬[**공유 앨범**]은 사진이나 동영상을 가족이나 친구에게 공유합니다.

⑭[**휴지통**]은 사진을 삭제하면 휴지통에 30일간 보관합니다.

⑮[**설정**] 갤러리에 대한 설정입니다.

갤러리에서 폴더 만들고 관리하기

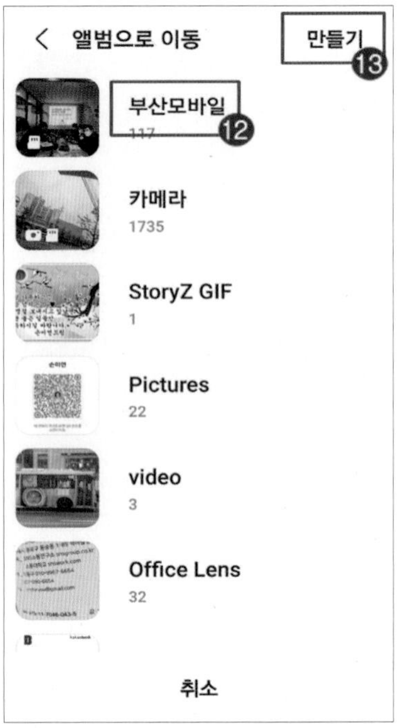

1 ①[**더 보기**]를 터치합니다. ②[**편집**]을 터치합니다.

2 ③[**사진**]을 선택하면 체크 표시가 됩니다.

④[**공유**]는 사진 및 동영상 공유합니다. ⑤[**사진**]을 불필요한 사진을 삭제합니다.

⑥[**더 보기**]를 터치합니다.

⑦[**앨범으로 복사**]는 원본은 그대로 두고 [**앨범**]에 복사합니다.

⑧[**앨범으로 이동**]은 [**사진**] 항목의 원본이 그대로 [**앨범**]으로 이동됩니다.

⑨[**모두 선택**]은 사진이 전체 선택이 됩니다.

⑩[**만들기**]를 터치하면 하이라이트 영상 영화, GIF 골라주 등을 선택해서 만들기 합니다.

⑪[**태그추가**]는 선택한 사진을 태그 해서 모아둡니다.

◈ 폴더를 만들려면 ⑧[**앨범으로 이동**]을 터치합니다.

3 ⑫[**기존 앨범**]에 추가할 경우 앨범을 찾아 터치하여 추가하고, 앨범을 새로 만들 때 ⑬[**만들기**]를 터치합니다.

CHECK 리스트

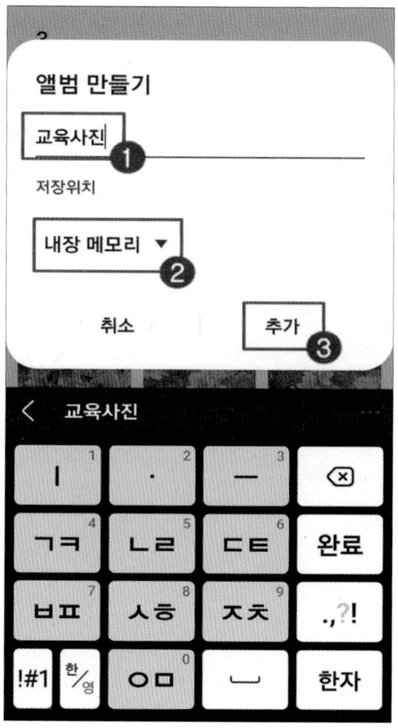

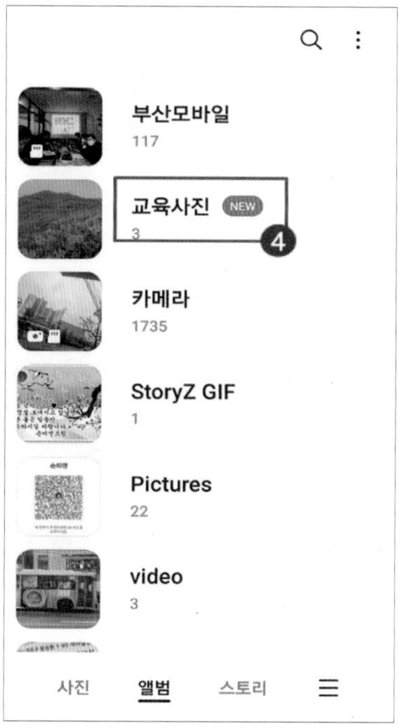

1 ①[**앨범 제목**]에 [**교육 사진**] 입력하고

②[**저장 위치**] 내장 메모리, SD카드를 선택하여 저장할 곳을 터치합니다.

③[**추가**]를 터치합니다.

2 ④ [**앨범**] 항목에 [**교육 사진**]이라는 폴더가 만들어지고 선택한 사진이 이동저장되었고, 교육 사진 [**더보기**]를 터치합니다.

3 ⑤[**편집**]에서 사진을 추가하거나 삭제할 수 있습니다.

⑥[**만들기**]에서 하이라이트 영상 영화 GIF 콜라주 등을 만들기 합니다.

⑦앨범 [**이름변경**]을 할 수 있습니다.

⑧[**대표 이미지 변경**]은 이미지를 대표 이미지로 변경합니다.

⑨[**홈 화면에 추가**] 할 수도 있습니다.

⑩[**정렬**] 앨범을 시간이나 이름순으로 정렬합니다.

⑪[**슬라이드쇼**]를 교육 사진을 슬라이드 쇼로 만들면 됩니다.

CHECK 리스트

갤러리에서 사진 편집하기

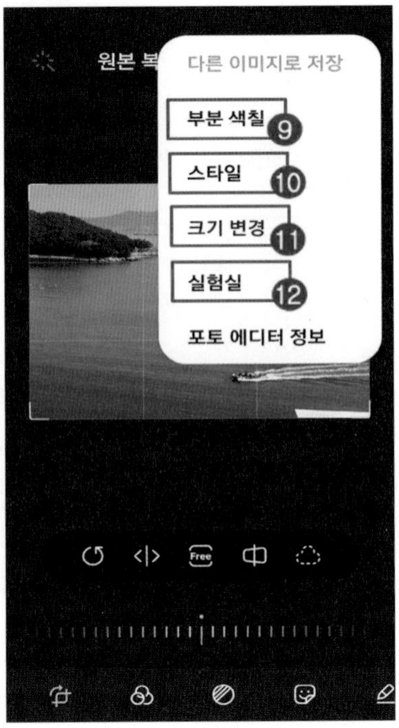

1 ①[**즐겨찾기**] 하려면 ♥를 터치합니다.

②[**편집**]은 사진 편집합니다.

③[**공유**]는 사진을 공유합니다.

④[**삭제**]는 사진을 삭제합니다.

⑤[**빅스비 비전**]으로 유사한 이미지를 찾을 수 있습니다.

2 ⑥[**자르기**], [**필터**], [**이모티콘**], [**텍스트**], [**색깔**], [**밝기**] 등을 편집할 수 있습니다.

⑦[**사진 편집**] [**화면 방향**], [**전환 수평**]. [**배경지 우기**] 등 편집할 수 있습니다.

⑧[**⋮**] 더 보기를 터치합니다.

3 ⑨[**부분 색칠**]은 부분적으로 색칠할 때 사용합니다.

⑩[**스타일**]은 필터를 선택해서 사용합니다.

⑪[**크기변경**]은 이미지 크기 변경 선택합니다.

⑫[**실험실**]은 사람이나 물체를 지울 수 있도록 활성화합니다.

CHECK 리스트

휴지통

◈ 사진을 삭제하면 휴지통에서 30일간 보관됩니다.

1 ①하단에 [**삼선**] 더 보기를 터치하고

②[**휴지통**]을 터치합니다.

2 ③[**편집**]을 터치합니다.

④[**전체**]를 [✔]하거나 [**각 사진**]을 [✔] 합니다.

⑤[**복원**]을 터치하면 사진이 원상태로 됩니다.

⑥[**모두 삭제**]를 터치합니다.

3 ⑦[**취소**]를 터치하면 다시 [**휴지통**]으로 보관됩니다.

⑧[**휴지통 비우기**]를 터치하면 사진이 [**완전히 삭제**] 되며 복원할 수 없습니다.

CHECK 리스트

즐겨찾기 기능

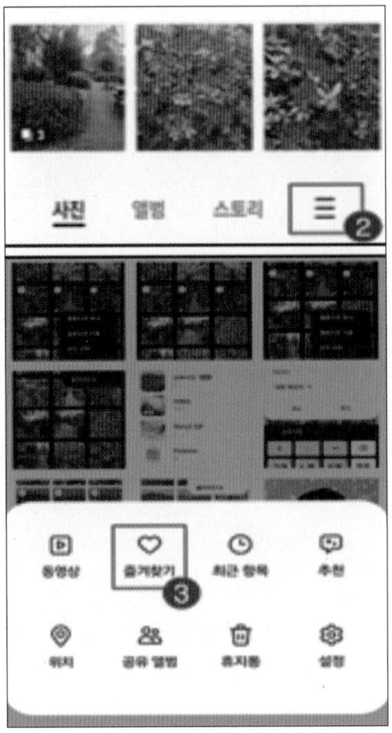

1 ①각 사진을 즐겨찾기 하려면 [♥]를 터치합니다.

2 ②[**즐겨찾기 한 사진**]을 보려면 [**삼선**]를 터치하고

③[**즐겨찾기**]를 터치하면

4 ④[**즐겨찾기 폴더**]에 즐겨찾기 [♥]가 표시된 사진들이 보입니다.

CHECK 리스트

지메일 계정 설정하기

구글 계정(Google Account)은 구글의 온라인 서비스에 접근 인증과 허가를 제공하는 사용자 계정입니다.

스마트폰(구글 안드로이드 스마트폰)을 사용하기 위해서는 지메일(Gmail) 계정이 있어야 합니다. 스마트폰에서 지메일 계정을 새로 만드는 방법과 이미 사용하고 있는 지메일 계정의 비밀번호를 변경하는 방법에 대해서 알아보겠습니다.

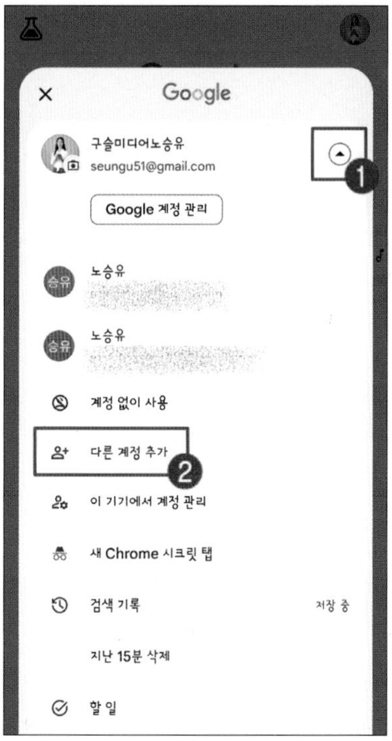

1 구글 앱을 실행합니다. 오른쪽 상단의 [계정]을 터치합니다.
2 더 많은 계정을 볼 수 있는 아이콘을 터치합니다. [다른 계정 추가]를 터치합니다.
3 [계정 만들기]를 터치합니다.

CHECK 리스트

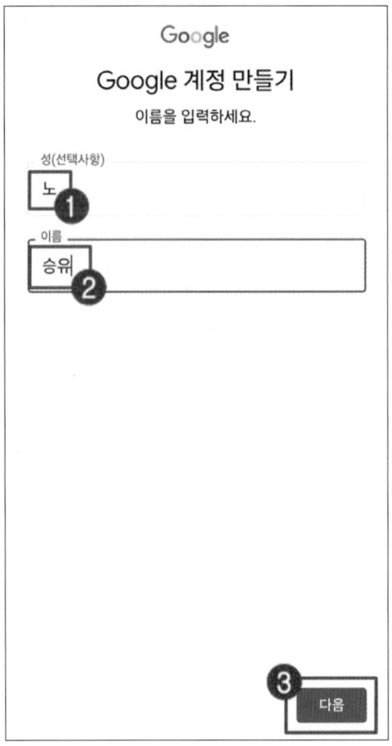

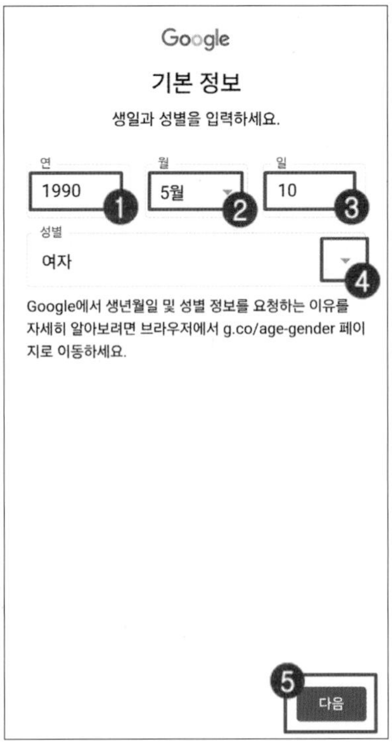

1 [개인용]을 터치합니다. 2 ① [성]과 ② [이름]을 입력하고 ③ [다음]을 터치합니다.
3 ① 출생연도 ② 태어난 달 ③ 태어난 날짜를 입력하고 ④ 성별을 선택한 후 ⑤ [다음]을 터치합니다.

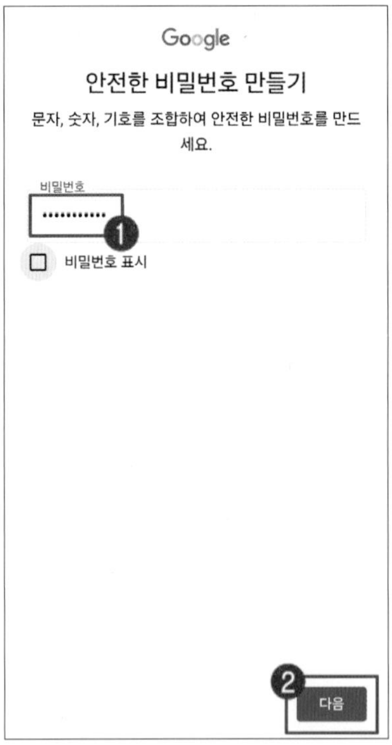

1 구글에서 추천해 주는 [Gmail 주소]를 선택할 수 있습니다.
2 ① 주소를 직접 만들기 위해 [Gmail 주소 만들기]를 터치하고 새로 만들 주소를 입력합니다. ② [다음]을 터치합니다. 3 ① 새로 생성할 계정의 비밀번호를 입력합니다. ② [다음]을 터치합니다.

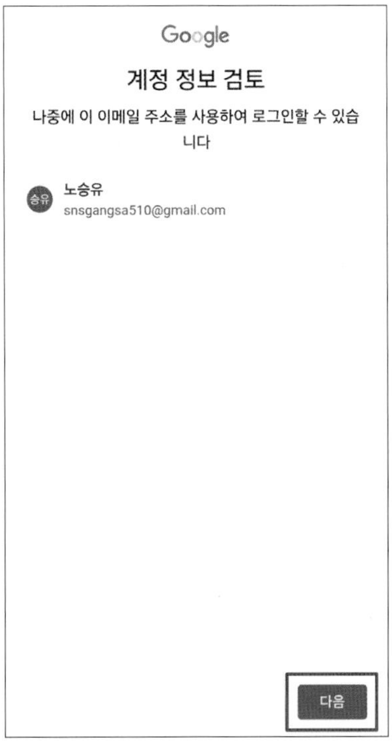

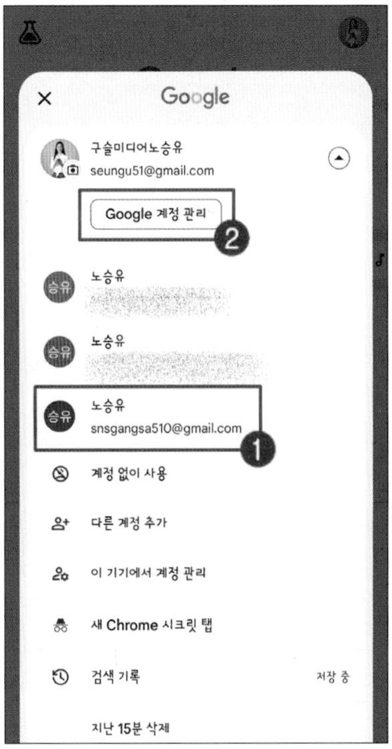

1 계정 정보를 확인하고 [다음]을 터치합니다. **2** [개인 정보 보호 및 약관]을 확인하고 아래에서 위쪽으로 스크롤 합니다. ① 약관 동의에 체크합니다. ② [계정 만들기]를 터치합니다.

3 ① 새 계정이 생성 되었습니다. ② 기존의 계정 비밀번호 변경을 위해 [Google 계정 관리]를 터치합니다.

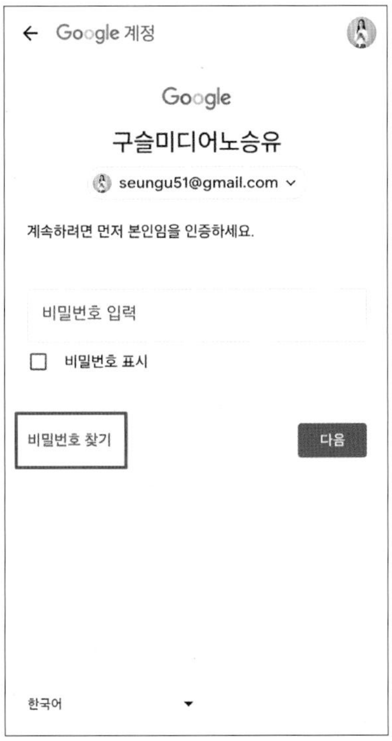

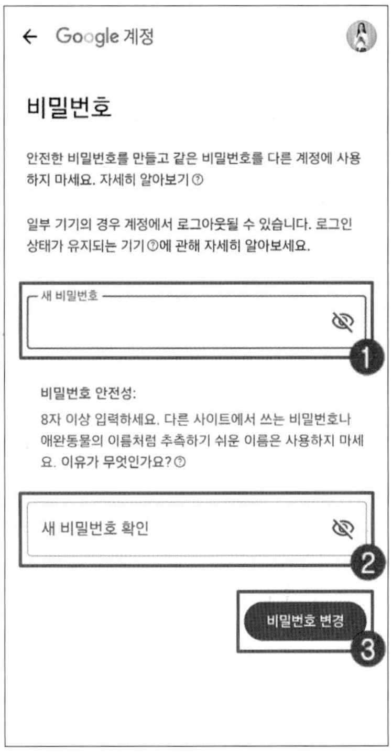

1 ① [개인 정보]를 터치합니다. 비밀번호 변경을 위해 [②]를 터치합니다.

2 [비밀번호 찾기]를 터치합니다. **3** ① [새 비밀번호]를 터치해서 변경할 비밀번호를 입력합니다. ② [새 비밀번호 확인]을 터치해서 ①번과 동일한 비밀번호를 입력합니다. ③ [비밀번호 변경]을 터치하여 완료합니다.

구글 Play 스토어 활용하기

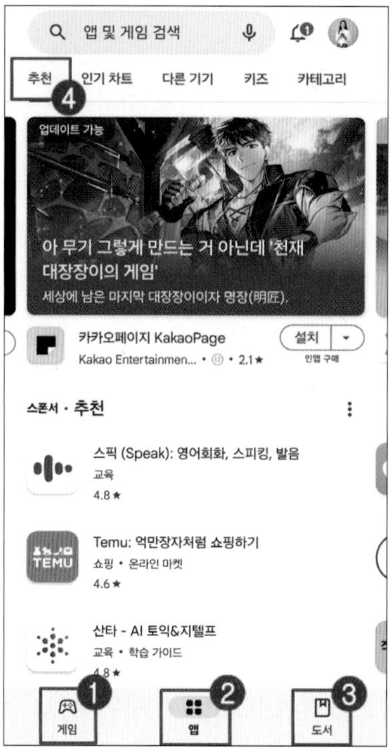

1 [Play 스토어] 앱을 터치합니다. 2 ① [게임] 앱을 검색하여 설치할 수 있습니다. ② [앱]에서는 스마트폰에서 필요한 앱을 검색하여 설치할 수 있습니다. ③ [도서]에서는 전자책(e-book)과 오디오북을 검색하여 설치할 수 있습니다. ④ [추천] 앱을 확인할 수 있습니다. 3 ① [인기 차트]를 터치합니다. ② [인기 앱/게임]을 터치합니다.

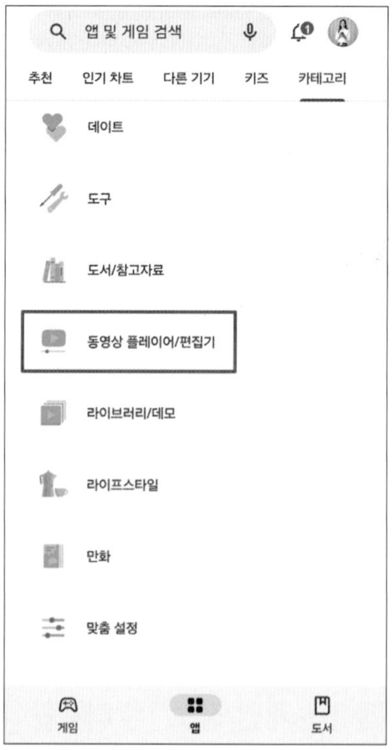

1 [인기 앱/게임]을 터치하여 인기있는 앱/게임을 검색할 수 있습니다.

2 순위별로 인기있는 앱을 보여줍니다. [카테고리]를 터치합니다.

3 [동영상 플레이어/편집기]를 터치합니다.

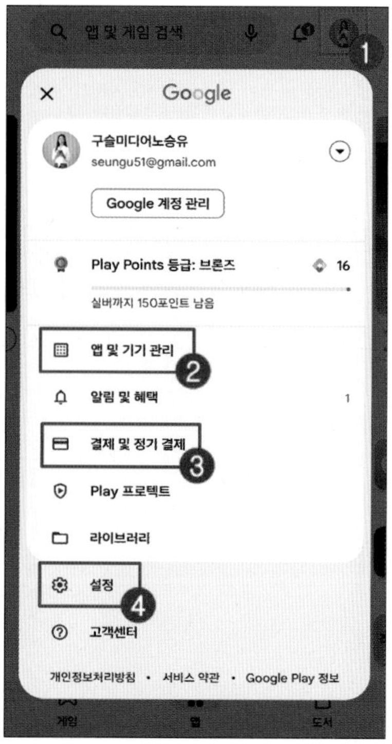

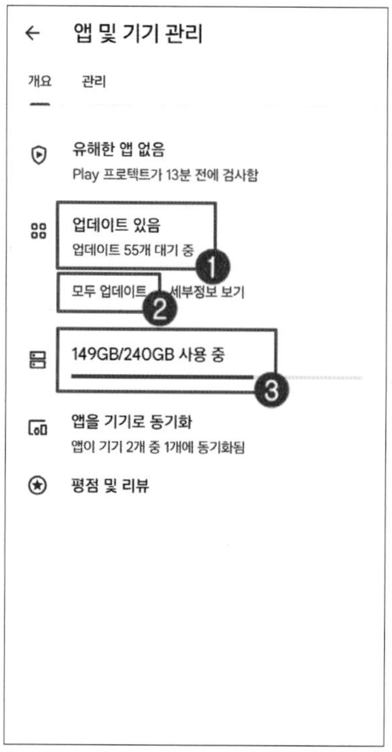

1 우측 [→]를 터치하여 더 많은 앱을 검색할 수 있습니다. 2 ① 우측 상단 [계정]을 터치합니다. ② 앱 및 기기 관리를 할 수 있습니다. ③ 정기 구매한 내역을 취소할 수 있습니다. ④ 앱 다운로드 환경을 설정할 수 있습니다. [② 앱 및 기기 관리]를 터치합니다. 3 ① 업데이트 할 앱이 있음을 알려줍니다. ② 바로 업데이트가 가능합니다. ③ 현재 사용중인 [저장공간]을 터치합니다.

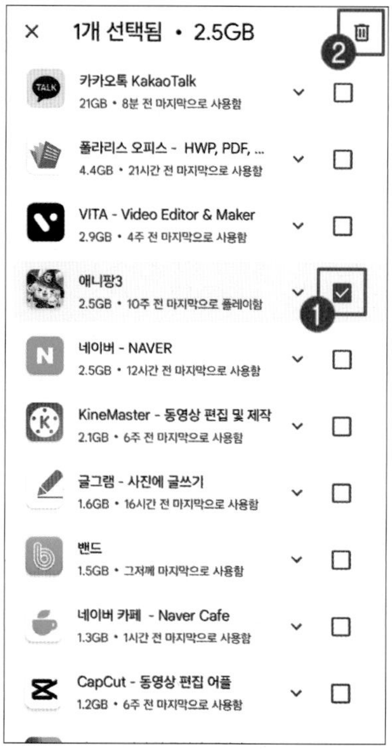

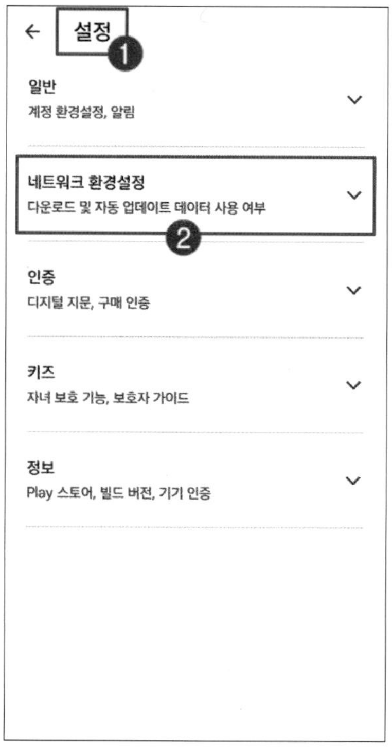

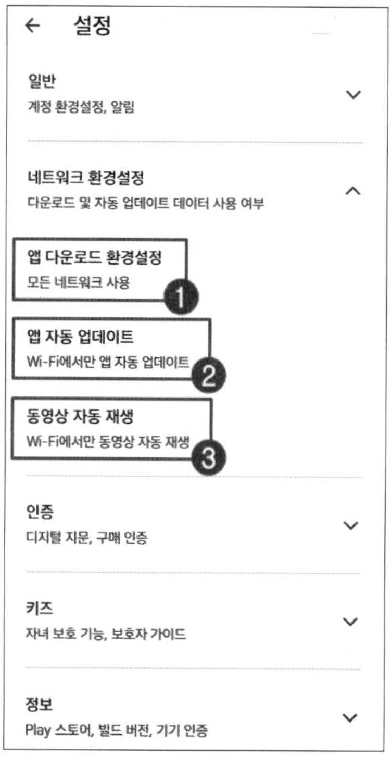

1 ① 저장공간 확보를 위해 필요 없는 앱을 선택합니다. ② 우측상단의 [휴지통] 터치하여 앱을 삭제합니다. 2 ① 구글 Play 스토어 [설정]을 터치합니다. ② [네트워크 환경설정]을 터치합니다. 3 ① [앱 다운로드 환경] ② [앱 자동 업데이트] ③ [동영상 자동 재생] 환경을 설정합니다.

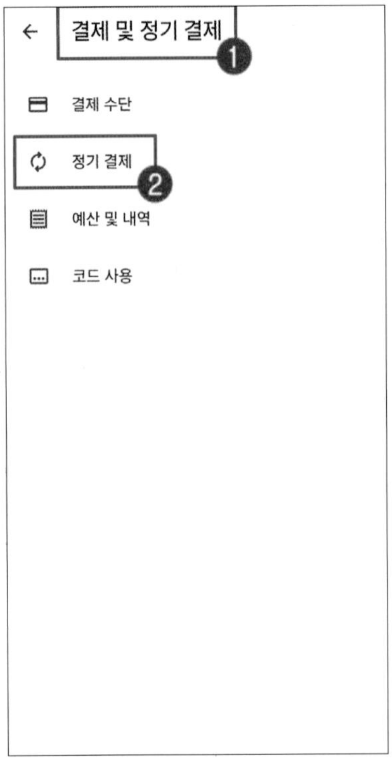

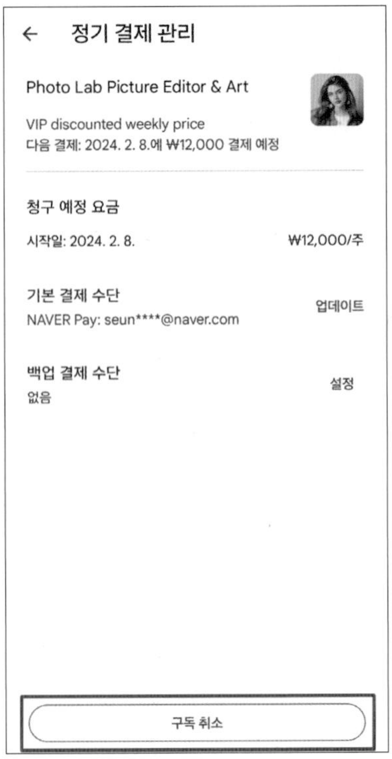

❶ ① 앱 구매 취소를 위해 [결제 및 정기 결제]를 터치합니다. ② [정기 결제]를 터치합니다.
❷ ① 결제 된 내역 중 구매 취소 할 [앱 내역]을 터치합니다. ❸ 하단의 [구독 취소]를 터치합니다.

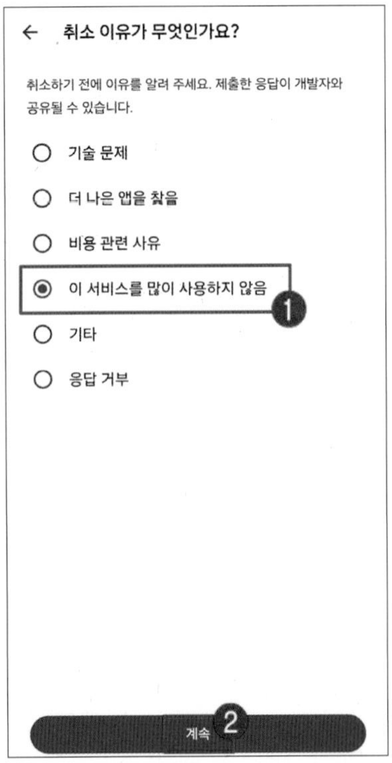

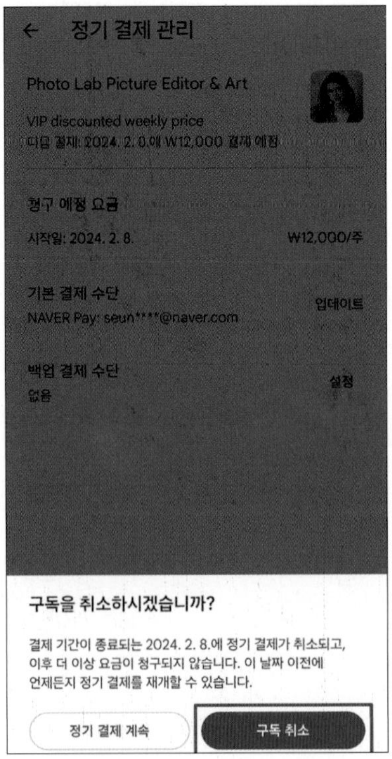

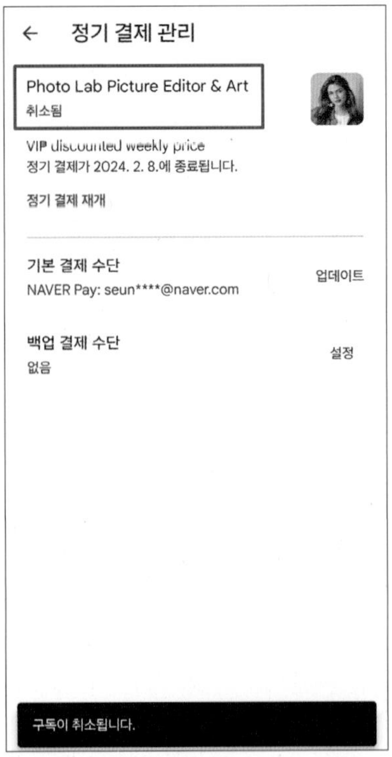

❶ ① 구독 취소 사유를 선택합니다. ② [계속]을 터치합니다. ❷ [구독 취소]를 터치합니다.
❸ 구매 된 앱이 [구독 취소]된 것을 확인 할 수 있습니다.

구글 어시스턴트 활용하기

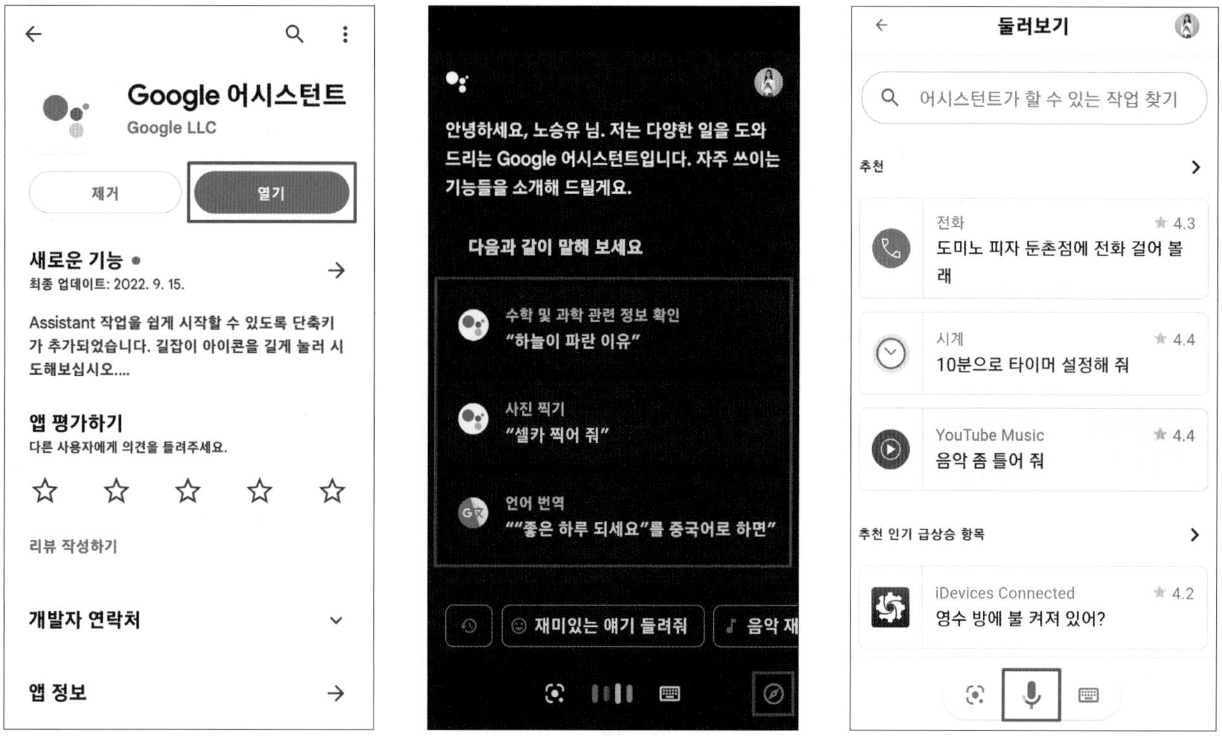

❶ [구글 어시스턴트]를 설치하고 [열기]를 터치합니다. ❷ 구글 어시스턴트는 다양한 음성명령을 실행 합니다. 우측 하단의 [나침반 아이콘]을 터치합니다.❸ [둘러보기] 기능으로 구글 어시스턴트가 실행 할 수 있는 추천 명령어들을 보여줍니다. 명령어 실행을 위해 하단의 마이크를 터치합니다.

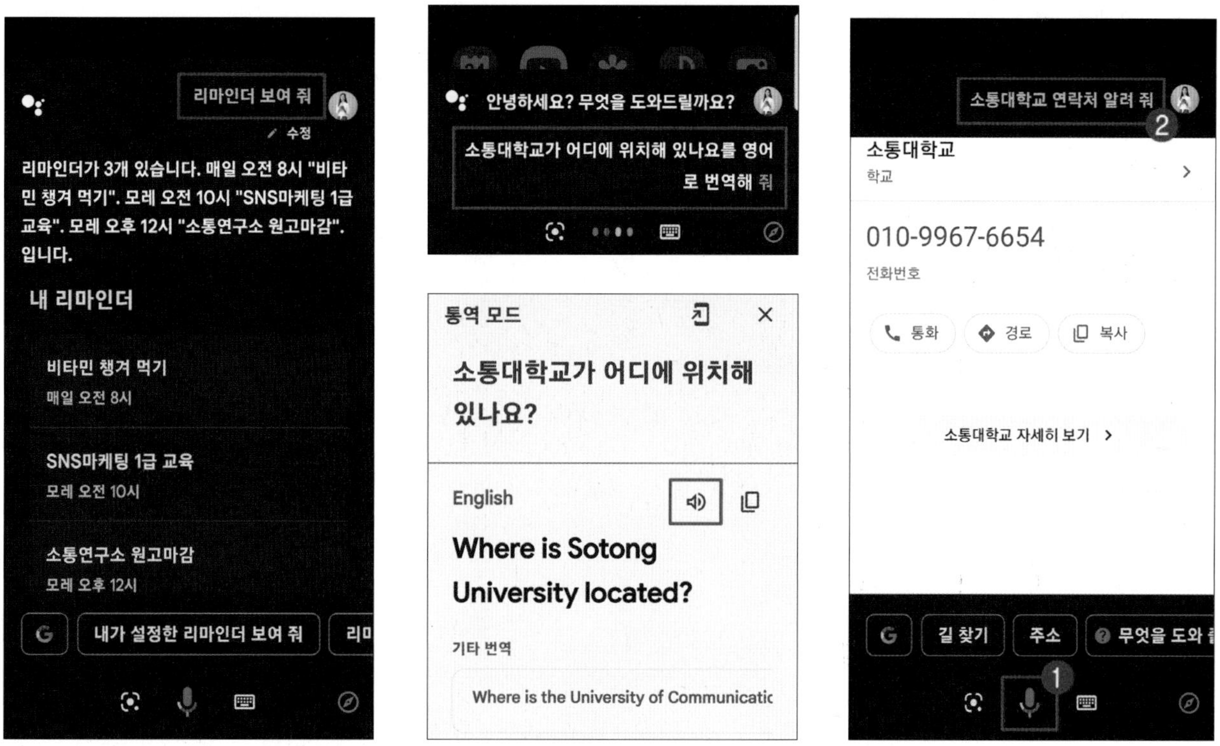

❶ [리마인더 보여 줘]라고 명령하면 리마인더를 보여줍니다. ❷ 번역 명령어를 말하면 번역을 해주고 텍스트 복사와 청취도 가능합니다. ❸ ① 하단의 [마이크]를 터치하여 ② 음성 명령어를 입력하면 명령어의 결과를 표시해 줍니다.

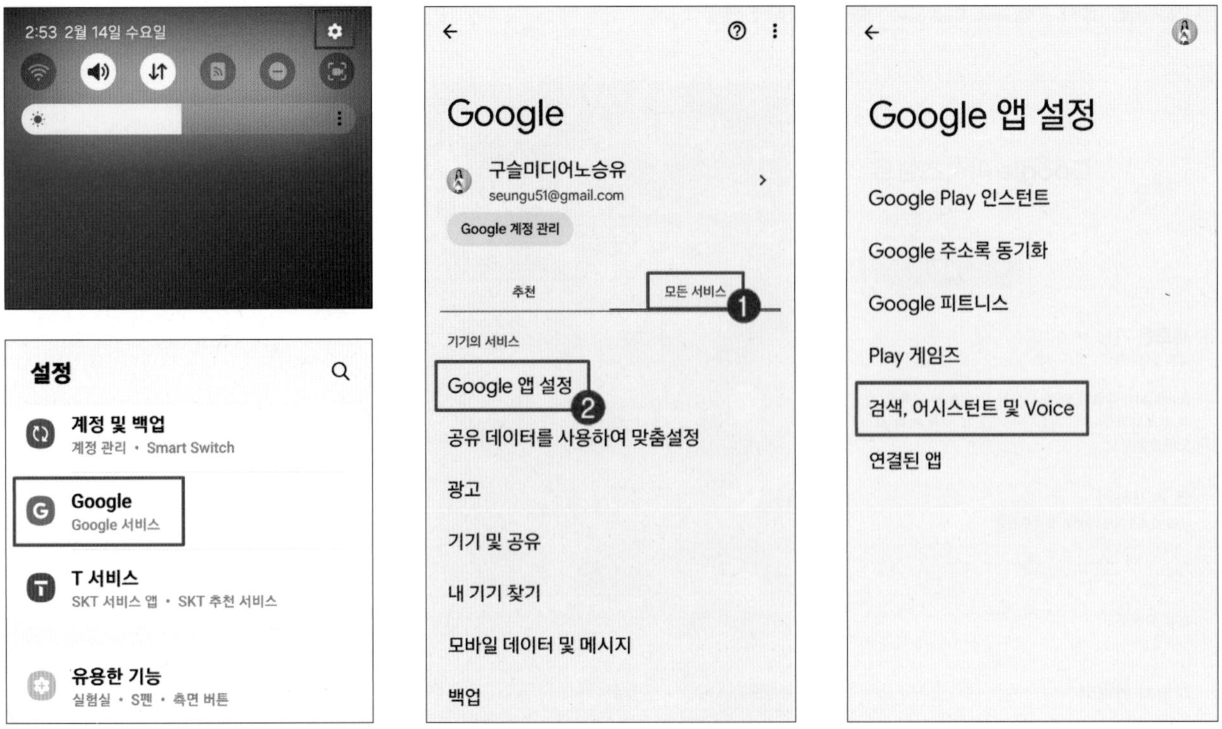

❶ 구글 어시스턴트는 호출 명령어로 실행합니다. 호출 명령어 보이스 매치를 위해 상단바를 내려 [설정]을 터치합니다. 설정 하단의 [Google]을 터치합니다. ❷ [모든 서비스]를 터치합니다. [Google 앱 설정]을 터치합니다. ❸ [검색, 어시스턴트 및 Voice]를 터치합니다.

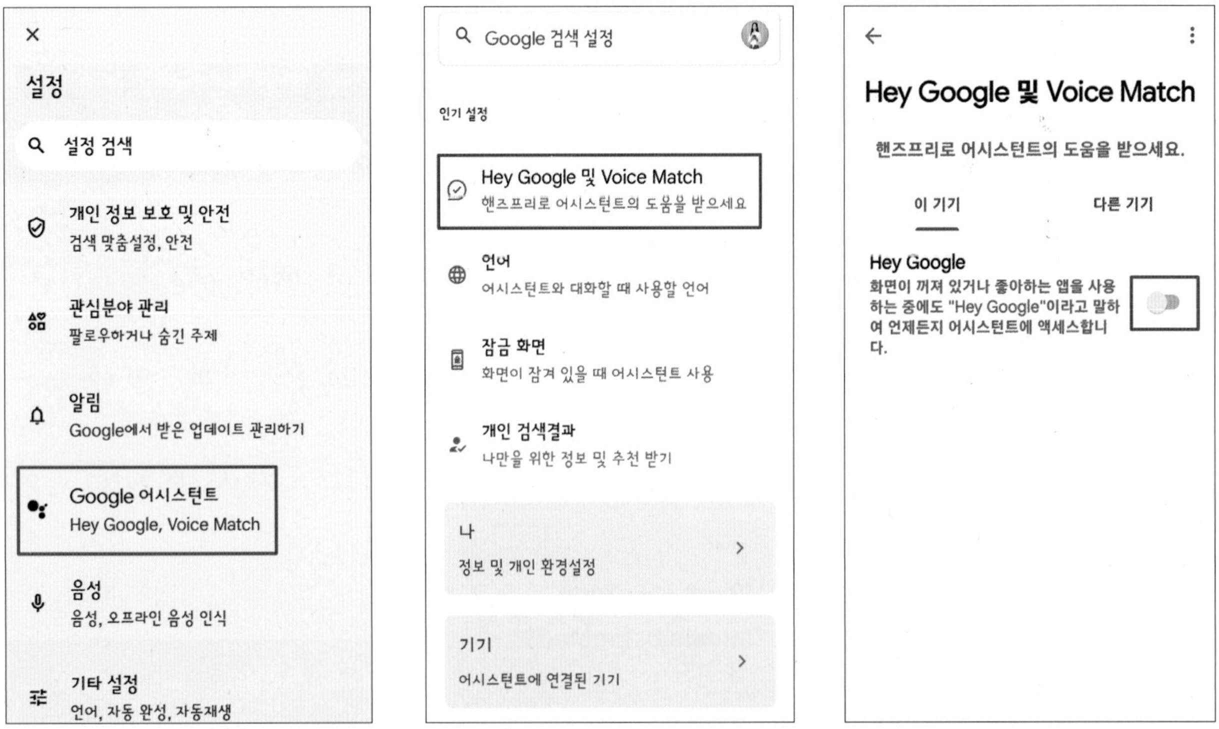

❶ [Google 어시스턴트]를 터치합니다. ❷ [Hey Google 및 Voice Match]를 터치합니다.
❸ [Hey Google] 오른쪽 활성화 아이콘을 터치하여 [활성화] 해 줍니다.

"Hey Google"로 어시스턴트 사용
Google 어시스턴트를 사용해 핸즈프리로 도움을 받으세요.
거부
다음

이 기기에서 Voice Match 활성화
어시스턴트가 이전에 녹음된 음성 클립을 사용해 이 기기에서도 음성을 인식할 수 있습니다
어시스턴트는 Voice Match를 통해 나와 다른 사람을 구분할 수 있습니다. 어시스턴트가 내 음성 클립을 녹음하여 고유한 음성
더보기

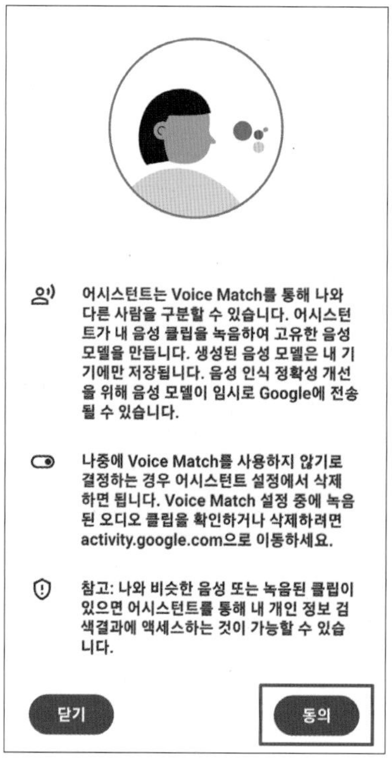
어시스턴트는 Voice Match를 통해 나와 다른 사람을 구분할 수 있습니다. 어시스턴트가 내 음성 클립을 녹음하여 고유한 음성 모델을 만듭니다. 생성된 음성 모델은 내 기기에만 저장됩니다. 음성 인식 정확성 개선을 위해 음성 모델이 임시로 Google에 전송될 수 있습니다.
나중에 Voice Match를 사용하지 않기로 결정하는 경우 어시스턴트 설정에서 삭제하면 됩니다. Voice Match 설정 중에 녹음된 오디오 클립을 확인하거나 삭제하려면 activity.google.com으로 이동하세요.
참고: 나와 비슷한 음성 또는 녹음된 클립이 있으면 어시스턴트를 통해 내 개인 정보 검색결과에 액세스하는 것이 가능할 수 있습니다.
닫기
동의

1 [다음]을 터치합니다. 2 Voice Match 활성화를 위해 [더보기]를 터치합니다.
3 [동의]를 터치합니다.

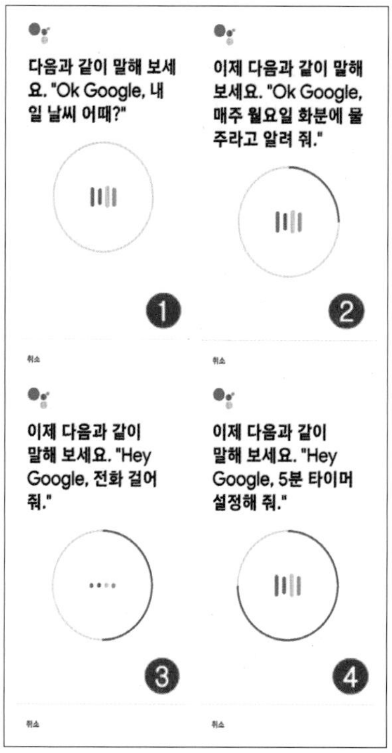
다음과 같이 말해 보세요. "Ok Google, 내일 날씨 어때?"
1
이제 다음과 같이 말해보세요. "Ok Google, 매주 월요일 화분에 물 주라고 알려 줘."
2
이제 다음과 같이 말해 보세요. "Hey Google, 전화 걸어 줘."
3
이제 다음과 같이 말해 보세요. "Hey Google, 5분 타이머 설정해 줘."
4

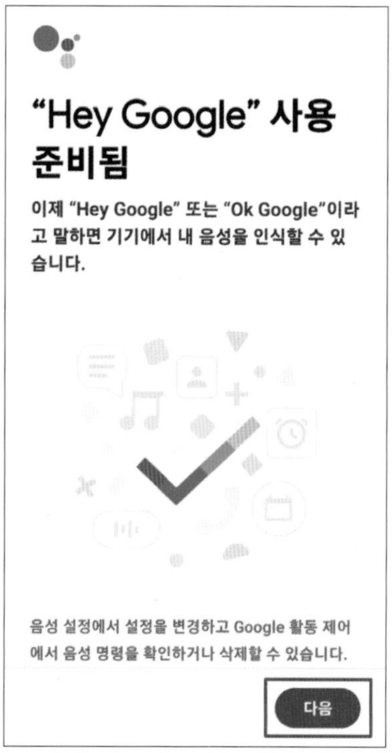
"Hey Google" 사용 준비됨
이제 "Hey Google" 또는 "Ok Google"이라고 말하면 기기에서 내 음성을 인식할 수 있습니다.
음성 설정에서 설정을 변경하고 Google 활동 제어에서 음성 명령을 확인하거나 삭제할 수 있습니다.
다음

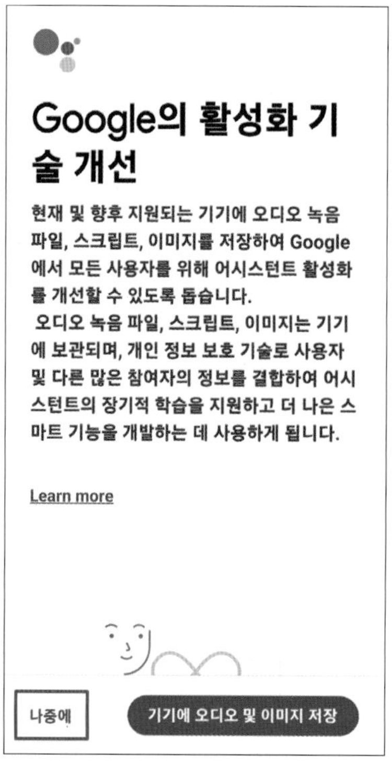
Google의 활성화 기술 개선
현재 및 향후 지원되는 기기에 오디오 녹음 파일, 스크립트, 이미지를 저장하여 Google에서 모든 사용자를 위해 어시스턴트 활성화를 개선할 수 있도록 돕습니다.
오디오 녹음 파일, 스크립트, 이미지는 기기에 보관되며, 개인 정보 보호 기술로 사용자 및 다른 많은 참여자의 정보를 결합하여 어시스턴트의 장기적 학습을 지원하고 더 나은 스마트 기능을 개발하는 데 사용하게 됩니다.
Learn more
나중에
기기에 오디오 및 이미지 저장

1 화면의 [숫자] 순서대로 파란 원형이 완성될 때까지 음성 인식을 위해 제시된 명령어를 말해줍니다.
2 [다음]을 터치하면 내 음성 인식이 완료됩니다. 3 Google의 활성화 기술 개선을 위한 오디오 설정은 [나중에]를 터치하면 차후에 다시 설정할 수 있습니다.

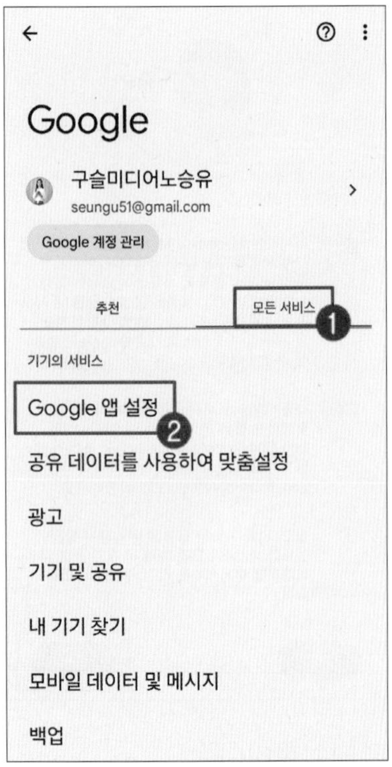

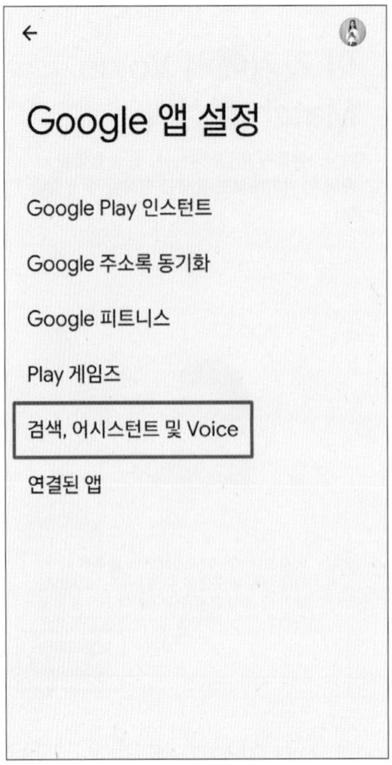

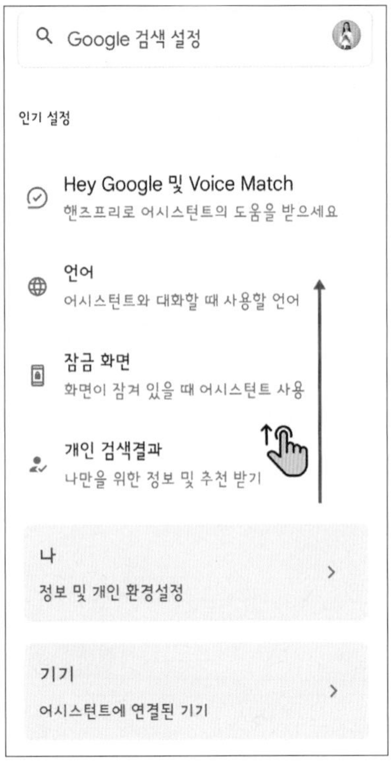

1 스마트폰 [설정]에서 [Google]을 터치하고 ① [모든 서비스]를 터치한 후 ② [Google 앱 설정]을 터치합니다. 2 [검색, 어시스턴트 및 Voice]를 터치하고 [Google 어시스턴트]를 터치합니다.
3 Google 어시스턴트 설정 화면을 위쪽으로 드래그해 줍니다.

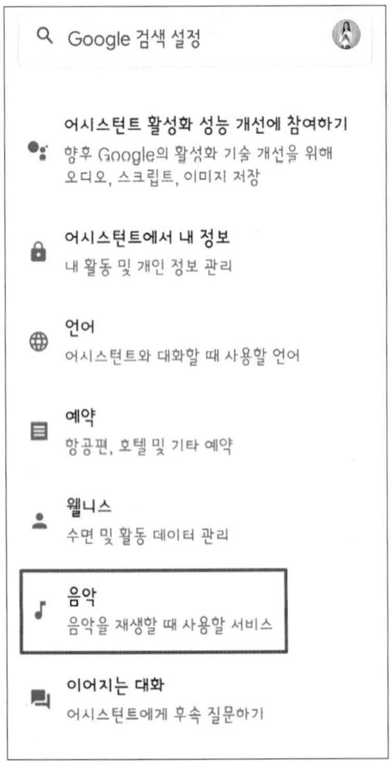

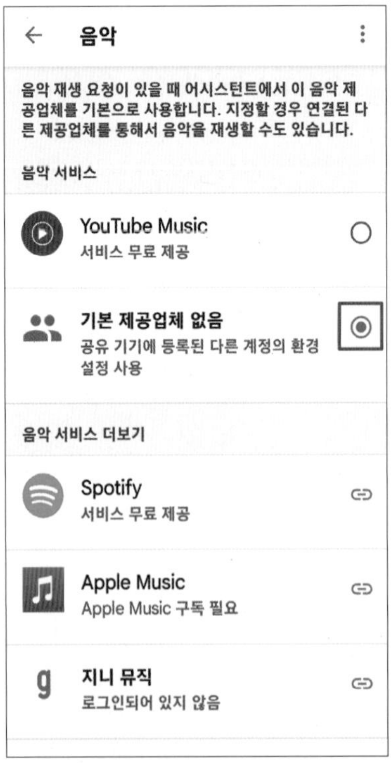

1 [음악]을 터치합니다. 2 [기본 제공업체 없음] 을 터치하면 구글 어시스턴트 기본 오디오를 유튜브가 아닌 다른 실행 앱으로 설정할 수 있습니다. 삼성폰은 [삼성뮤직]으로 실행이 됩니다.

구글 어시스턴트 뉴스 듣기

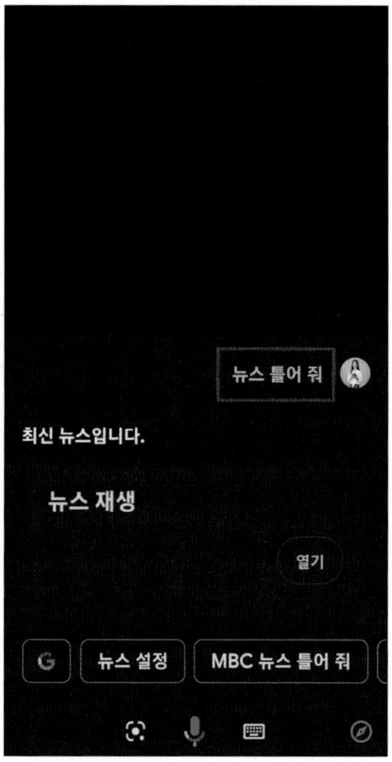

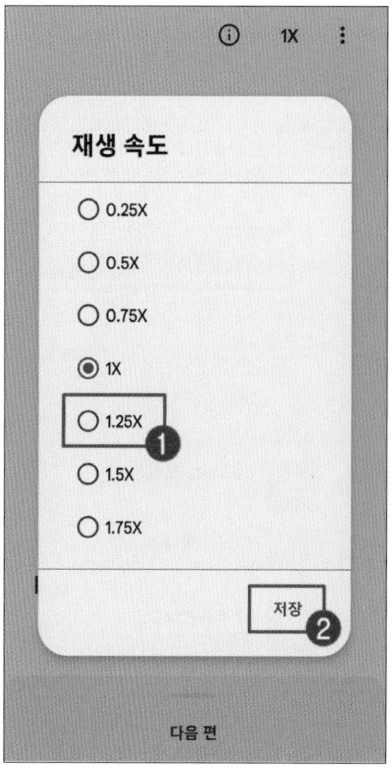

1 음성 명령어로 구글 어시스턴트를 실행하고 [뉴스 틀어 줘]라고 명령합니다. 2 뉴스가 재생되면 상단의 [1X]를 터치합니다. 3 ① 기본 배속에서 조금 빠르게 듣는 [1.25X]를 터치하여 속도를 설정합니다. ② [저장]을 터치합니다.

1 뉴스 재생 화면 하단의 [다음 편]을 터치합니다. 2 지금 재생중인 뉴스 외에 내가 설정한 다른 뉴스를 재생할 수 있습니다. 3 ① 뉴스 재생 화면 우측 상단의 [점3개]를 터치합니다. ② [뉴스 매체]를 터치합니다.

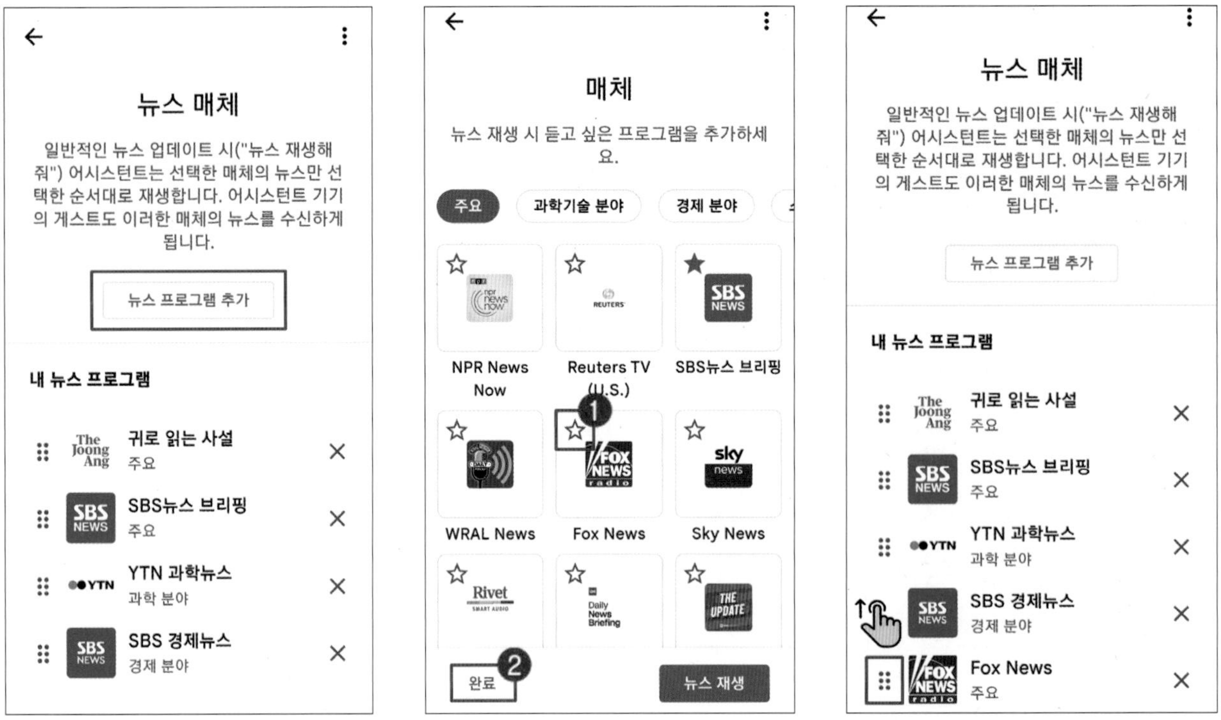

1 [뉴스 프로그램 추가]를 터치합니다. **2** ① 추가하고 싶은 뉴스 프로그램을 터치합니다. ② [완료]를 터치합니다. **3** 추가된 뉴스 프로그램의 순서 변경을 위해 뉴스 왼쪽의 핸들을 롱탭하여 위쪽으로 드래그해 줍니다.

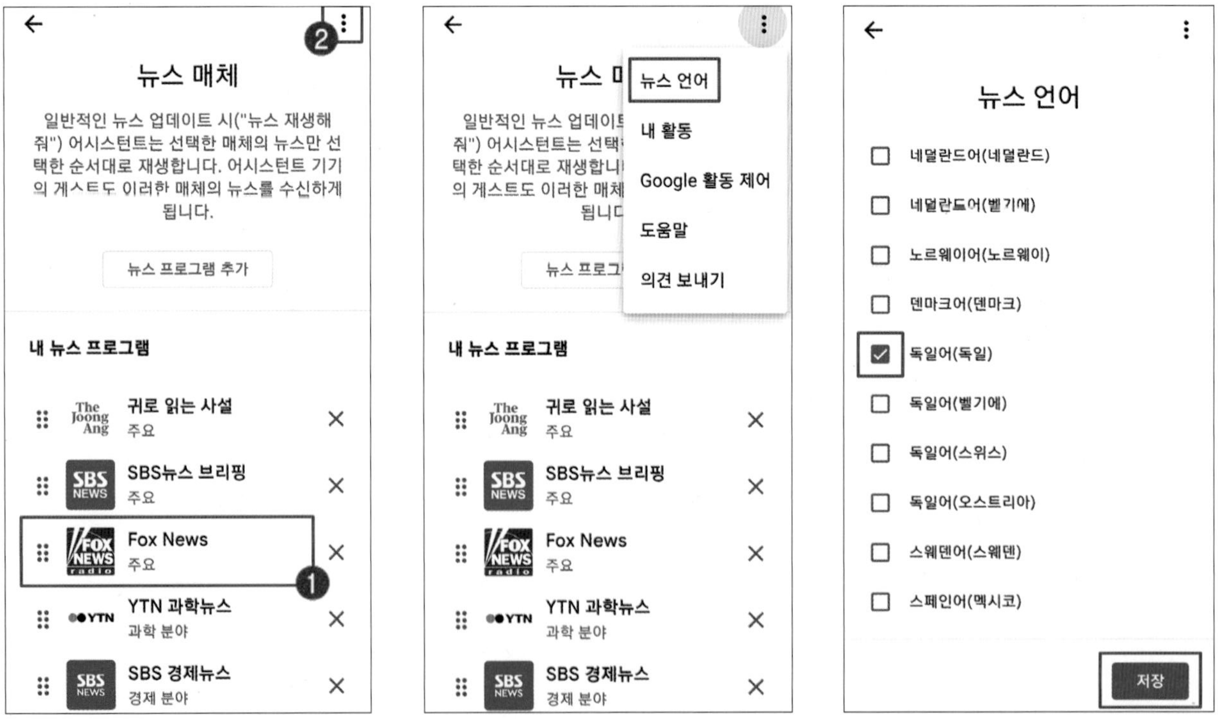

1 ① 추가한 뉴스프로그램의 순서가 바뀐 것을 확인할 수 있습니다. ② 우측 상단의 [점 3개]를 터치합니다. **2** [뉴스 언어]를 터치합니다. **3** 선택한 국가의 언어로 뉴스를 들을 수 있고 37개의 다양한 언어로 뉴스를 청취할 수 있습니다.

구글 어시스턴트 명령어

리마인더 ("알려줘"라고 해도 됨)

- ○○○에게 열시에 전화하라고 알려줘
- 내일 아침 10시에 ○○○에게 미팅하자고 리마인드해줘
- ○○○에게 문자 보내줘
- 리마인드한 내용을 다 보고 싶다면 "리마인드 보여줘"하면 됨

시 간

- 지금 몇시야?
- 지금 미국 뉴욕 몇시야?
- 9시에 알람해줘
- 20분후에 알람해줘
- 아침 7시에 깨워줘
- 내일 일몰 시간은?
- 타이머 1분 설정
- 타이머 취소
- 모든 알람 취소(앱에서 직접 해야 함)

질 문

- 100제곱미터는 몇평?
- 36인치는 몇 센티미터?
- 500+300+29+90*20은?
- 100달러 환율 알려줘
- 바나나 칼로리는?
- 글 주가 알려줘
- 스타벅스 아메리카노 가격은?
- 이마트 영업시간은?

뉴 스

- 뉴스 들려줘
- 각 방송사 이름대고 "뉴스 들려줘" 해도 됨

레시피

- 샤브샤브 레시피 알려줘
- 갈비찜 레시피 알려줘

음 악

- 이 노래 제목 알려줘
- 볼륨 최대로 해줘
- 삼성뮤직에서 "비틀즈 음악"틀어줘
- 볼륨 꺼줘
- 볼륨 50프로로 해줘

소리 (유튜브의 경우 광고를 봐야하는 경우도 있음)

- 빗소리 들려줘
- 백색소음 들려줘
- 비 오는 숲소리 들려줘

전화 (스마트폰에 저장된 전화번호만 가능함)

- ○○○에게 전화걸어줘
- ○○○에게 문자 보내줘
- 안 읽은 문자 읽어줘
- ○○○에게 "가고 있다"라고 문자 보내줘

동영상

- 강아지 동영상 보여줘
- 메이크 업 영상 보여줘

번역 / 통역

- 중국어로 안녕이 뭐야?
- 영어로 통역해줘
- 중국어로 통역해줘

게임

- 나 게임해줘
- 주사위 굴리기(주사위 숫자가 나옴)
- 가상 여친(가상 남친) 불러줘 (답답할 수 있음)
- 1부터 100까지 숫자중 아무숫자 뽑아줘

지역 / 위치

- 가장 가까운 커피숍이 어디야?
- 근처 칼국수 집 알려줘
- 서울 근교에 가볼만한 곳은?

장소 / 정보

- 서울 랜드마크 알려줘
- 은평구청 연락처 알려줘

날 씨

- 오늘 날씨 알려줘
- 내일 날씨 어때?
- 내일 비와?
- 오늘 미세먼지 어때?
- 오늘 서울 날씨 알려줘

로스트 폰 (폰을 찾고자 할 때)

- 내 폰 어디있어? (내 기기 찾기 앱이 열립니다)

구글 렌즈 제대로 활용하기

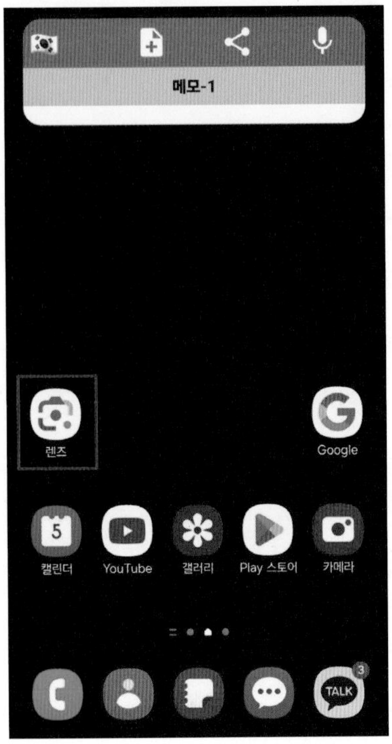

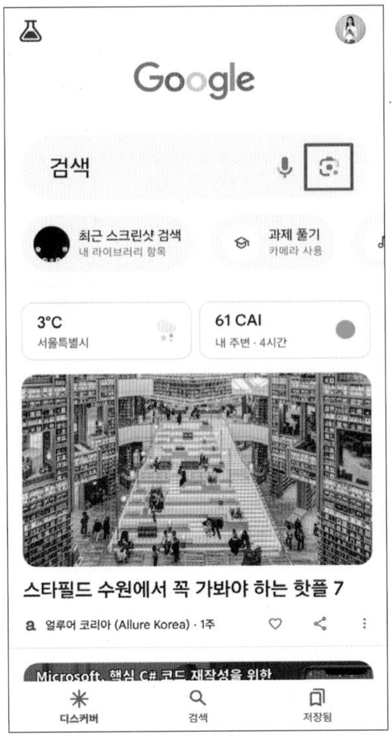

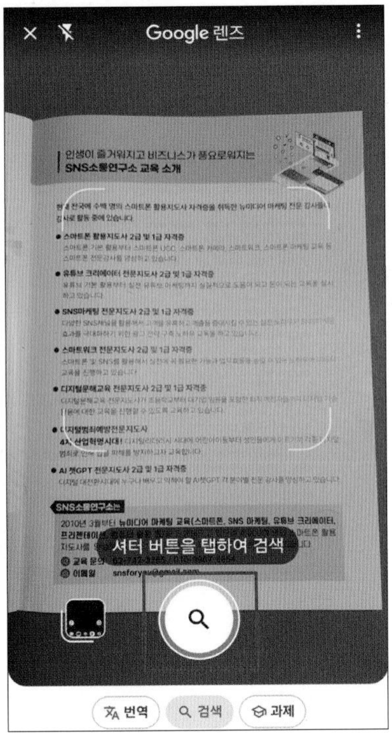

❶ 구글 플레이 스토어에서 [구글 렌즈] 앱을 설치한 후 사용합니다. ❷ 혹은 [구글 앱] 상단 검색창 오른쪽의 [렌즈] 아이콘을 터치하여 [구글 렌즈]를 실행합니다. ❸ 검색을 위해 중앙의 [검색 버튼]을 터치하여 촬영합니다.

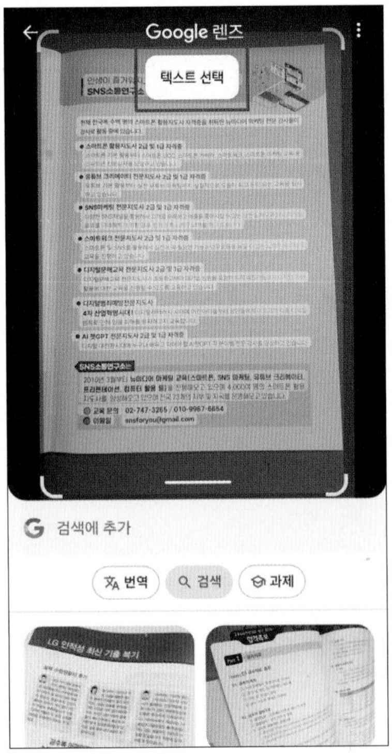

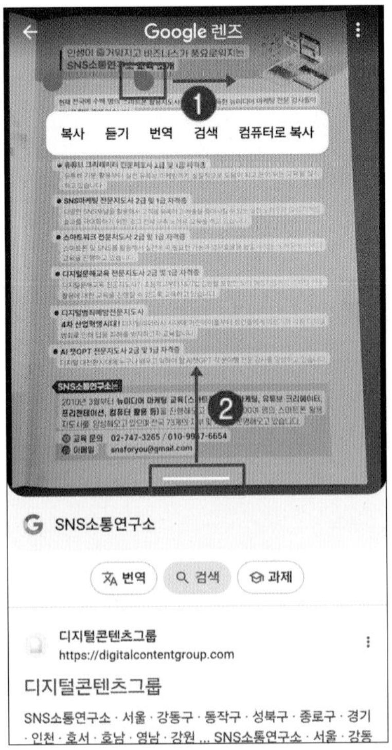

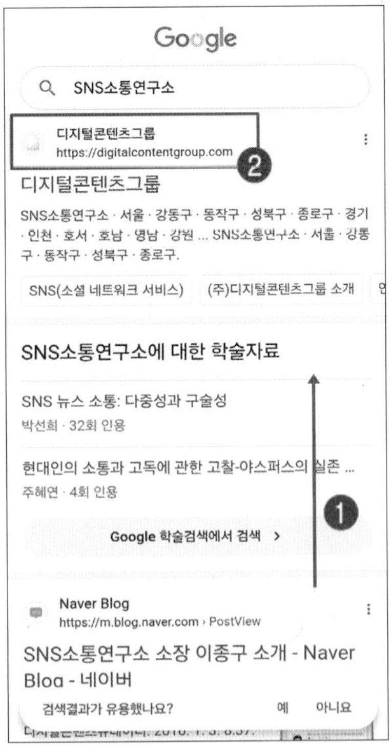

❶ [텍스트 선택]을 터치합니다. ❷ ① 텍스트 선택을 위해 물방울 아이콘을 드래그해서 블록을 설정합니다. ② 검색된 정보 확인을 위해 위쪽으로 드래그 합니다. ❸ ① 위쪽으로 드래그하며 더 많은 정보를 확인합니다. ② [디지털콘텐츠그룹]을 터치하여 사이트를 방문할 수 있습니다.

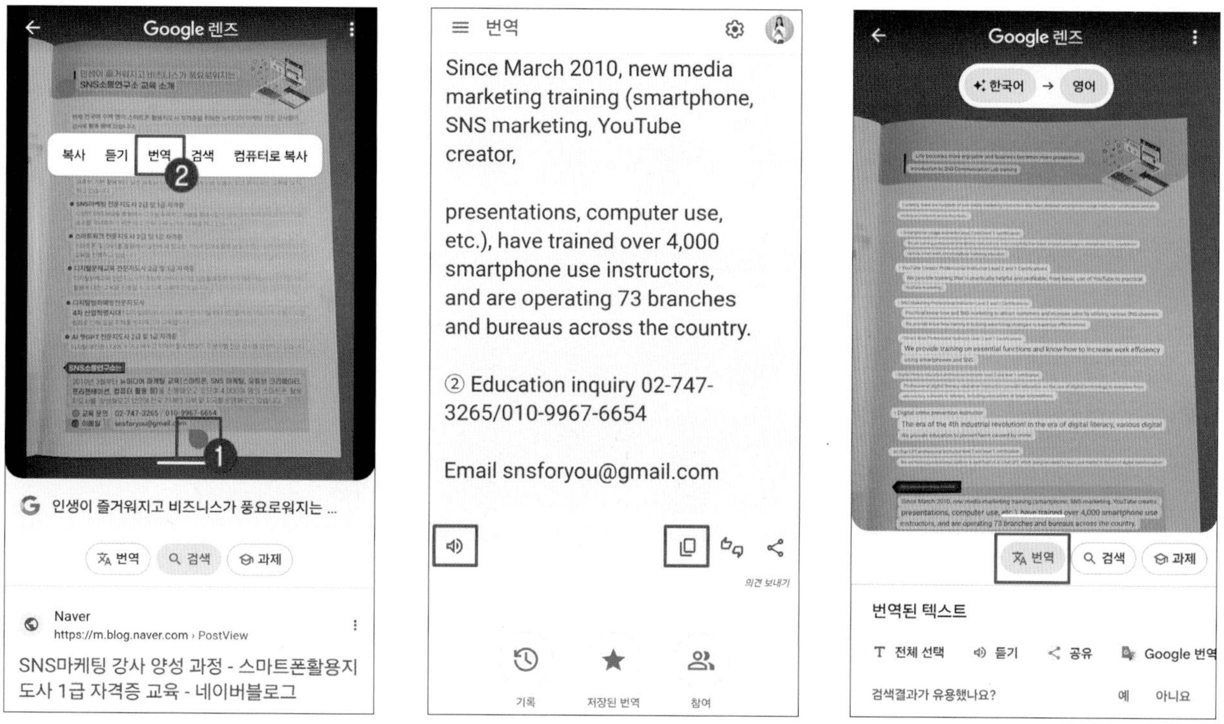

❶ ① 블록을 설정하여 텍스트를 선택합니다. ② [번역]을 터치합니다. ❷ 선택한 텍스트가 번역되고 텍스트를 청취하거나 복사할 수 있습니다. ❸ [구글렌즈] 하단에 있는 [번역]을 터치하면 원문 텍스트가 바로 번역되는 것을 확인할 수 있습니다.

❶ [컴퓨터로 복사]를 터치합니다. ❷ 주변의 컴퓨터가 검색되고 크롬 브라우저의 계정이 모바일과 같다면 바로 복사할 수 있습니다. [선택]을 터치합니다. ❸ 컴퓨터에 텍스트가 복사되어 [Ctrl+V]로 메모장이나 한글 파일에 붙여넣기 할 수 있습니다.

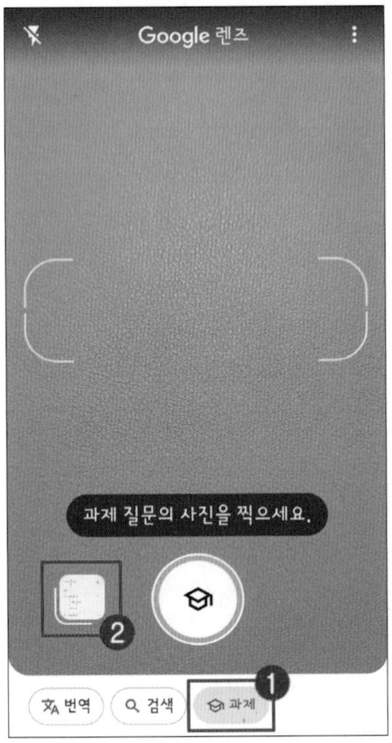

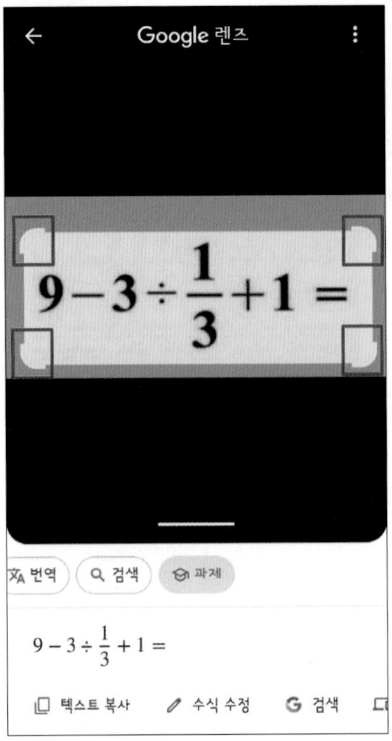

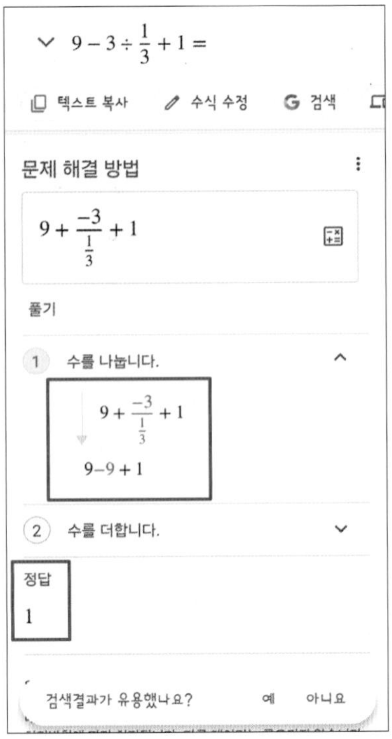

1 ① [과제]를 터치합니다. ② 갤러리에서 촬영해 놓은 이미지를 불러옵니다. 2 과제로 인식시킬 부분을 네 모서리로 조정합니다. 3 과제를 인식하고 과제 풀이와 정답을 알려줍니다.

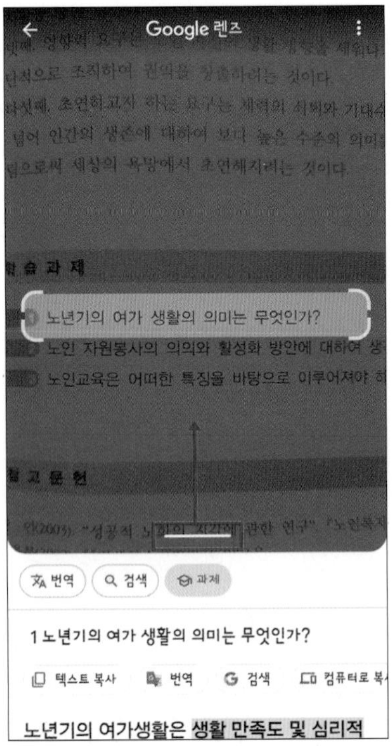

1 서술형 과제 풀이를 위해 과제를 촬영하고 영역을 지정합니다. 2 촬영한 서술형 과제를 인식합니다. 과제와 관련된 자료와 논문을 확인할 수 있습니다. 검색된 [PDF] 파일을 터치합니다.
3 다운로드 된 [PDF] 파일을 확인할 수 있습니다.

카카오톡 - 카카오톡 설정 메뉴 살펴보기

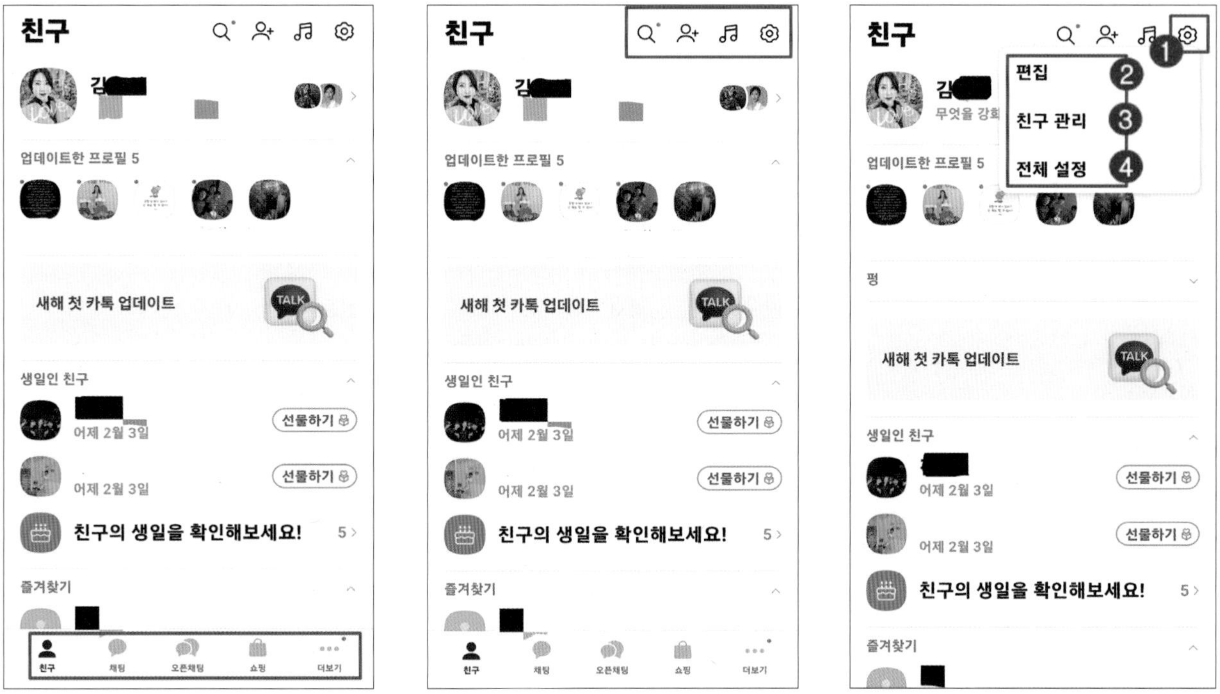

1 카카오톡 하단에 [친구, 채팅, 뷰, 쇼핑, 더보기] 아이콘이 있습니다. 2 카카오톡 상단에 [검색, 친구추가, 음악, 설정] 아이콘이 있습니다. 3 ① 우측상단의 톱니바퀴 아이콘 [설정]을 터치하면 ② 편집, ③ 친구관리, ④ 전체설정 메뉴가 열립니다.

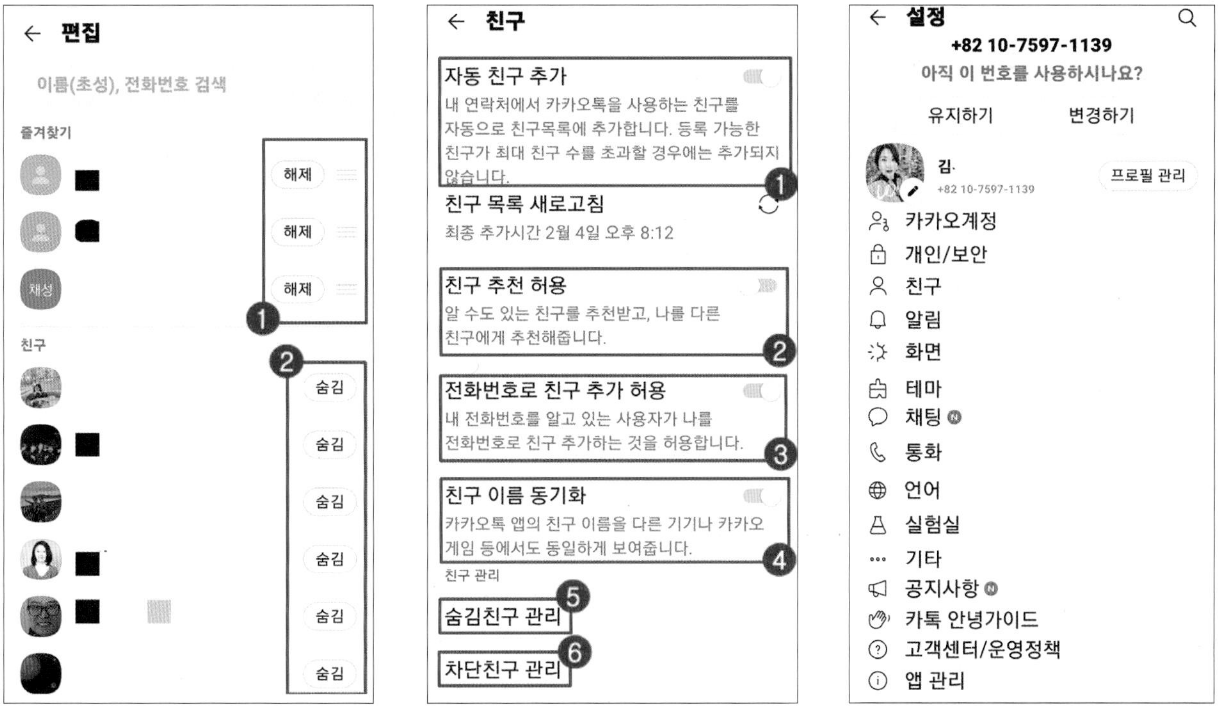

1 ① 상위메뉴 [편집]을 터치하면 편집창이 열리고 ① [해제]를 터치하여 즐겨찾기를 해제할 수 있습니다. ② [숨김]을 터치하여 친구 목록에서 숨길 수 있습니다. 2 [친구관리]에서 버튼을 활성화하여 ①자동 친구 추가, ②친구 추천 허용, ③전화번호로 친구 추 가 허용, ④친구 이름 동기화를 할 수 있습니다. 터치하여 ⑤숨김친구 관리 ⑥차단친구 관리를 할 수 있습니다. 3 [전체설정]에서는 카카오톡 사용에 필요한 모든 부분을 설정할 수 있습니다.

❶ [카카오계정]에서는 카카오와 연동된 이메일, 전화번호, 연락처관리 등을 할 수 있습니다. ❷ [개인/보안] ①터치하여 개인정보를 관리할 수 있습니다. ②에서는 사후 카톡 정리 방법을 직접 결정할 수 있습니다. ③에서는 다른 기기와 연결할 때 인증하거나 연결된 기기를 관리할 수 있습니다. ④비밀번호나 패턴을 설정할 수 있습니다. ⑤카카오 서비스에서 사용하는 6자리 비번을 설정할 수 있습니다. ⑥내 결제정보와 ⑦선물함에서 선물하기, 받은 선물을 관리할 수 있습니다. ❸ [알림]에서 알림과 관련된 설정을 할 수 있습니다.

❶ [화면]에서는 글자크기, 배경화면, 화면 방향을 설정할 수 있습니다. [통화]에서는 연결음을 설정할 수 있습니다. ❷ [테마]에서는 시스템 모드를 설정할 수 있고, 카카오톡에서 제공하는 다양한 테마를 적용할 수 있습니다. ❸ [채팅]에서는 채팅방, 오픈채팅방, 미디어, 답장, 이모티콘, 키보드, 메시지 수신등 채팅방의 다양한 기능들에 대한 설정을 할 수 있습니다.

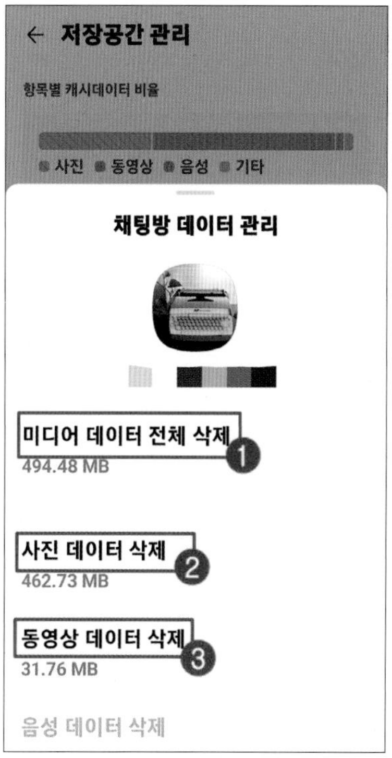

1 ① [기타]에서는 흔들기 기능을 통해 출입QR, 톡학생증, 코드스캔, 결제, 송금코드, 계좌송금 등을 할 수 있습니다. **2** [앱 관리]에서는 ①저장공간 관리 ②카카오 앱을 최적화할 수 있습니다. **3** [저장공간 관리]에서는 채팅방마다 ①미디어 데이터 전체 삭제 ②사진 데이터 삭제 ③동영상 데이터 삭제를 할 수 있습니다.

카카오톡 프로필 관리하기

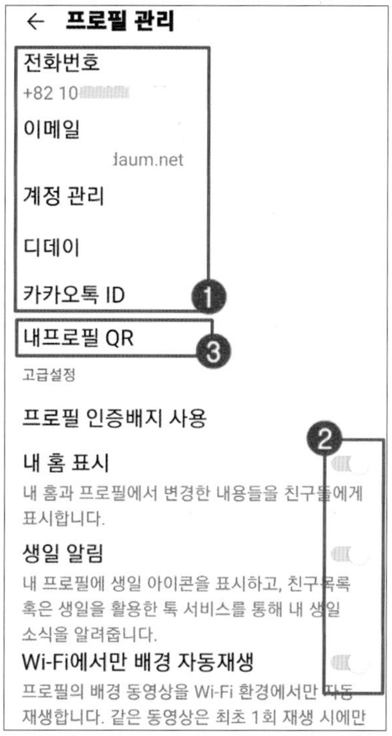

1 [전체설정]에서 우측 상단의 [프로필 관리]를 터치하여 **2** ①전화번호, 이메일, 카카오 계정관리와 ID를 관리할 수 있습니다. ②버튼을 터치하여 기능을 활성화할 수 있습니다. ③내프로필 QR을 터치하여 내프로필 QR코드를 생성할 수 있습니다. **3** ①새로운 QR코드생성 ②내프로필QR 보내기 ③QR이미지를 앨범에 저장 ④QR코드나 바코드 스캔 기능을 활용하여 친구, 채널추가, 송금 등을 할 수 있습니다.

내 프로필 편집하기

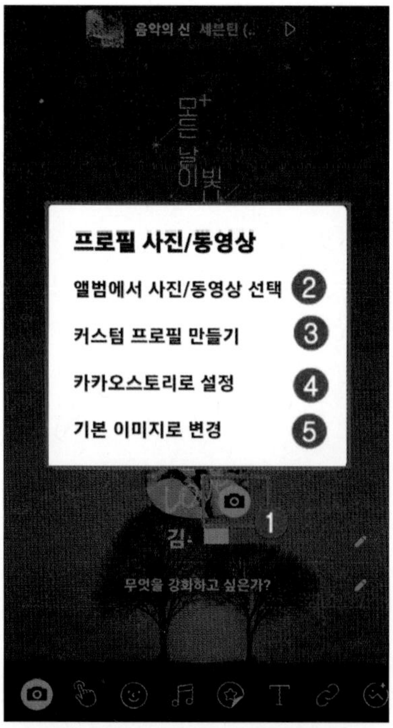

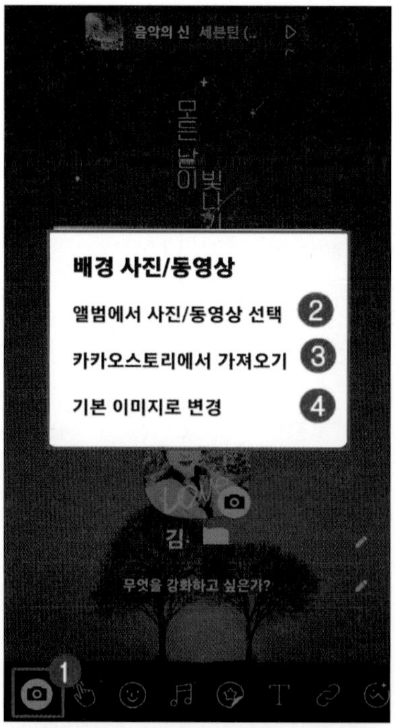

1 카카오톡 홈화면 하단에 ①친구를 터치합니다. 상단의 ②본인의 이름을 터치합니다. 2 내프로필 화면에서 [프로필 편집]을 터치합니다. 3 프로필 이미지 위의 ①을 터치하여 프로필 사진을 변경할 수 있습니다. 하단의 ②카메라 아이콘을 터치하여 배경화면을 변경할 수 있습니다. ③의 펜을 터치하여 이름을 변경할 수 있습니다. ④펜을 터치하여 상태메시지를 변경할 수 있습니다

1 [프로필 편집]을 터치 후 프로필 사진 옆의 ①카메라 터치하면 팝업창이 보입니다. ②, ③, ④, ⑤번을 터치하여 프로필 사진을 변경할 수 있습니다. 2 [프로필 편집] 하단의 ①카메라 아이콘을 터치하면 ②앨범에서 선택하거나 ③카카오스토리에서 가져오거나 ④기본 이미지로 배경 이미지를 변경할 수 있습니다. 3 앨범에서 사진, 동영상 선택을 터치하면 앨범 창이 열리고 사진을 선택하여 배경 사진을 변경할 수 있습니다.

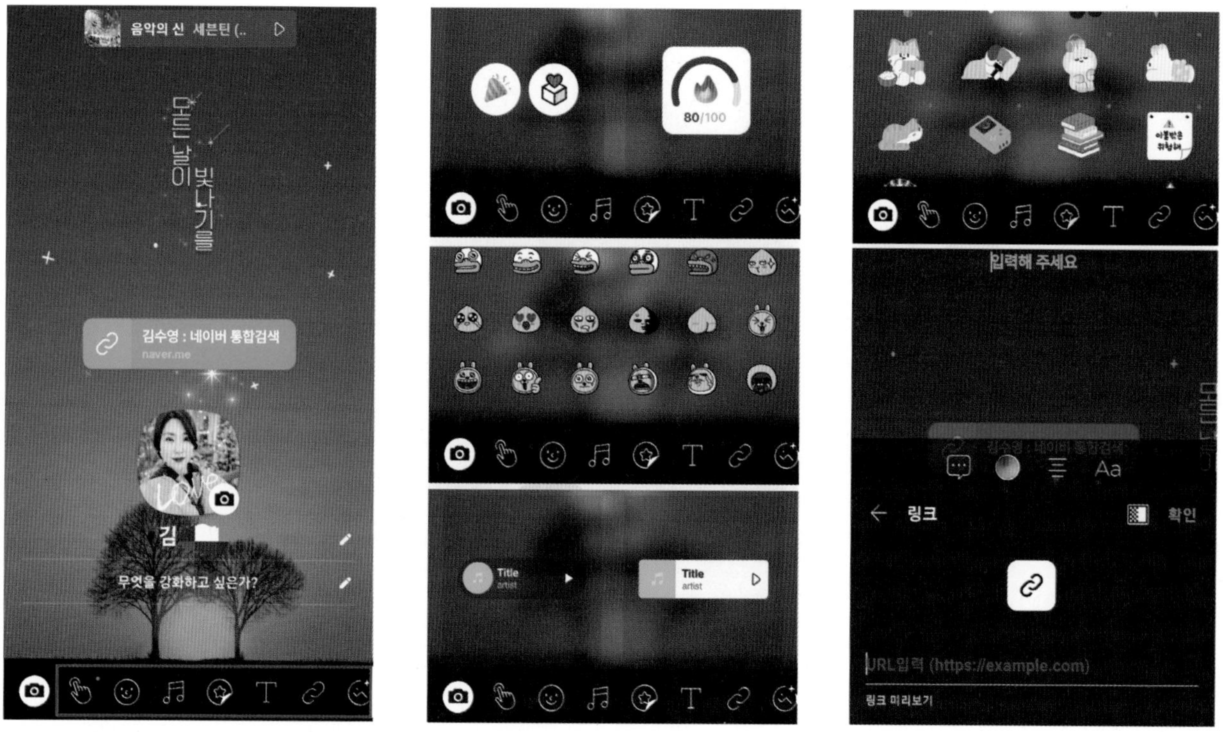

1 [프로필 편집]에서 하단의 아이콘을 터치하여 2 3 내 프로필에 좋아요, 이모티콘, 음악 설정, 스티커, 텍스트, 링크 입력, 배경 효과등을 줄 수 있는 추가 기능으로 나만의 스타일대로 프로필을 꾸밀 수 있습니다.

친구 즐겨찾기 추가, 해제 및 이름 변경하기

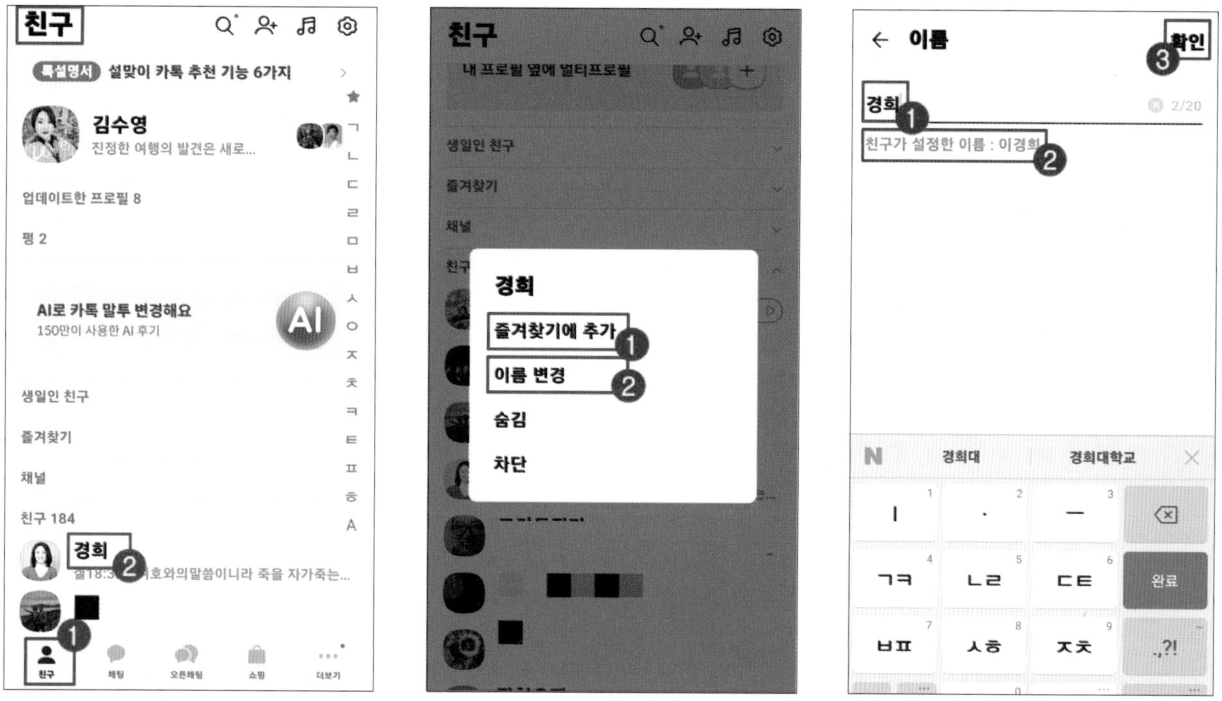

1 ①친구창에서 ②즐겨찾기 추가할 친구의 이름을 지그시 누릅니다. 2 ①[즐겨찾기에 추가]를 터치하여 즐겨찾기 목록에 추가합니다. ②[이름 변경]을 터치합니다. 3 ① 변경할 친구의 이름을 작성합니다. ②친구가 설정한 이름을 확인할 수 있습니다. ③[확인]을 터치합니다.

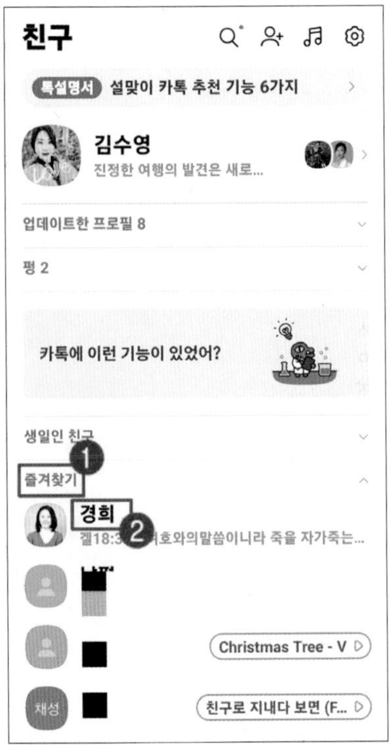

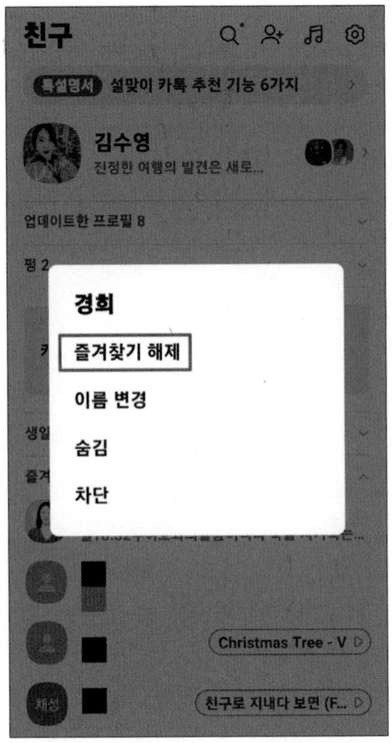

1 친구창 즐겨찾기 메뉴에서 친구의 이름이 변경된 것을 확인할 수 있습니다.

2 즐겨찾기 목록에서 이름을 지그시 누르면 [즐겨찾기 해제]를 터치하여 목록에서 해제할 수 있습니다.

3 즐겨찾기 목록에서 사라진 것을 확인할 수 있습니다.

CHECK 리스트

친구 관리 - 숨김 및 차단하기

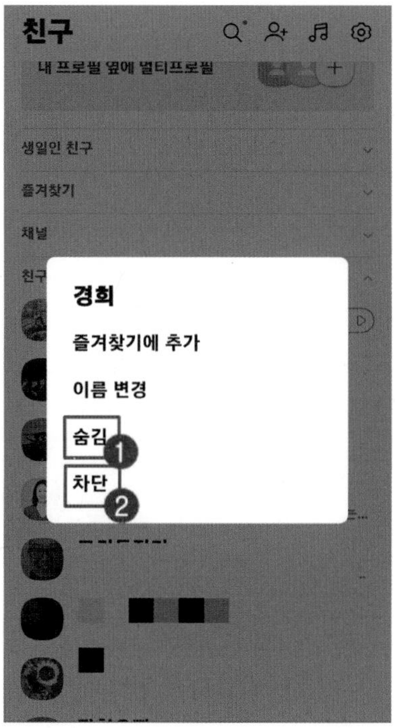

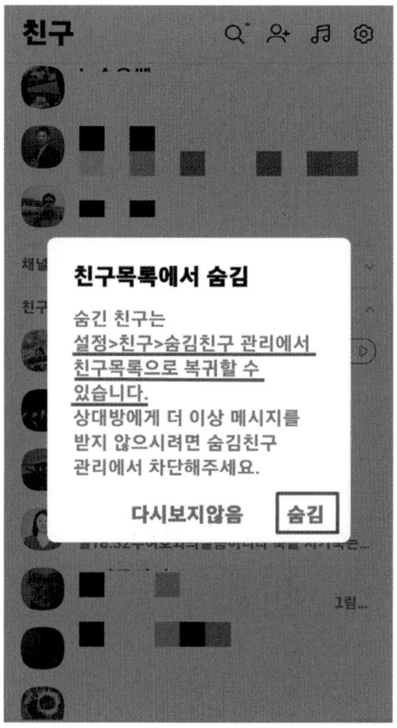

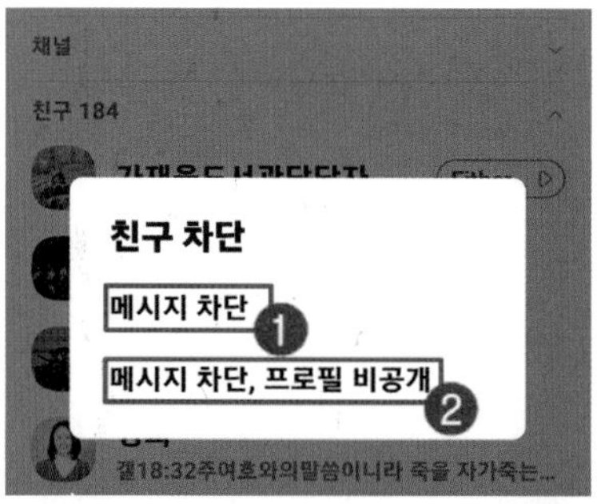

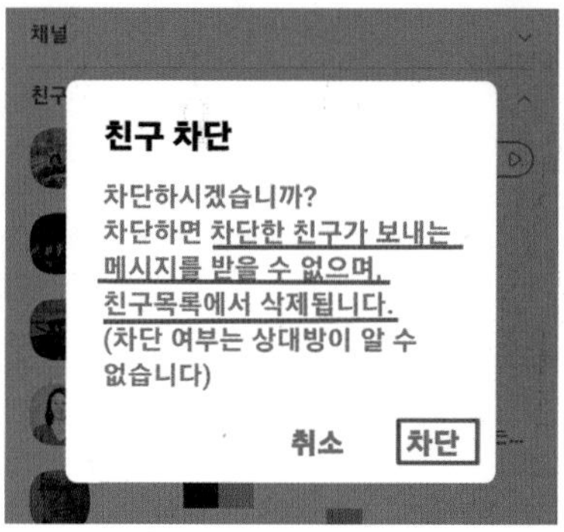

❶ 친구목록에서 숨기고 싶은 친구이름을 지그시 터치합니다. ①[숨김]과 ②[차단]을 할 수 있습니다. ❷ [숨김]을 터치한 후 [숨김]을 터치하여 목록에서 숨김을 할 수 있습니다. ❷ [차단]을 터치하면 ①메시지만 차단할지 ②프로필도 비공개 할지 선택합니다. [차단]을 터치하여 차단할 수 있습니다.

친구 관리 - 숨김 및 차단 해제하기

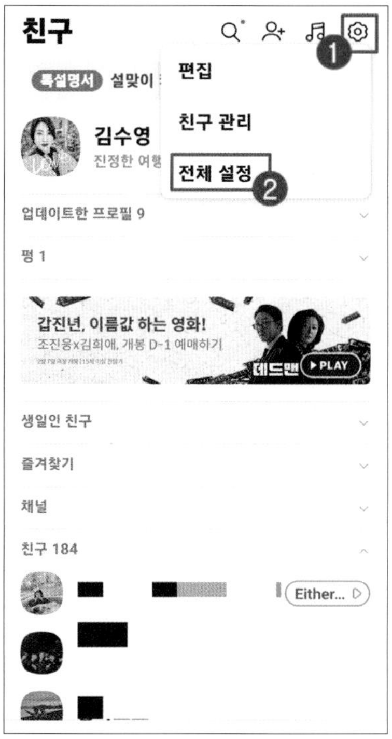

❶ ①[설정] → ②[전체 설정] 터치합니다. ❷ [친구]를 터치합니다.
❸ ①[숨김친구 관리], ②[차단친구 관리]를 할 수 있습니다.

친구 관리 - 숨김 및 차단 해제하기

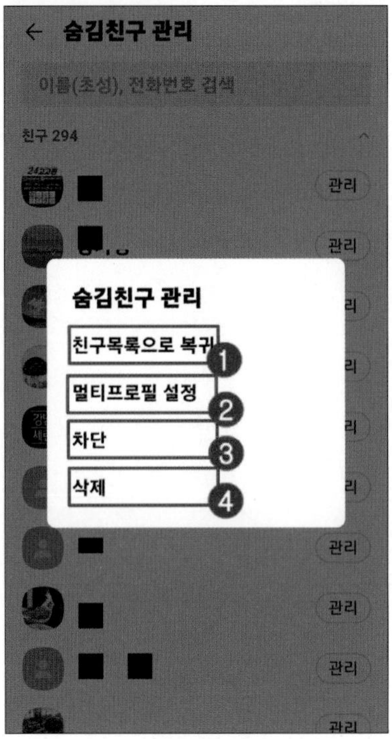

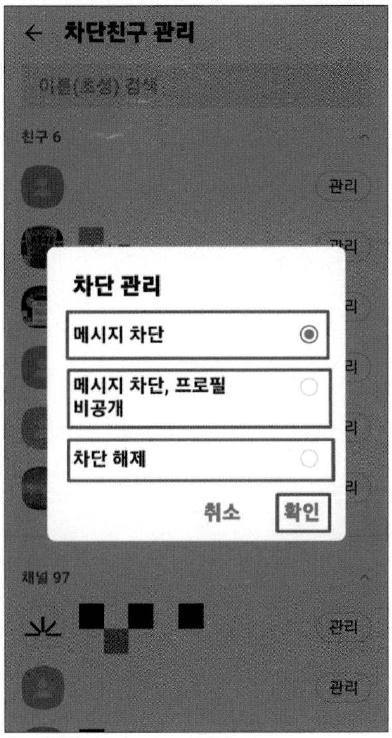

❶ [숨김친구 관리]에서 숨김친구 목록을 볼 수 있습니다. [관리]를 터치합니다. ❷ ① [친구목록으로 복귀]를 터치하면 다시 친구목록에 숨김친구가 나타나게 됩니다. ②[멀티프로필 설정]을 터치하면 다른 프로필로 연결할 수 있으며 ③ [차단]을 터치하면 차단한 친구가 보내는 메시지를 받을 수 없으며 친구목록에서 삭제할 수 있습니다. ③[삭제]를 터치하면 내 카카오톡 친구목록에서는 삭제되지만 메시지는 받을 수 있습니다. ❸ [메시지 차단], [메시지 차단, 프로필 비공개], [차단 해제]를 할 수 있습니다.

CHECK 리스트

위치 보내기

❶ 친구와의 채팅창에서 [+]를 터치합니다. ❷ [지도]를 터치합니다. 위치정보허용 을 선택하시면 ❸ 위치정보 보내기 창이 열립니다. [위치정보 보내기]를 터치하여 내위치를 채팅상대에게 알려 줄 수 있습니다.

1:1 보이스톡하기

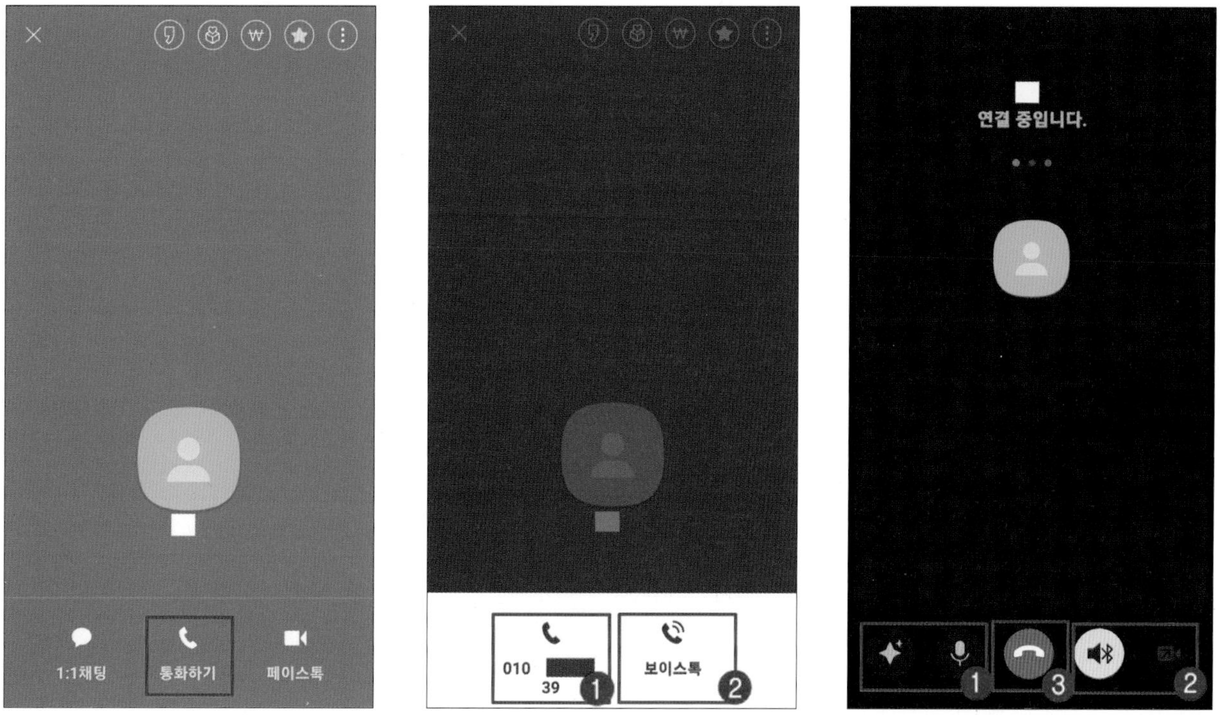

❶ 친구목록에서 친구이름을 터치합니다. [통화하기]를 터치합니다. ❷ 전화번호가 보여지며 ① 전화연결을 할 수 있습니다. ②[보이스톡]을 터치합니다. ❸ ①, ② 보이스톡의 기능을 선택할 수 있습니다. ③터치하면 통화가 종료됩니다.

그룹 보이스톡하기

❶ 그룹 채팅방에서 좌측 하단의 [+]를 터치합니다. 메뉴창이 열리면 [통화하기]를 터치합니다.
❷ [보이스톡]을 터치합니다. ❸그룹콜이 연결되고 종료 버튼을 터치하면 통화가 종료됩니다.

카카오톡에서 1:1 페이스톡(영상통화) 하기

❶ 1:1 채팅방에서 하단의 대화 입력창 왼쪽 [+]를 터치합니다. ① [통화하기]를 터치합니다.
② [페이스톡]을 터치합니다. ❷ 페이스톡이 연결 중입니다. ❸ ①왼쪽부터 설정, 스피커, 손들기, 빠른 공감, 화면크기조정 버튼입니다. ②왼쪽부터 필터, 음소거 통화종료, 화면전환, 카메라 끄기 버튼입니다.

카카오톡에서 그룹 페이스톡(그룹영상통화) 하기

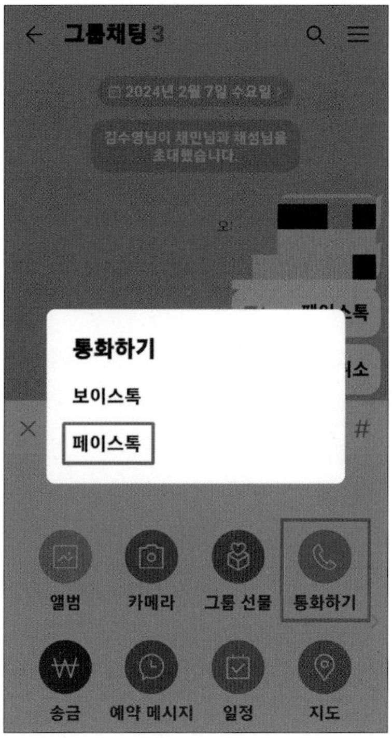

1 그룹 채팅방에서 하단의 대화 입력창 왼쪽 [+]를 터치합니다. ① [통화하기]를 터치합니다. ② [페이스톡]을 터치합니다. 2 그룹 페이스톡이 연결 중입니다. 3서로 얼굴을 보면서 대화가 가능합니다.

페이스톡의 다양한 기능

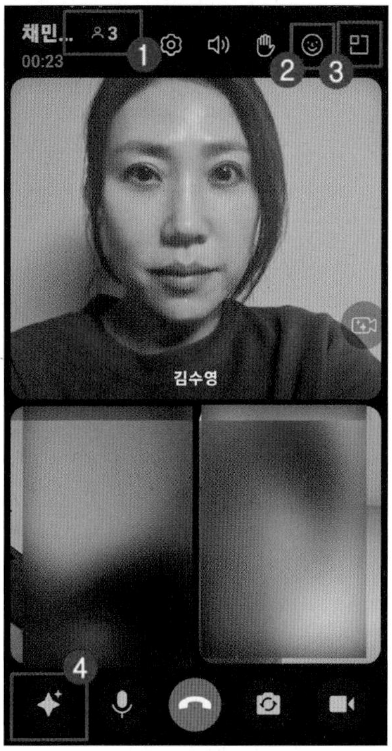

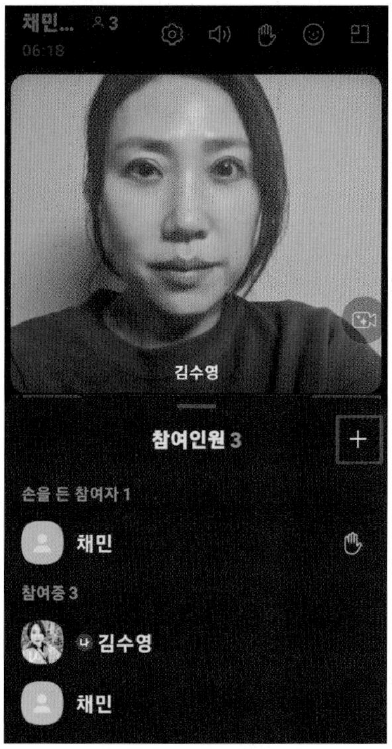

1 ① 사람 모양을 터치합니다. 2 [+]를 터치하여 친구를 초대할 수 있습니다.

3 ②웃는 얼굴 모양을 터치하면 보이스톡을 하면서 빠른 공감을 할 수 있습니다.

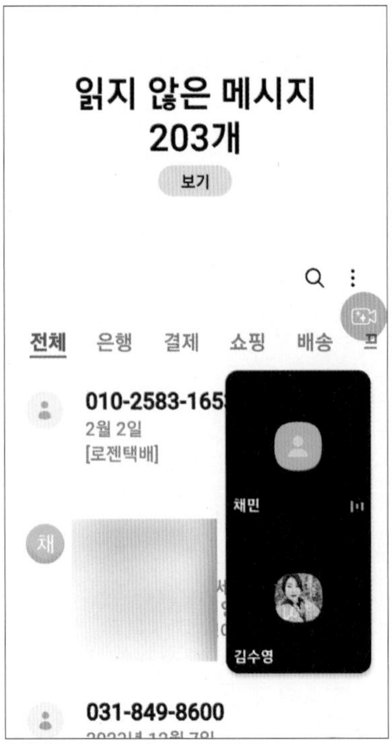

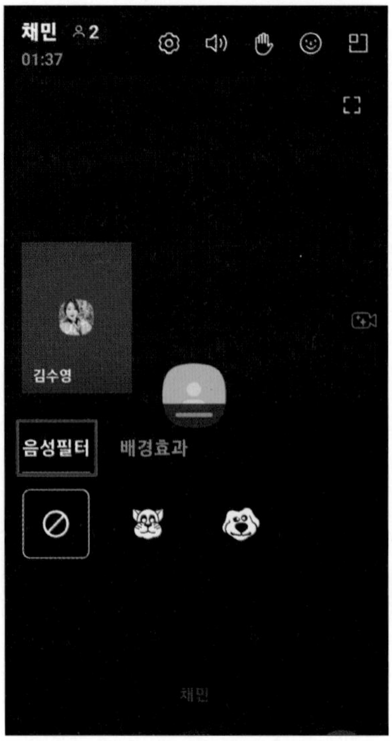

1 ③ PIP(Picture-In-Picture) 기능은 그룹 페이스톡 창을 작은 플로팅 화면으로 만들어줍니다. 이 기능을 사용하면 페이스톡을 하면서 다른 작업을 할 수 있습니다. 2 ④ [필터]를 터치하고 [음성필터]를 터치하면 음성을 바꿀 수 있습니다. 3 [배경효과]를 터치하면 페이스톡 배경을 바꿀 수 있습니다.

CHECK 리스트

그룹 채팅방 만들기

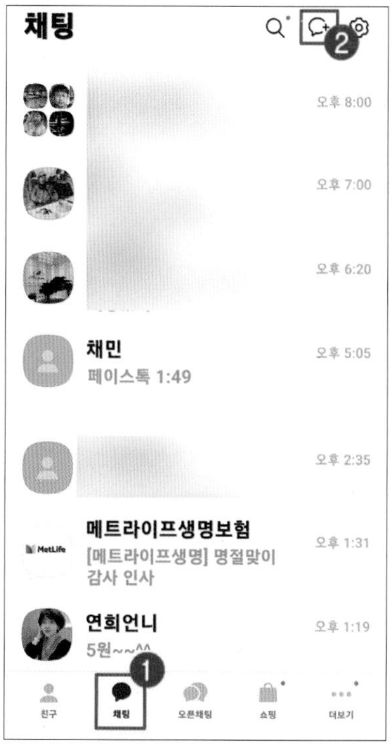

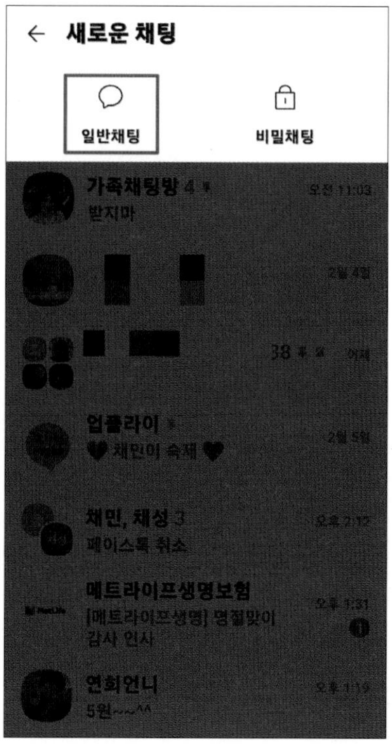

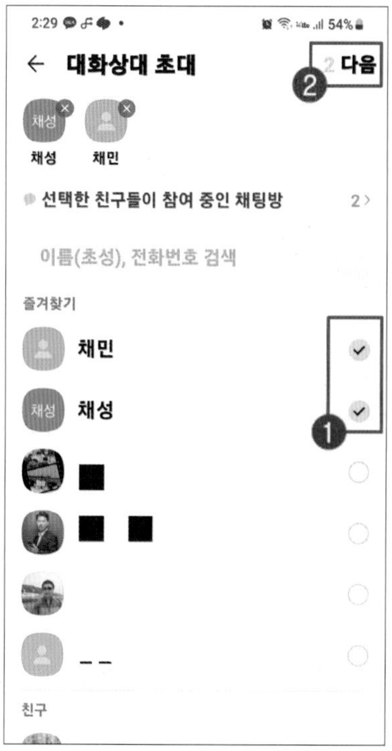

1 ①[채팅] 메뉴 오른쪽 상단의 ②[말풍선]을 터치합니다. 2 [일반 채팅]을 터치합니다.
3 ①대화 상대로 초대할 친구를 선택합니다. ②[다음]을 터치합니다.

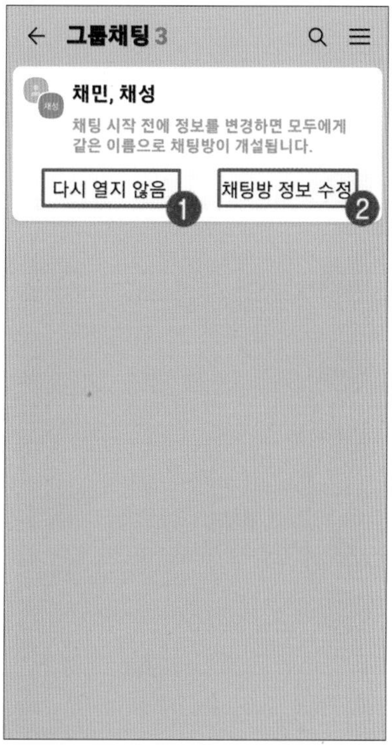

1 그룹 채팅방 정보 설정 창이 열리면 ①을 터치하여 채팅방 이름을 입력한 후 ②[확인]을 터치합니다.
2 ① [다시 열지 않음]을 터치하면 그룹채팅방 입력창이 열리고 ② [그룹채팅방 정보수정]를 터치하면 그룹채팅방 정보 설정 페이지로 이동합니다. 3 그룹채팅창에 입력한 내용이 보입니다. 상단 [삼선표시]를 터치하여 그룹채팅방 이름, 배경화면 변경 및 프로필 사진 등록을 할 수 있습니다.

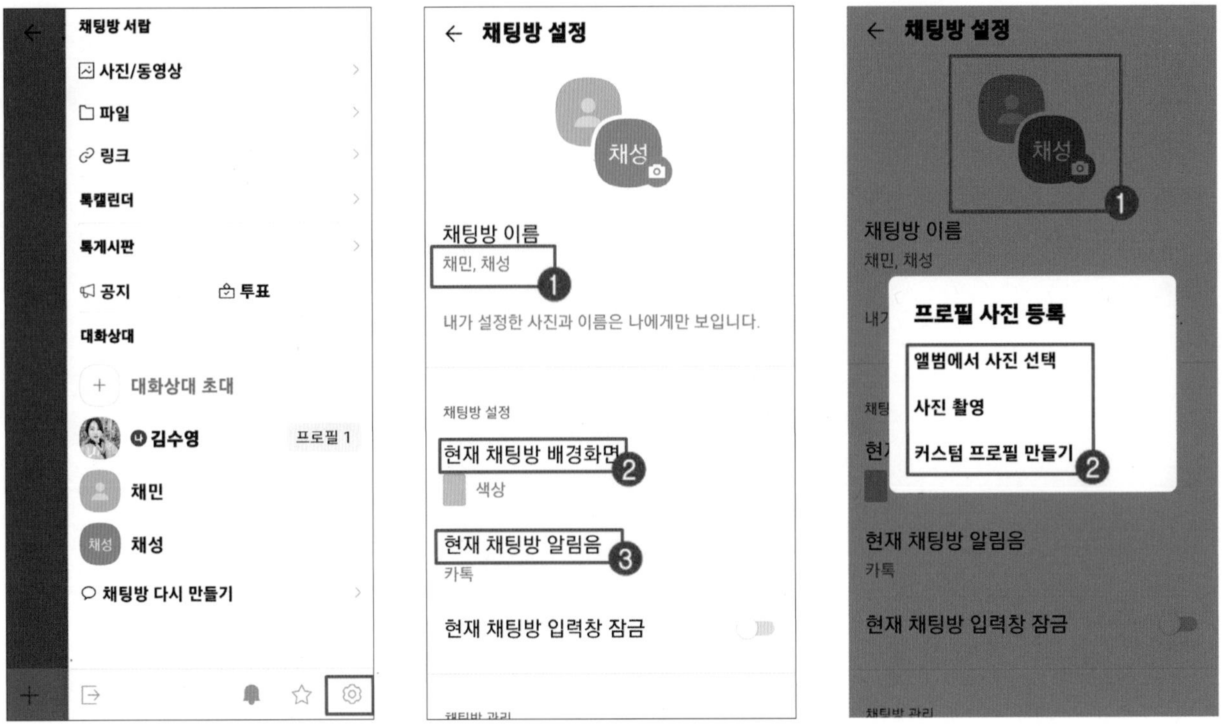

❶ [설정]아이콘을 터치하면 ❷ 채팅방 설정 창이 열리고 ①채팅방 이름, ②현재 채팅방 배경화면 ③채팅방 알림음을 변경할 수 있습니다. ❸ ① [사진 아이콘]을 터치합니다. ② [앨범에서 사진을 선택, 사진 촬영, 커스텀 프로필 만들기]를 이용하여 프로필 사진을 만들 수 있습니다.

❶ 원하는 커스텀 프로필을 선택하고 ① [텍스트]를 입력합니다.
❷ ①채팅 메뉴창에서 그룹 채팅방의 프로필을 확인할 수 있습니다.

그룹 채팅방에 지인 초대하기

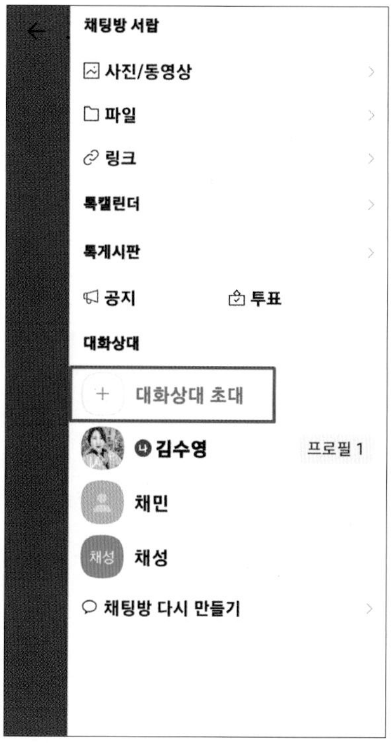

1 그룹 채팅방 우측상단의 [삼선표시]를 터치합니다. [대화상대 초대]를 터치합니다. 2 ①초대를 원하는 지인을 검색합니다. ②대화상대를 선택합니다. ③[확인]을 터치합니다. 3 지인이 초대됩니다.

CHECK 리스트

오픈 채팅방 만들기 및 활용법

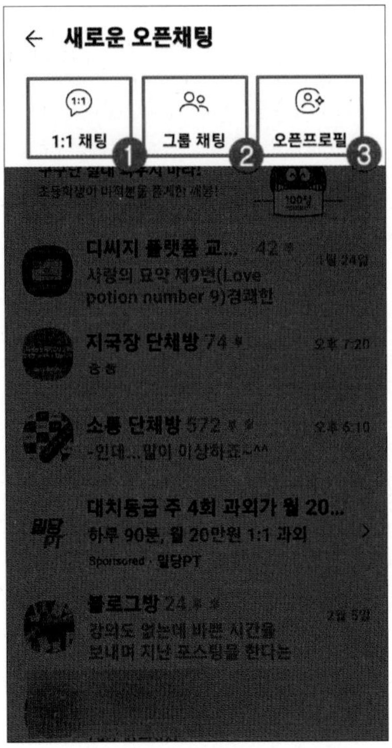

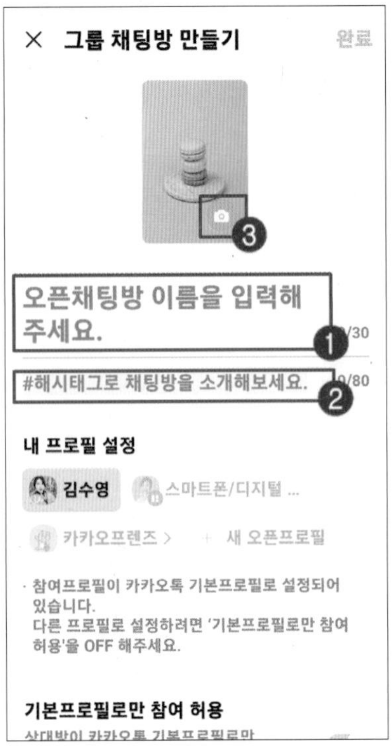

1 ① [오픈채팅]을 터치합니다. ② [말풍선]을 터치합니다. 2 ① [1:1 채팅]에서는 한명과의 오픈채팅방을 만들 수 있습니다. ③ [오픈프로필]터치하고 프로필을 수정할 수 있습니다. ② [그룹 채팅방]을 터치하여 채팅방을 만듭니다. 3 ① [오픈 채팅방 이름]을 입력합니다. ② 필요 시 오픈채팅방을 소개하는 [#해시태그]를 입력합니다.③ [커버 이미지 변경]을 터치하여 사진을 변경합니다.

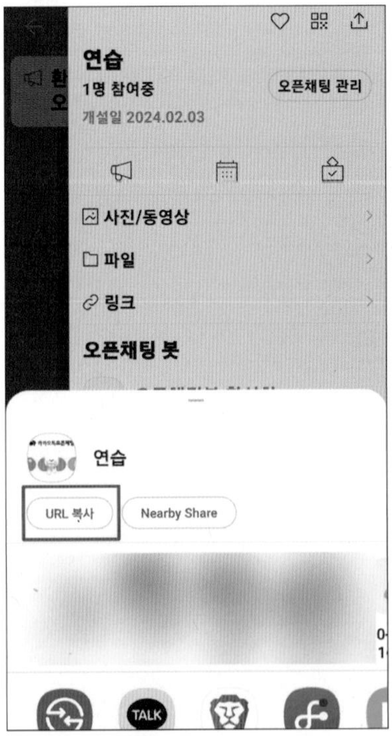

1 채팅방에 대화 상대를 초대하려면 [삼선 표시]를 터치합니다. ①[QR코드] 또는 ②[주소 공유]를 터치합니다. [QR코드]를 터치하면 QR코드가 생성됩니다. 2 ①을 터치하면 QR코드를 공유할 수 있습니다. ②를 터치하면 QR코드를 앨범에 저장할 수 있습니다. 3 주소 공유를 하고자 할 경우엔 [복사]를 터치하여 카카오톡 등 SNS에 공유할 수 있습니다.

채팅방에서 음성메시지 보내기

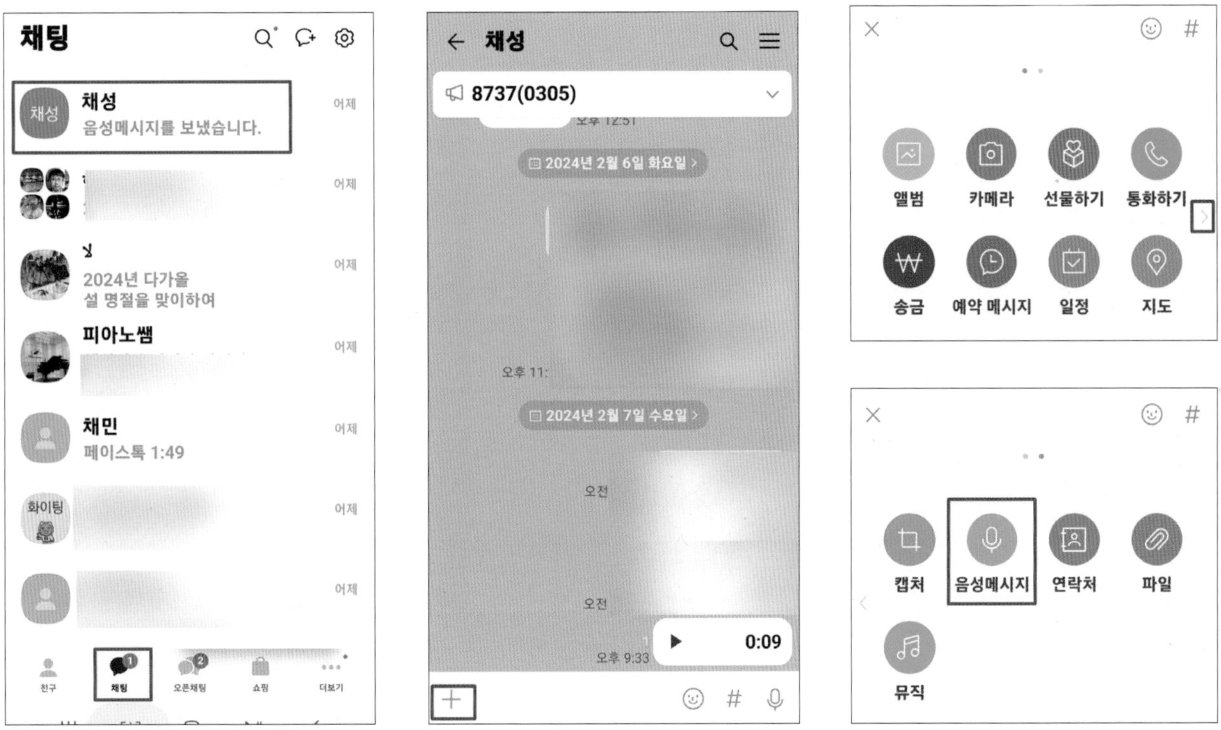

1 채팅창을 선택 후, 메시지를 보낼 친구의 이름을 터치합니다. 2 왼쪽 하단의 [+]를 터치합니다. 3 하단에 메뉴창이 열리면 화살표를 터치하여 2번째 창의 [음성메시지]를 터치합니다.

1 ① [녹음버튼]을 터치하면 음성메시지 창이 열립니다. ② [간편녹음 버튼 사용]을 활성화하면 채팅창 하단의 + 표시 우측에 간편녹음 버튼 아이콘이 생겨 음성메시지를 간편하게 보낼 수 있습니다.
2 음성녹음을 하고 [보내기] 버튼을 터치합니다. [새로고침] 버튼을 터치하여 새 메시지를 녹음할 수 있습니다. 3 음성메지시가 간 것을 확인할 수 있습니다.

채팅방 메시지 5분 안에 삭제하기

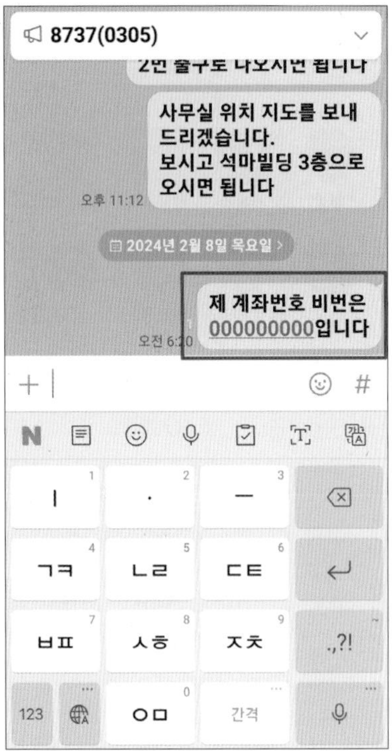
8737(0305)
사무실 위치 지도를 보내
드리겠습니다.
보시고 석마빌딩 3층으로
오시면 됩니다
오후 11:12
2024년 2월 8일 목요일
제 계좌번호 비번은
000000000입니다
오전 6:20

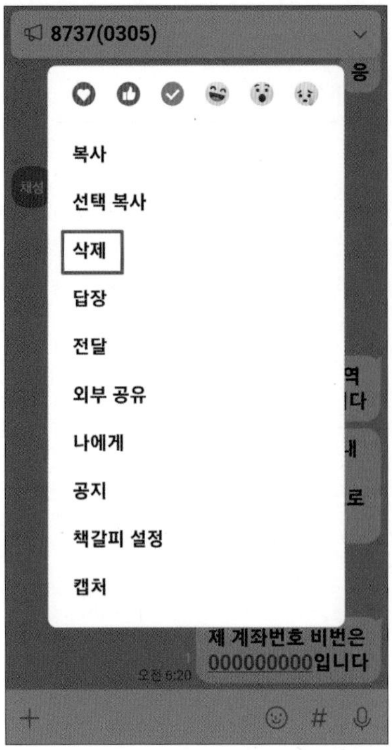
8737(0305)
복사
선택 복사
삭제
답장
전달
외부 공유
나에게
공지
책갈피 설정
캡처
제 계좌번호 비번은
000000000입니다
오전 6:20

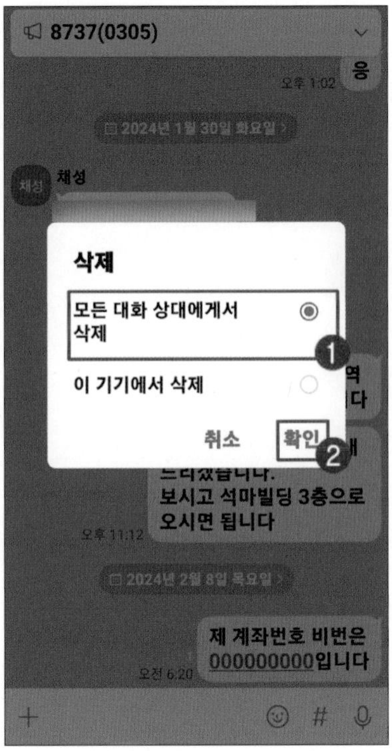
8737(0305)
채성
삭제
모든 대화 상대에게서
삭제
이 기기에서 삭제
취소
확인
보시고 석마빌딩 3층으로
오시면 됩니다
오후 11:12
제 계좌번호 비번은
000000000입니다
오전 6:20

1 잘못 보낸 메시지는 5분안에 삭제할 수 있습니다. 잘못 보낸 메시지를 지그시 터치합니다.
2 [삭제]를 터치합니다. 3 ① [모든 대화 상대에게서 삭제]를 터치합니다. ② [확인]을 터치합니다.

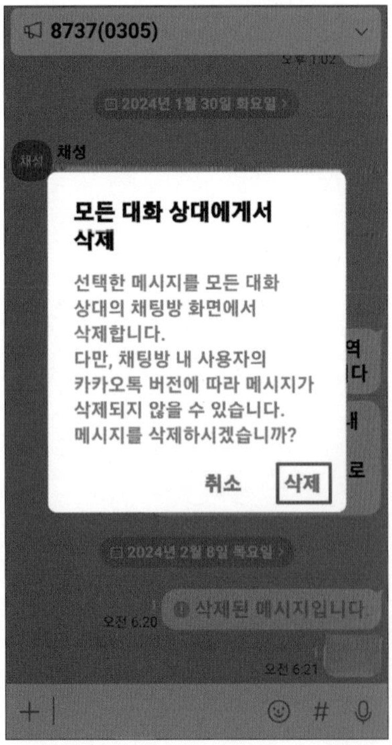
8737(0305)
채성
모든 대화 상대에게서
삭제
선택한 메시지를 모든 대화
상대의 채팅방 화면에서
삭제합니다.
다만, 채팅방 내 사용자의
카카오톡 버전에 따라 메시지가
삭제되지 않을 수 있습니다.
메시지를 삭제하시겠습니까?
취소
삭제

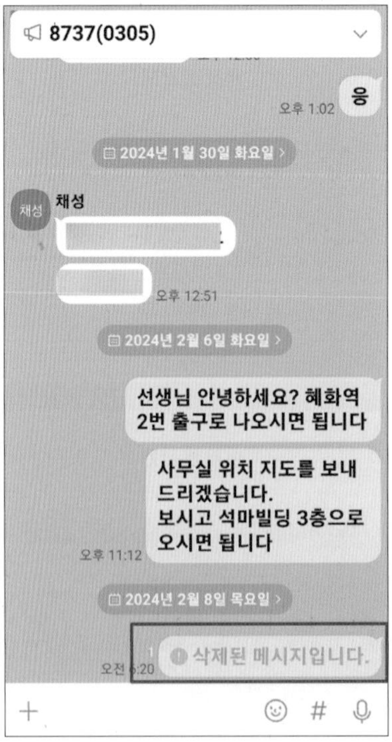
8737(0305)
응
오후 1:02
2024년 1월 30일 화요일
채성
오후 12:51
2024년 2월 6일 화요일
선생님 안녕하세요? 혜화역
2번 출구로 나오시면 됩니다
사무실 위치 지도를 보내
드리겠습니다.
보시고 석마빌딩 3층으로
오시면 됩니다
오후 11:12
2024년 2월 8일 목요일
삭제된 메시지입니다.

1 [삭제]를 터치합니다. 2 잘못 보낸 메시지는 삭제되고 [삭제된 메시지입니다.] 라는 문구가 보입니다.

중요내용 책갈피 설정하기

1 채팅방에서 메시지가 쌓여 중요내용을 찾기 어려울 때 중요내용의 메시지에 책갈피를 끼워 쉽게 찾을 수 있습니다. 책갈피를 끼워둘 메시지를 지그시 터치합니다. 2 설정메뉴창이 열리면 [책갈피 설정]을 터치합니다. 3 [책갈피 아이콘]을 누르면 찾는 메시지가 보입니다.

채팅방에서 이모티콘 전송하기

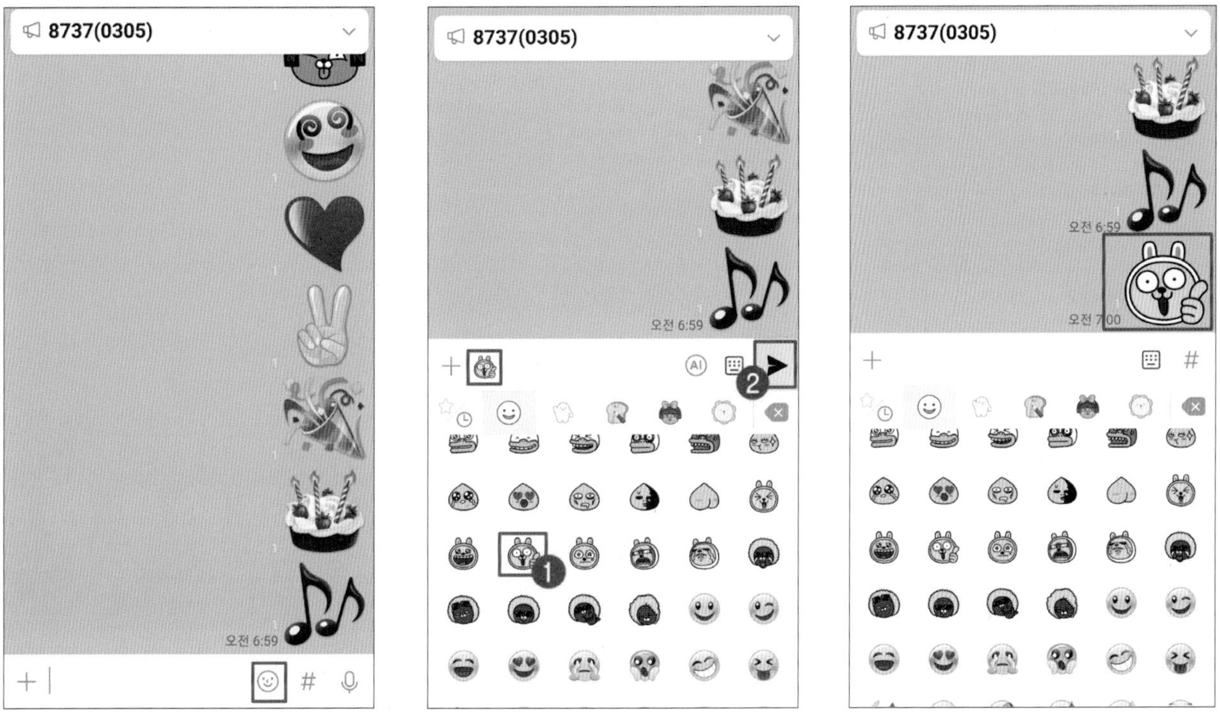

1 1대1 혹은 단체 채팅방에서 우측 하단 [이모티콘]을 터치합니다. 2 ① [원하는 이모티콘]을 선택합니다. ② [보내기]를 터치합니다. 3 채팅창에 이모티콘이 보입니다.

채팅방에서 사진 전송하기

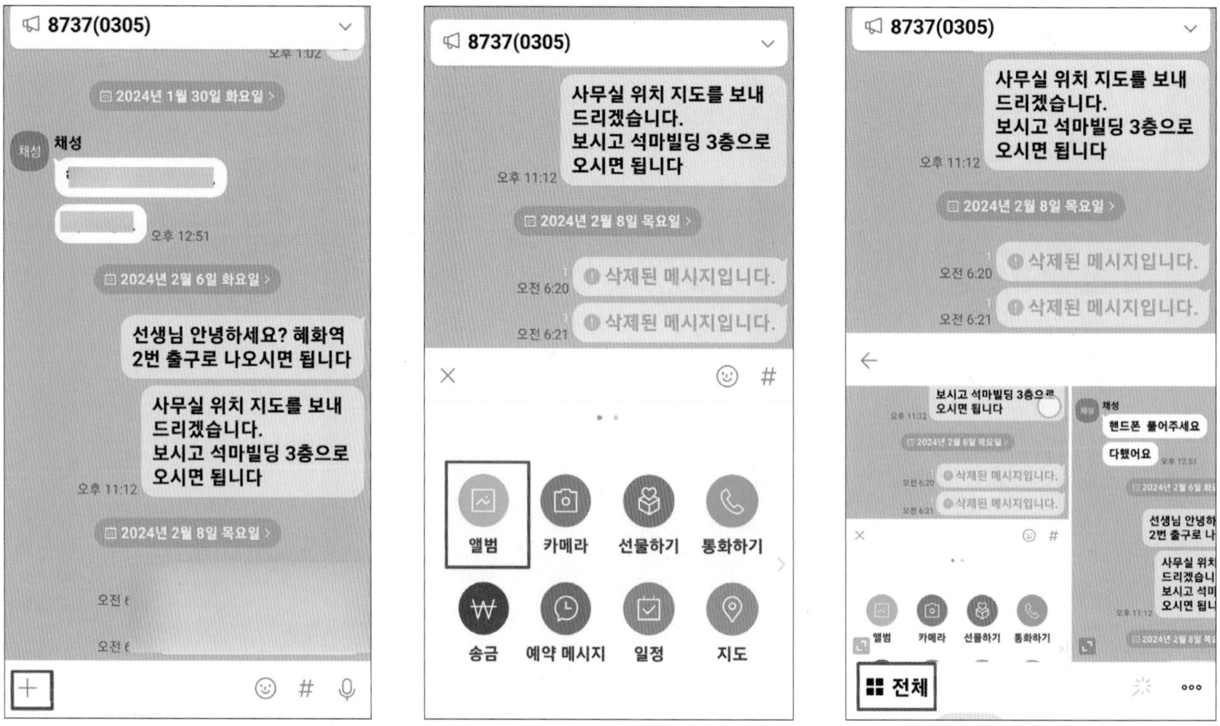

1 채팅방에서 하단 왼쪽의 [+]아이콘을 터치합니다. 2 보이는 아이콘 중 [앨범]을 터치합니다.
3 왼쪽 하단의 [전체]를 터치합니다.

1 내 앨범에 저장되어 있는 사진들이 보입니다. 상단의 [전체보기]를 터치하면 카테고리별로 들어가 사진을 선택할 수 있습니다. 2 ①내가 원하는 사진을 선택하면 ②선택한 사진이 상단에 보여집니다. ③[전송]을 누르면 사진이 전송됩니다. ④[요술봉] 아이콘을 터치합니다. 3 ①의 편집도구를 사용하여 사진 편집을 할 수도 있습니다. ②[전송]을 터치하여 편집한 사진을 전송합니다.

채팅방에서 동영상 전송하기

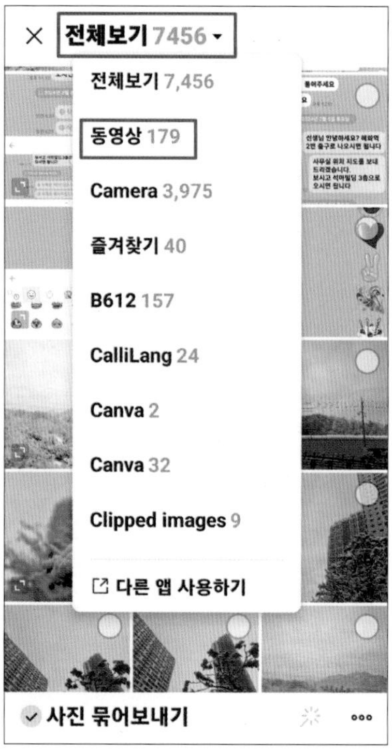

1 [전체보기]를 터치하여 [동영상] 카테고리를 터치하여 선택합니다. 2 ① [요술봉] 아이콘을 터치하여 동영상을 편집하고 ② [더보기]를 터치하여 원하는 화질로 선택한 후 ③ [전송]할 수 있습니다. 3 [요술봉]을 터치하여 하단의 효과를 주어 [전송]할 수 있습니다.

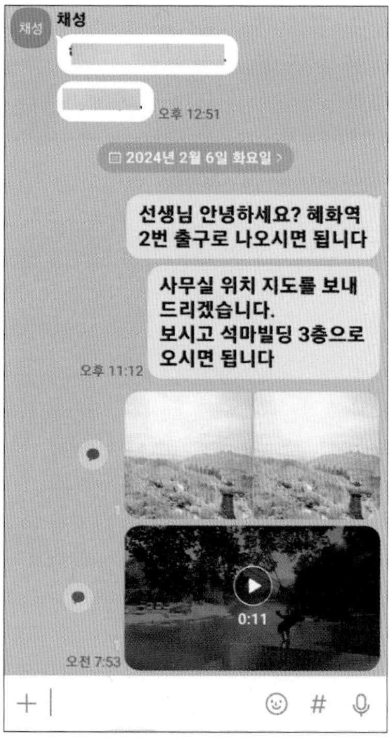

1 ①[더보기]를 터치하여 원하는 화질로 선택후 [확인]을 터치하고 ③[전송]할 수 있습니다.
2 선택한 동영상이 채팅방에 보내진 것을 확인할 수 있습니다.

주고 받은 사진 및 동영상 저장하기와 확인하기

1 채팅방에서 저장하고 싶은 사진 또는 동영상을 터치합니다. 2 ①저장버튼을 터치하여 내 갤러리에 저장합니다. 3 [묶음사진 전체 저장], 또는 [이 사진만 저장] 중 선택해서 저장합니다. ②사진이나 동영상을 다른 사람에게 공유할 수 있습니다. ③현재의 채팅방에서 삭제합니다.(삭제된 사진 또는 동영상은 내 채팅방에서만 적용되고 상대방의 채팅방에서는 적용되지 않습니다.) ④요술봉을 터치하여 효과를 주거나 편집할 수 있습니다. ⑤더보기 버튼을 터치하여 선택한 사진 또는 동영상의 종류, 크기, 해상도와 같은 [상세정보]를 알 수 있습니다.

1 [전달 버튼]을 터치한 화면입니다. 2 [요술봉]을 터치하면 편집도구가 열립니다.
3 [더보기]버튼을 터치한 화면입니다.

저장공간 확보하기

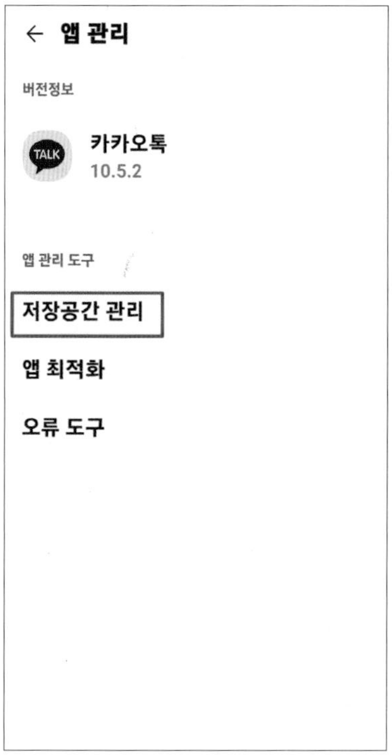

1 ①[설정]을 터치합니다. ②[전체 설정]을 터치합니다. 2 [앱관리]를 터치합니다.
3 [저장공간 관리]를 터치합니다.

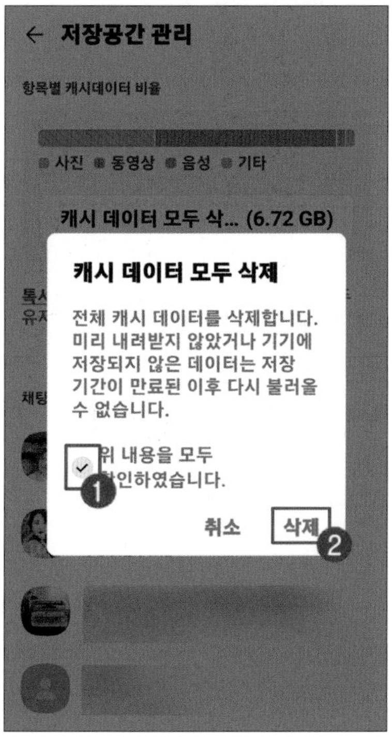

1 [캐시 데이터 모두 삭제]를 터치합니다. 2 ① V를 체크하고 ②[삭제]를 터치합니다. (15일 이전의 모든 데이터들이 삭제되므로 중요한 데이터는 미리 저장한 후 삭제합니다.) 3 모든 채팅방의 데이터를 관리할 수 있습니다.

채팅방 용량 관리하기

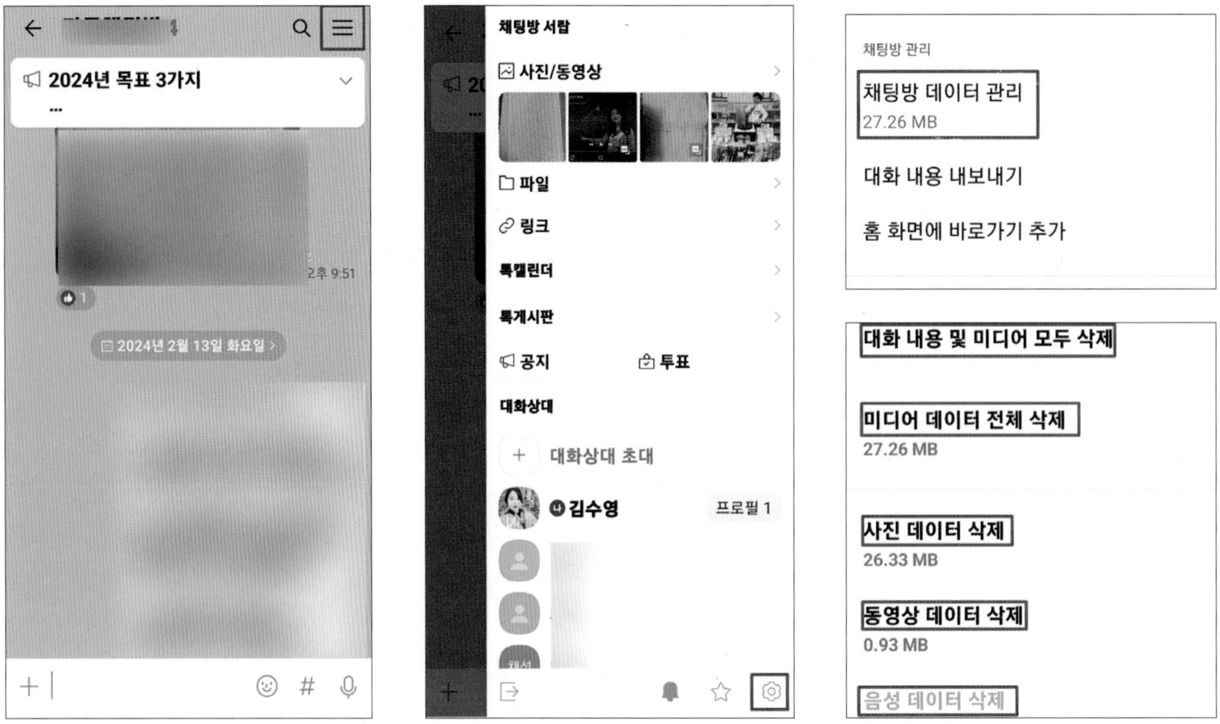

❶ 채팅방 우측 상단의 [삼선표시]를 터치합니다. ❷ 채팅방 서랍창 우측 하단의 [설정]을 터치합니다. ❸ [채팅방 데이터 관리]를 터치합니다. ❹ [대화 내용 및 미디어 모두 삭제], [미디어 데이터 전체 삭제], [사진 데이터 삭제], [동영상 데이터 삭제], [음성 데이터 삭제]를 선택하여 정리합니다.

대화 내용 삭제하기

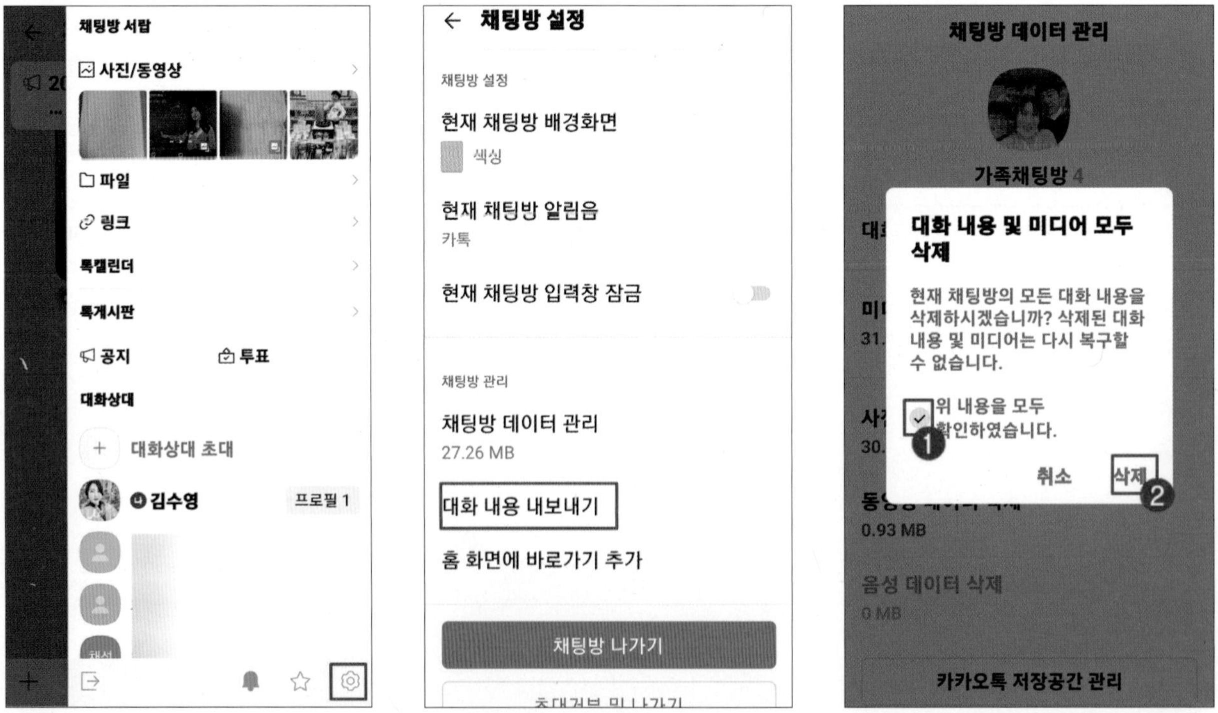

❶ 채팅방에서 우측상단 [삼선]을 터치하여 [채팅방 서랍]으로 들어옵니다. 채팅방 서랍 우측하단 [설정]을 터치합니다. ❷ [채팅방 설정]에서 [대화 내용 내보내기]를 터치합니다. ❸ [대화 내용 및 미디어 모두 삭제]를 터치하여 알림창이 열린 후 ①V를 체크하고 ②[삭제]를 터치하면 채팅창은 남아 있지만 대화 내용은 모두 삭제됩니다.

채팅방 나가기

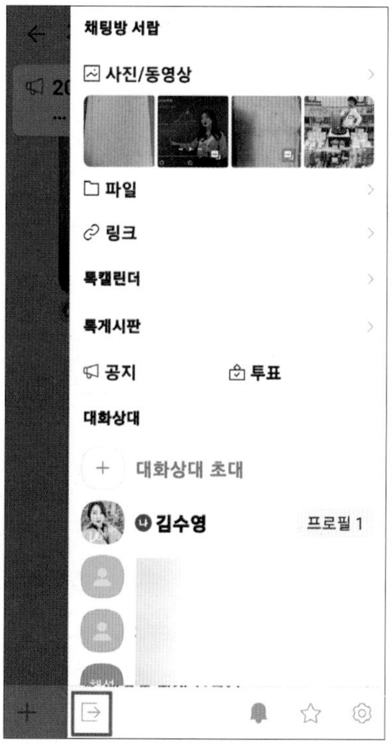

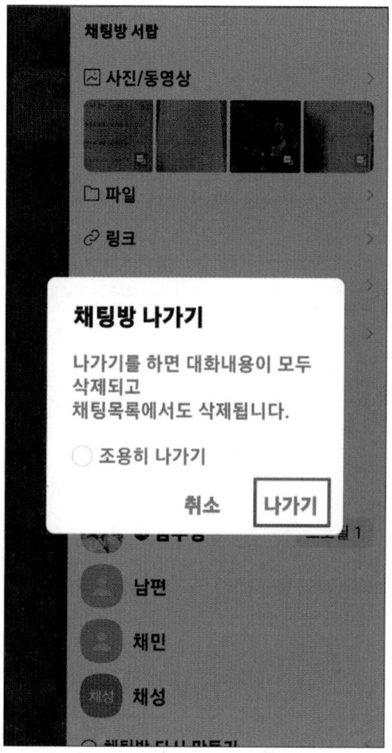

채팅방을 나가는 방법 1 1 채팅방 우측 상단 [삼선]을 터치합니다. 2 좌측 하단의 [나가기] 아이콘을 터치합니다. 3 채팅방 나가기 창이 열리면 [나가기]를 터치합니다.

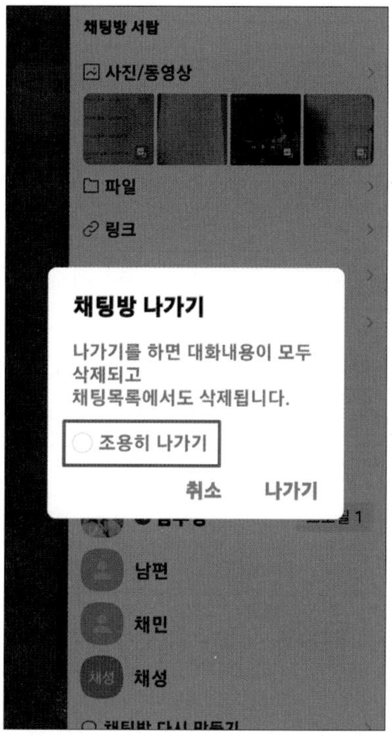

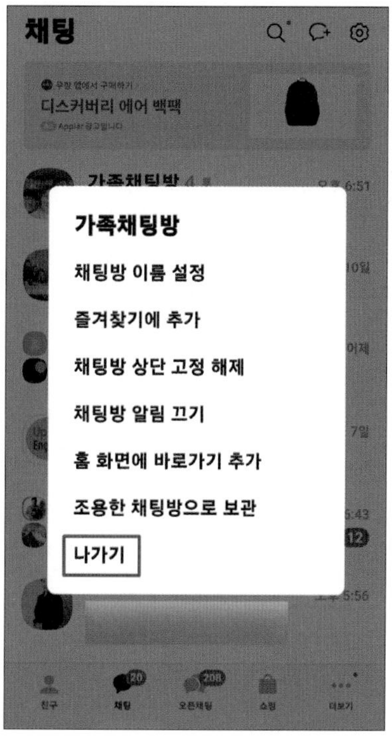

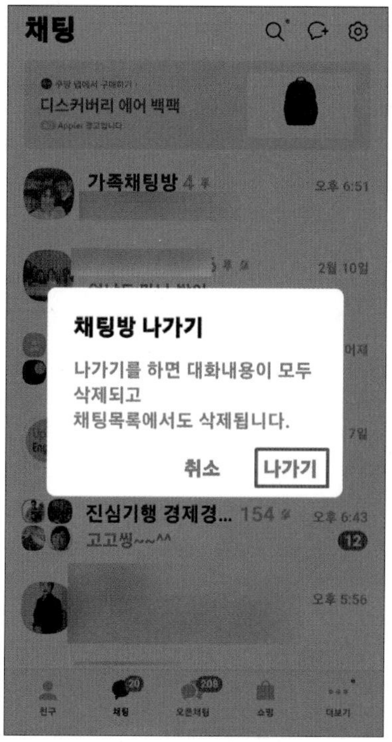

채팅방 나가는 방법 2 1 조용히 나가기: 여기서 그냥 나가기를 누르면 채팅창에 나갔다는 메시지가 뜹니다. 좌측에 조용히 나가기를 누르면 아무 표시 없이 나가게 됩니다. (※단, 오픈 채팅방에서는 이 기능이 없고, 일반 채팅방에서만 가능합니다.)
채팅방 나가는 방법 3 [채팅] 화면에서 나가고자 하는 채팅방의 이름을 길게 누르면 알림창이 열리고 [나가기]를 터치하면 나갈 수 있습니다. 2 채팅방 나가기 알림창이 열리면 [나가기]를 터치하여 채팅방에서 나갈 수 있습니다. 빠르게 나갈 수 있으나 채팅창에 나갔다는 흔적을 남기게 됩니다.

쇼핑 - 선물하기

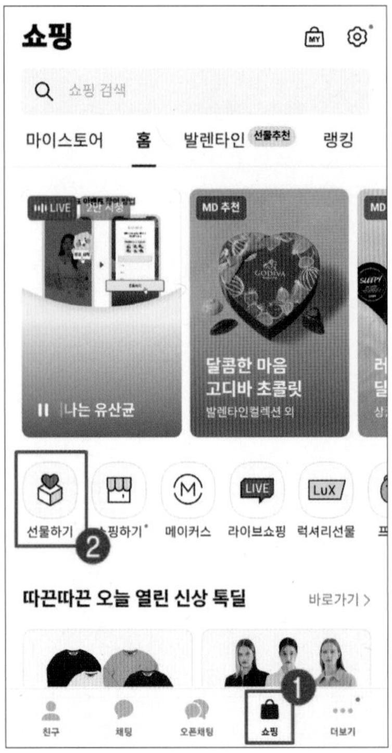

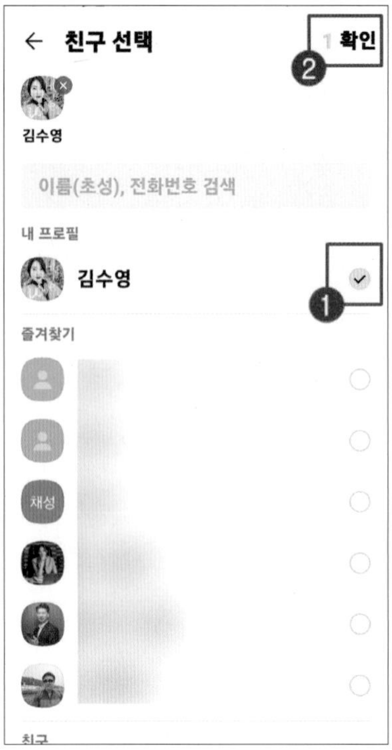

1 ① [쇼핑]을 선택 후 ② [선물하기]를 터치합니다. 2 [선물 받을 친구를 선택해 주세요]를 터치합니다. 3 ① 친구를 선택한 후 ② [확인]을 터치합니다.

1 [카테고리]를 터치합니다. 2 [카테고리]와 [검색]을 활용하여 선물을 선택합니다.
3 선택한 선물을 터치합니다.

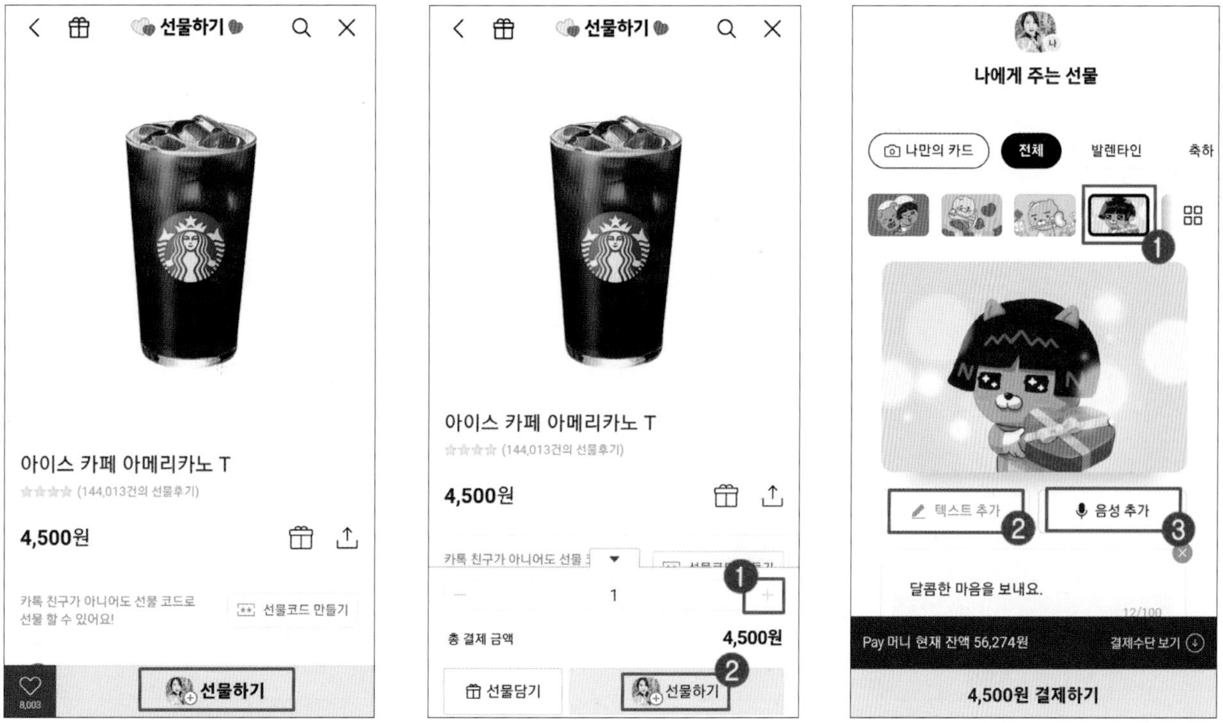

1 [선물하기]를 터치합니다. 2 ① 수량을 추가할 수 있습니다. ② [선물하기]를 터치합니다. 3 ① [카드] 그림 중 마음에 드는 카드를 선택 터치합니다. ② [텍스트 추가]와 ③ [음성 추가]를 터치하여 내용을 기록합니다.

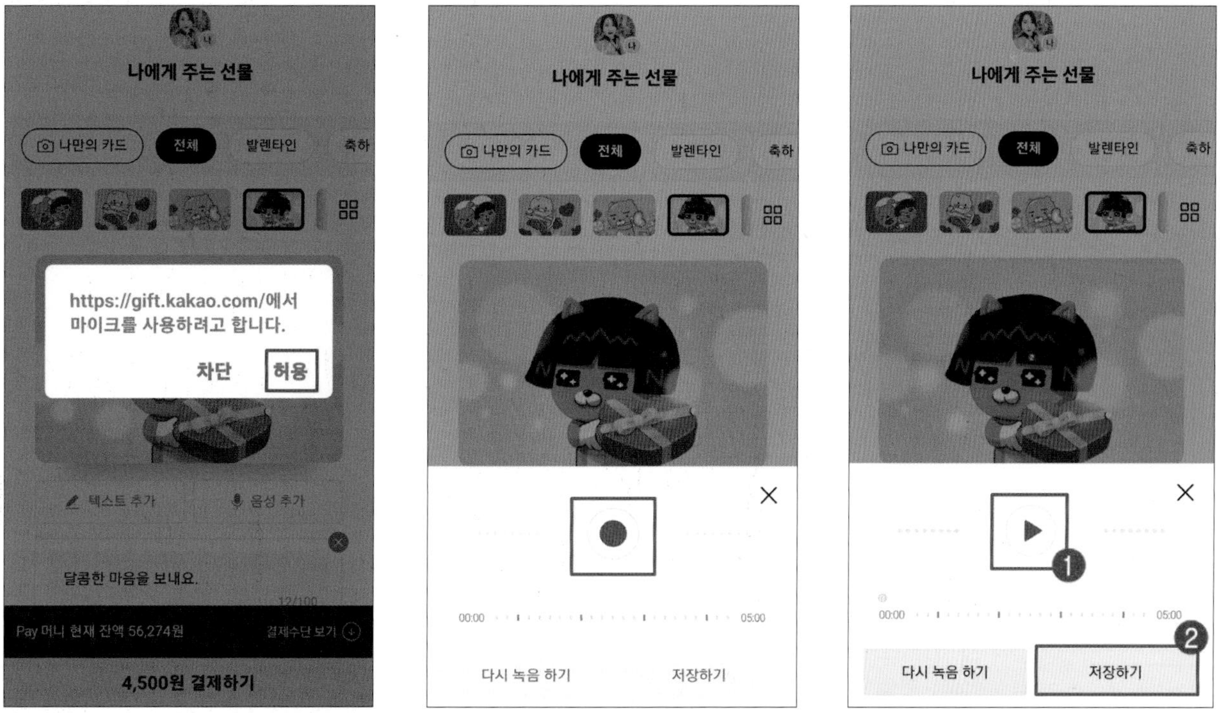

1 음성 추가 기록은 [마이크 사용]을 [허용]으로 선택합니다. 2 [녹음 버튼]을 터치하여 음성 녹음을 합니다. 3 [플레이]버튼으로 음성 녹음 확인 후 [저장하기]를 터치합니다.

❶ ①음성 녹음이 추가 된 것을 확인할 수 있습니다. ② [결제하기]를 터치합니다. 카카오페이와 연결되어 있으면 결제됩니다. ❷ 선물이 메시지와 함께 발송된 것을 채팅방에서 확인할 수 있습니다. ❸ [선물하기]에서 [선물함]을 터치합니다.

❶ [선물함]에서 [주문내역]을 확인할 수 있습니다.

❷ [주문일자 확인] 주문내역은 최근 6개월간 주문하신 내역만 확인 가능합니다.

송금하기

카카오톡에서 송금하기를 하려면 카카오페이에 계좌연결을 해야합니다.

1 하단에서 [더보기]를 터치합니다. 2 더보기에서 [pay]를 터치합니다.

3 [pay]에서 [점 세개]를 터치합니다.

1 [연결계좌 관리]를 터치합니다. 2 [계좌 연결하기]를 터치합니다. 3 [지금 필요한 하나만]을 터치합니다.

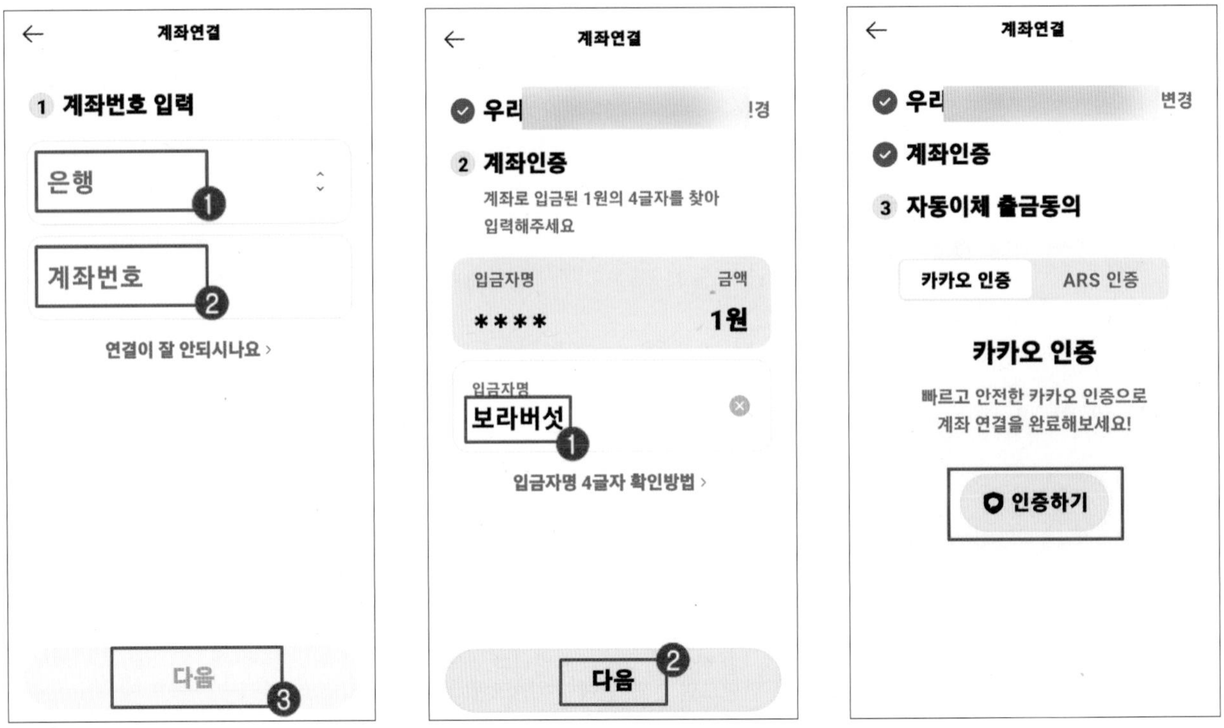

1 ①[은행]을 터치해서 은행을 선택하고 ②[계좌번호]를 입력하고 ③[다음]을 터치합니다.
2 연결한 통장에 1원의 입금자명을 확인하고 ①에 입력 후 ②[다음]을 터치합니다.
3 [인증하기]를 터치합니다.

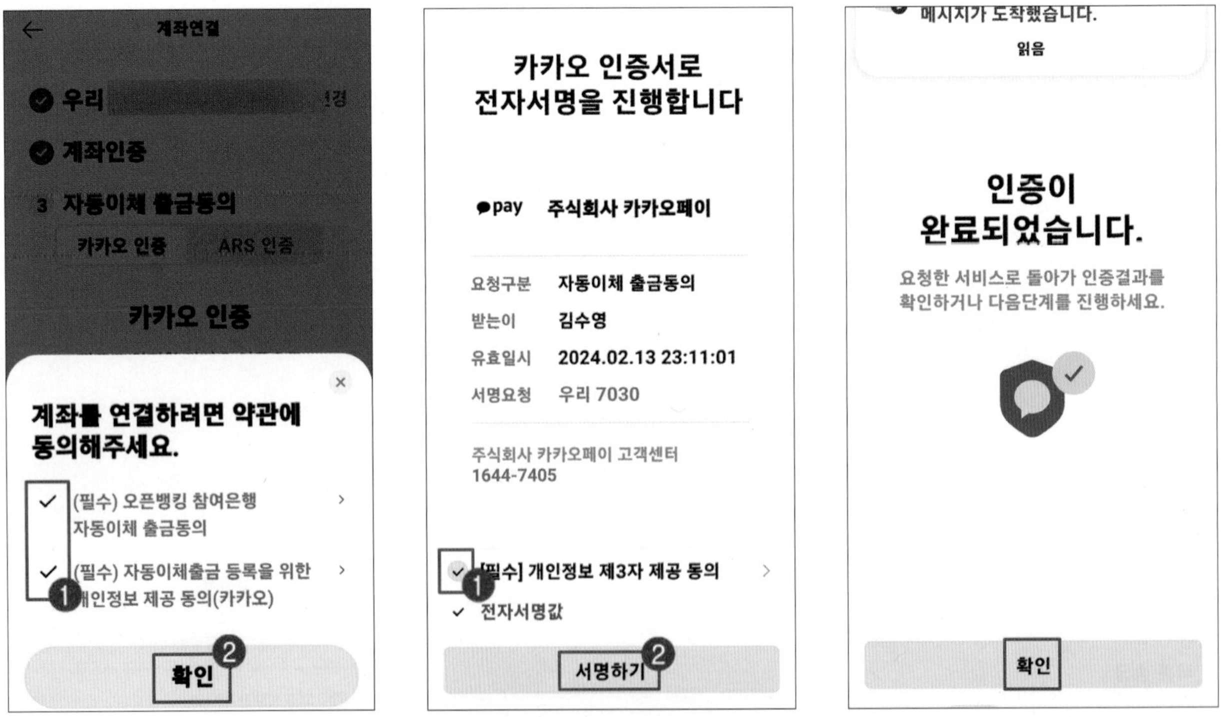

1 필수 항목을 체크하고 [확인]을 터치합니다. 2 필수 항목에 동의 하고 [서명하기]를 터치합니다.
3 [확인]을 터치합니다.

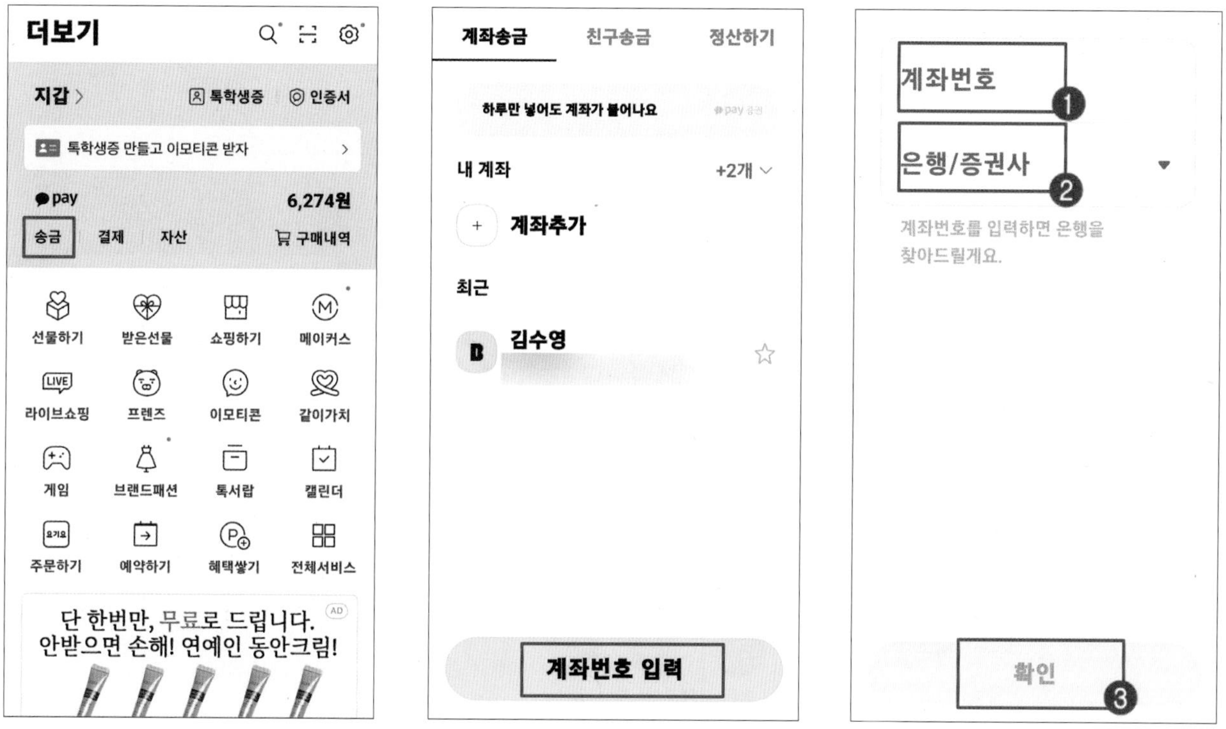

[더보기]에서 [송금]을 터치합니다. ❷ [계좌번호 입력]을 터치합니다. ❸ 계좌번호를 입력하여 송금하는 방법과 친구를 선택해서 송금하는 방법이 있습니다. ① 송금할 계좌번호와 ② 은행을 입력하고 ③ [확인]을 터치합니다.

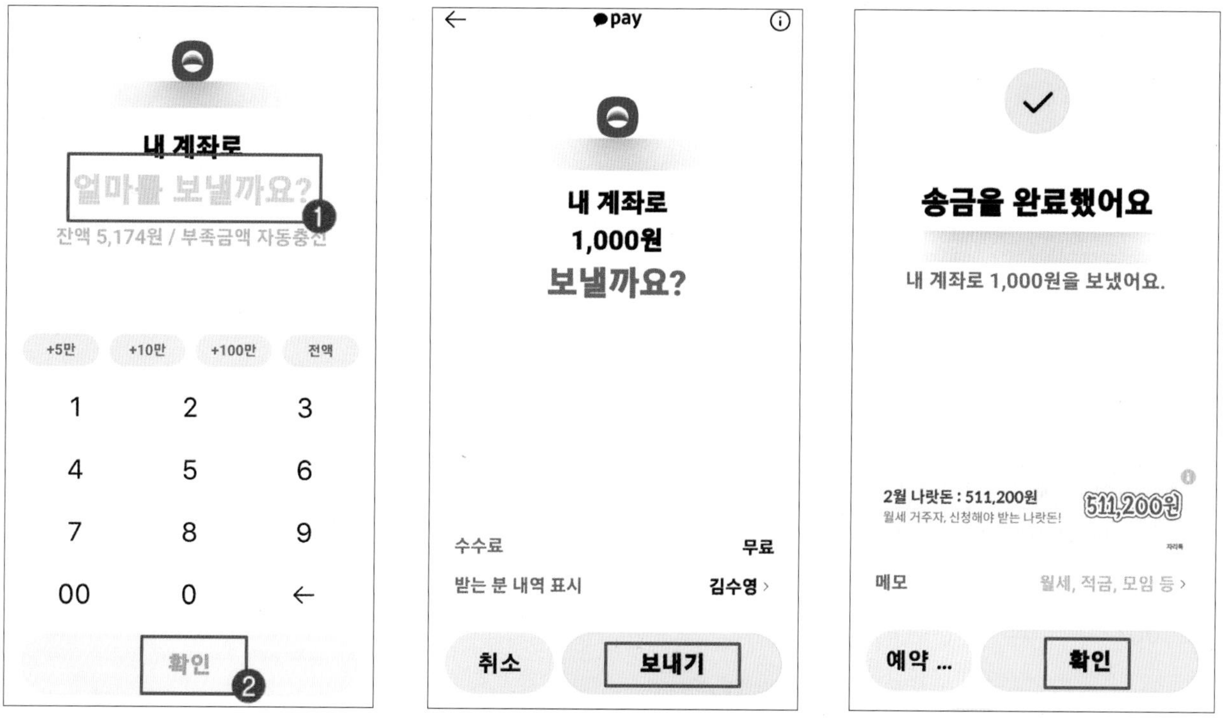

❶ ① 송금할 금액을 쓰고, ② [확인]을 터치합니다. ❷ [보내기]를 터치합니다.
❸ [확인]을 터치합니다.

❶ 보내고자 하는 대상과의 1:1채팅창에서 왼쪽 하단에 더하기 [+]를 터치합니다.
❷ [송금]을 터치합니다. ❸ 알림창이 뜨면 [송금하기]를 터치합니다.

❶ 보낼 금액을 입력하고 [확인]을 터치합니다. ❷ [봉투에 담기]를 터치합니다.(봉투사용을 원하지 않으면 [확인]을 터치합니다. ❸ 봉투종류 알림창이 뜨면 원하는 봉투를 선택하여 터치합니다.

❶ ① 봉투에 담은 것을 확인하고 ② [보내기]를 터치합니다. ❷ 송금완료 화면이 나오면 [확인]을 터치합니다. ❸ 상대방이 받기를 하면 상대방의 카카오페이로 보내집니다.

결제하기

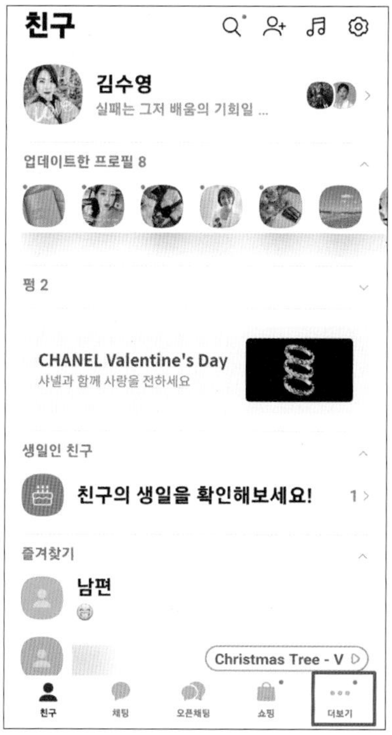

❶ [친구]메뉴에서 더보기 [···]를 터치합니다. ❷ [더보기] 메뉴에서 [결제]를 터치하면 바코드 화면이 나옵니다.(바코드화면은 보안문제로 캡쳐 안 됨) ❸ [pay]메뉴에서 [결제]아이콘을 터치해도 바코드화면이 나옵니다. 오프라인 매장에서 바코드를 이용해 결제를 할 수 있습니다.

멤버십 바코드 활용하기

1 [친구] 메뉴에서 [더보기]를 터치합니다. 2 [더보기]에서 [결제]를 터치합니다. (바코드화면은 보안문제로 캡쳐 안 됨) 바코드 화면에서 [멤버십]을 터치합니다. 3 제휴사 중에서 내가 자주 사용할 멤버십 제휴사를 선택 후 [+]를 터치합니다.

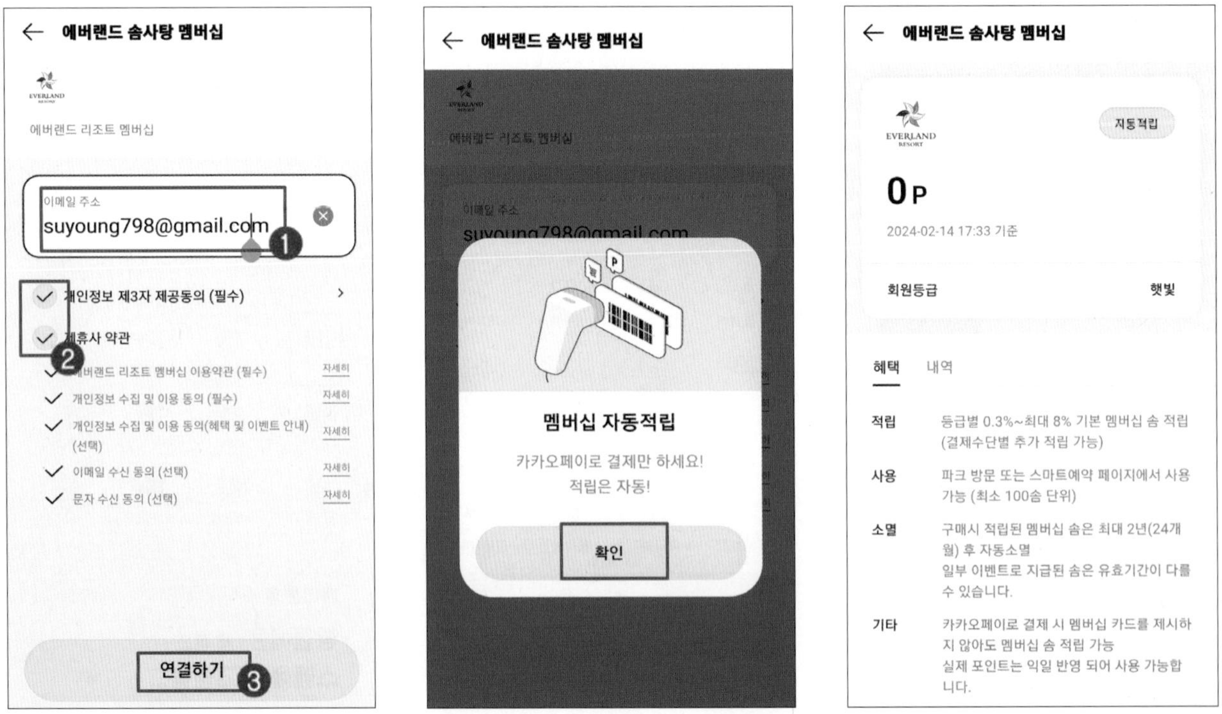

1 ①이메일 주소를 입력하고, ②약관에 동의 하고, ③ [연결하기]를 터치합니다. 2 [확인]을 터치합니다. 3 통합바코드 하나로 연결 가능한 여러 사용처에서 편리하게 포인트를 적립할 수 있습니다.

톡서랍

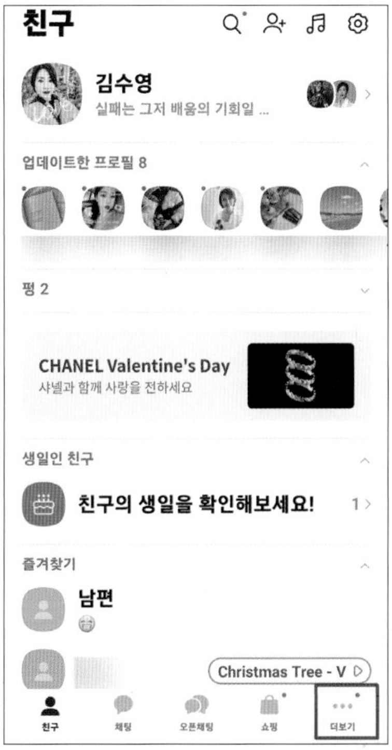

친구
김수영
실패는 그저 배움의 기회일 ...
업데이트한 프로필 8
펑 2
CHANEL Valentine's Day
샤넬과 함께 사랑을 전하세요
생일인 친구
친구의 생일을 확인해보세요!
즐겨찾기
남편
Christmas Tree - V
친구
채팅
오픈채팅
쇼핑
더보기

더보기
지갑 >
톡학생증
인증서
톡서랍 플러스 체험해 보기
pay
5,174원
송금
결제
자산
구매내역
선물하기
받은선물
쇼핑하기
메이커스
라이브쇼핑
프렌즈
이모티콘
같이가치
게임
브랜드패션
톡서랍
캘린더
주문하기
예약하기
혜택쌓기
전체서비스
서울대 의대 수석 정현빈
"저라면 무조건

톡서랍
원하는 채팅방만
골라서 백업 가능!
꼭 필요한 채팅방 데이터만
톡서랍 플러스에 보관하세요!
BACKUP
톡서랍 플러스 구독하기
내 톡데이터
메모
사진/
동영상
파일
링크
폰 바꾸고 바로 톡하세요.
이젠 원할때 언제든 복원할 수 있어요.

❶ [친구]메뉴에서 [더보기]를 터치합니다. ❷ [더보기] 메뉴에서 [톡서랍]을 터치합니다.
❸ ① [내 톡데이터]는 카카오톡 방에 업로드 되어있는 메모, 사진/동영상, 파일, 링크를 터치하면 채팅방별로 모두 볼 수 있습니다. ② [톡서랍 플러스 구독하기]를 터치합니다.

My 구독
톡에서 데이터를 간편하게
톡에서 하는 편리한
데이터 관리
소중한 사진 만료 없이 보관해요!
톡서랍 플러스
2,200원/월
구글 플레이 전용가
카카오톡 데이터를 편리하게 자동 보관!
카카오톡 대화, 사진, 파일, 링크, 메모까지 실시간 자동으로 보관되니까 쓰던 카톡 그대로!
새 휴대폰에서도, PC에서도 유실 없이 사용할 수 있어요. 보관된 데이터는 안전하게 암호화 되어 오직 나만 볼 수 있어요.

원하는 채팅방만 골라서 보관 가능!
매년 대화 나누는 채팅방은 많아지고, 주고받는 사진, 동영상, 파일로 카카오톡 용량은 불어나는데, 일일이 관리하기 너무 어렵죠?
이제 원하는 채팅방 데이터만 쏙쏙 골라서 보관하고 더 빠르고 쉽게 정리할 수 있어요!
언제 어디서나 원하는 파일은 톡서랍에 직접 업로드!
이제 내 카카오톡 데이터 뿐만 아니라, 내 컴퓨터나 스마트폰의 파일도 톡서랍에 보관할 수 있어요.
'중요' 기능으로 표시해두었다가 '폴더' 기능으로 차곡차곡 정리해보세요.
빠르게 찾아볼 데이터는 중요에서 따로 모아볼 수 있어요.
톡 데이터도, 직접 업로드한 데이터도 모두 내 폴더 하나로 관리할 수 있어요.
원하는 데이터를 쉽고 빠르게 검색!
친구 이름, 날짜, 키워드로 검색하고 여러 채팅방에서 주고 받은 데이터를 쉽게 발견할 수 있어요. 최근 나에게 데이터를 보낸 친구나 키워드도 추천해줘요.

협업에 최적화된 팀채팅!
함께 나눈 대화와 사진, 파일들을 내 톡서랍에 보관해요.
중간에 참여해도 이전 대화를 모두 볼 수 있고, 우리끼리 공유 캘린더도 만들어요.
자주 잊는 비밀번호는 톡 패스워드로 자동입력!
일일이 기억하기 어려운 아이디와 비밀번호를 톡서랍에 보관해두고 필요할 때 알아서 입력해드려요.
자주 잊는 비밀번호는 톡 패스워드로 자동입력!
일일이 기억하기 어려운 아이디와 비밀번호를 톡서랍에 보관해두고 필요할 때 알아서 입력해드려요.
톡서랍 이럴 때 사용해보세요.
폰 용량도 부족한데
카톡 데이터 때문에 고민이네?
톡서랍 플러스 구독하기

❶ 월정액 2200원의 서비스입니다. ❷ 톡서랍의 혜택에 대해 자세하게 소개해 줍니다.
❸ [톡서랍 플러스 구독하기]를 터치하면 구독할 수 있습니다.

유튜브 앱 제대로 활용하기

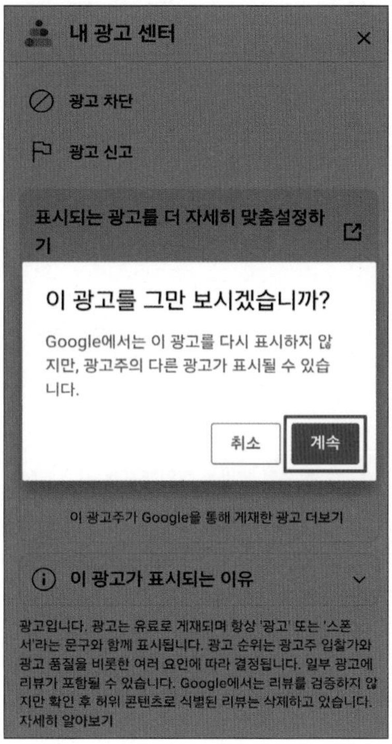

1 [스폰서]는 광고를 말합니다. 광고 제목 오른쪽 [점 3개]를 터치합니다. 2 유사한 광고가 뜨지 않도록 [광고 차단]을 터치합니다. 3 [계속]을 터치해서 유사한 광고가 보이지 않도록 합니다. 광고 차단을 한다고 해서 광고가 아예 보이지 않는 것은 아닙니다.

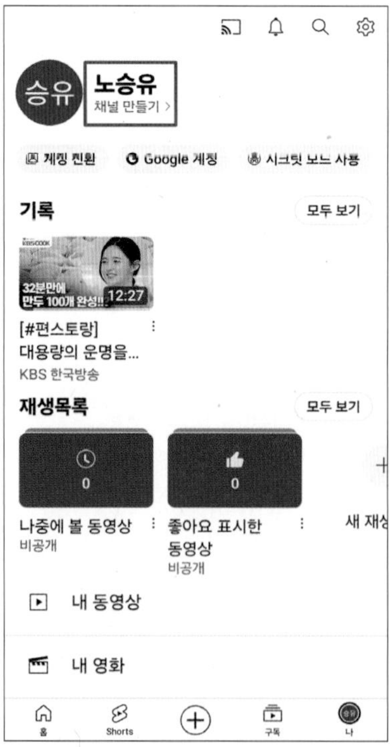

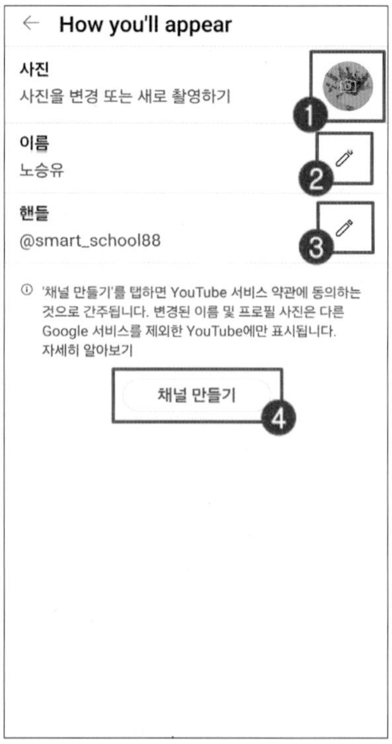

1 ① 우측 하단의 [계정]을 터치합니다. 2 유튜브 채널 생성을 위해 [채널 만들기]를 터치합니다.
3 ① 이미지 설정 ② 이름 변경 ③ 핸들 변경 후 ④ [채널 만들기]를 터치하면 채널이 생성됩니다.

시크릿 모드 사용하기

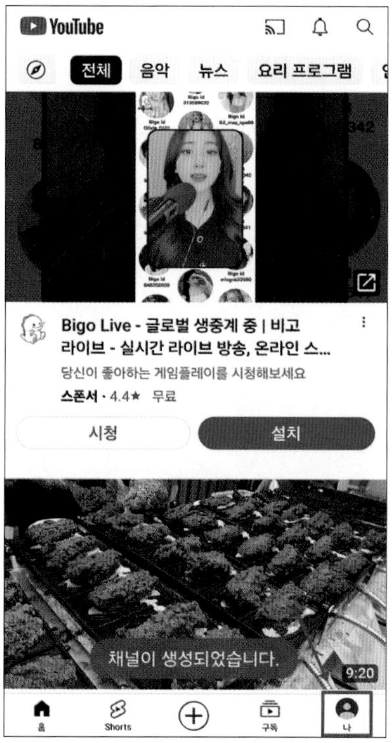

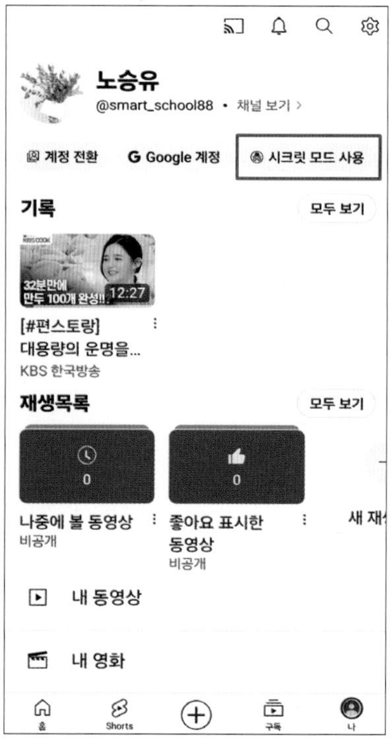

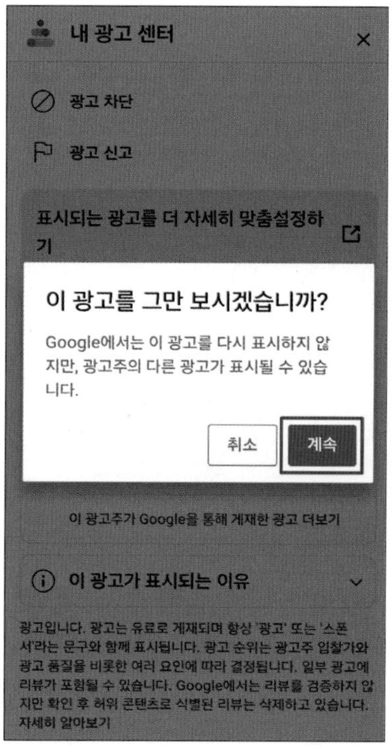

❶ 시크릿 모드는 검색 기록과 시청 기록이 남지 않는 기능입니다. 시크릿 모드 사용을 위해 우측 하단의 [계정]을 터치합니다. ❷ [시크릿 모드 사용]을 터치합니다. ❸ [확인]을 터치하면 시크릿 모드로 전환됩니다.

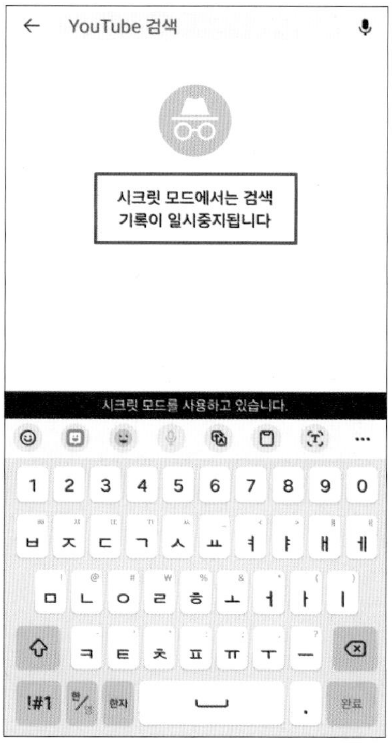

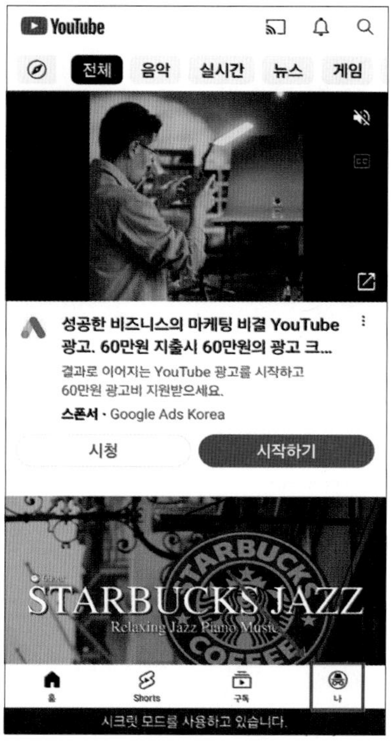

❶ [검색] 기록들이 일시중지 됩니다. ❷ 다시 계정으로 로그인 하기 위해 하단의 [계정]을 터치합니다. ❸ [시크릿 모드 사용 중지]를 터치합니다.

계정 전환과 유튜브 설정

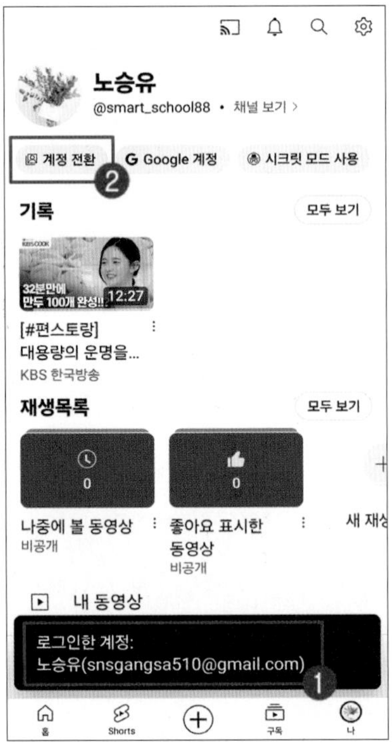

1 ① 마지막으로 사용했던 계정으로 [로그인] 됩니다. ② 여러 개의 계정을 가지고 있다면 계정을 전환해서 채널을 관리할 수 있습니다. [계정 전환]을 터치합니다. **2** 전환할 [계정]을 선택합니다. **3** 계정이 전환되고 내 채널의 상세 기록을 볼 수 있습니다. 아래에서 위쪽으로 드래그 합니다.

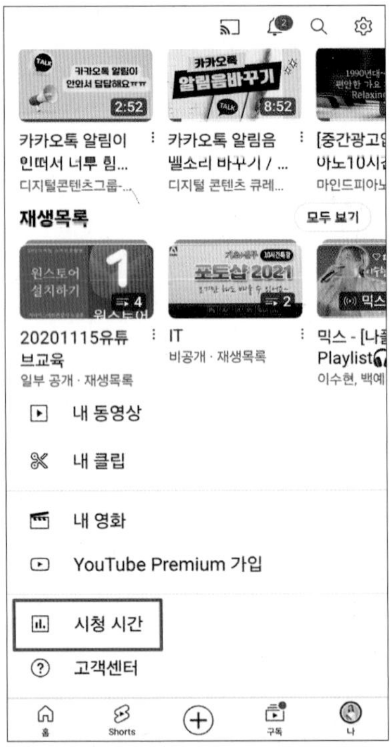

1 [시청 시간]을 터치합니다. **2** ① 일주일간의 시청 기록을 볼 수 있고 [설정]에서 시청 기록을 삭제할 수 있습니다. ② 알림을 설정할 수 있습니다. **3** 우측 상단의 [설정] 아이콘을 터치합니다.

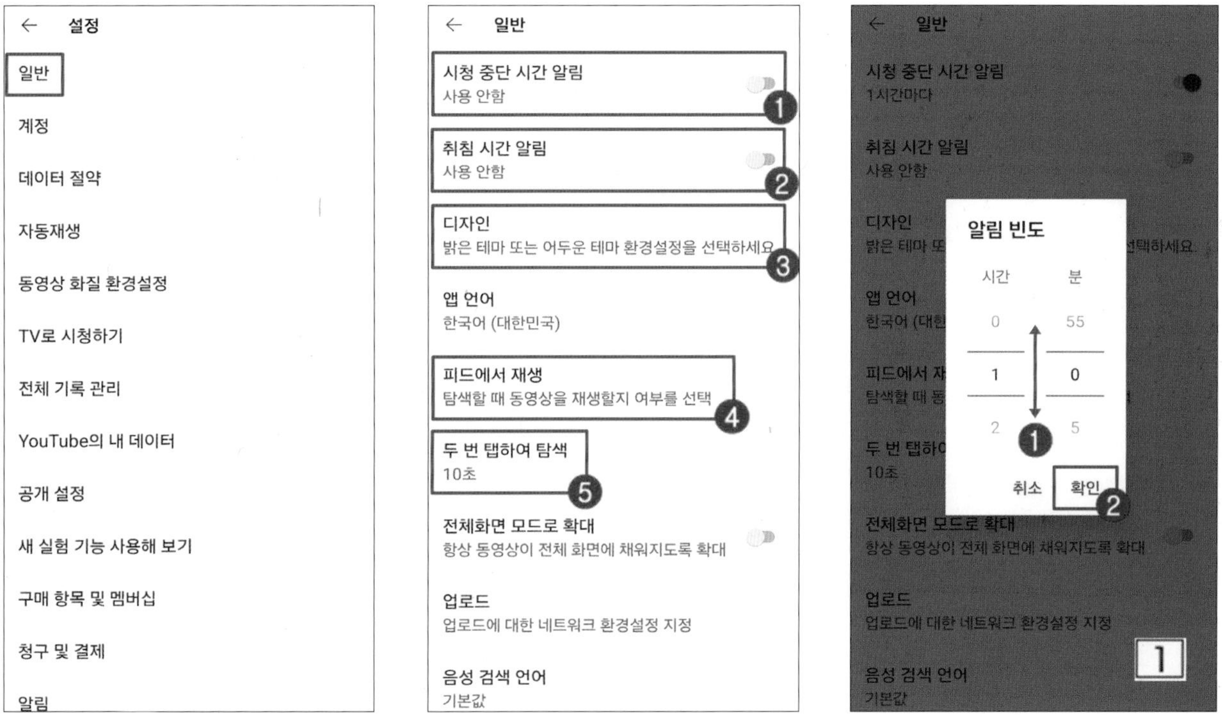

[1] [일반]을 터치합니다. [2] [일반]의 다양한 설정을 다음 이미지에서 확인해 보겠습니다. [3] [시청 중단 시간 알림]을 터치하여 ① [알림 빈도]를 설정하고 ② [확인]을 터치합니다.

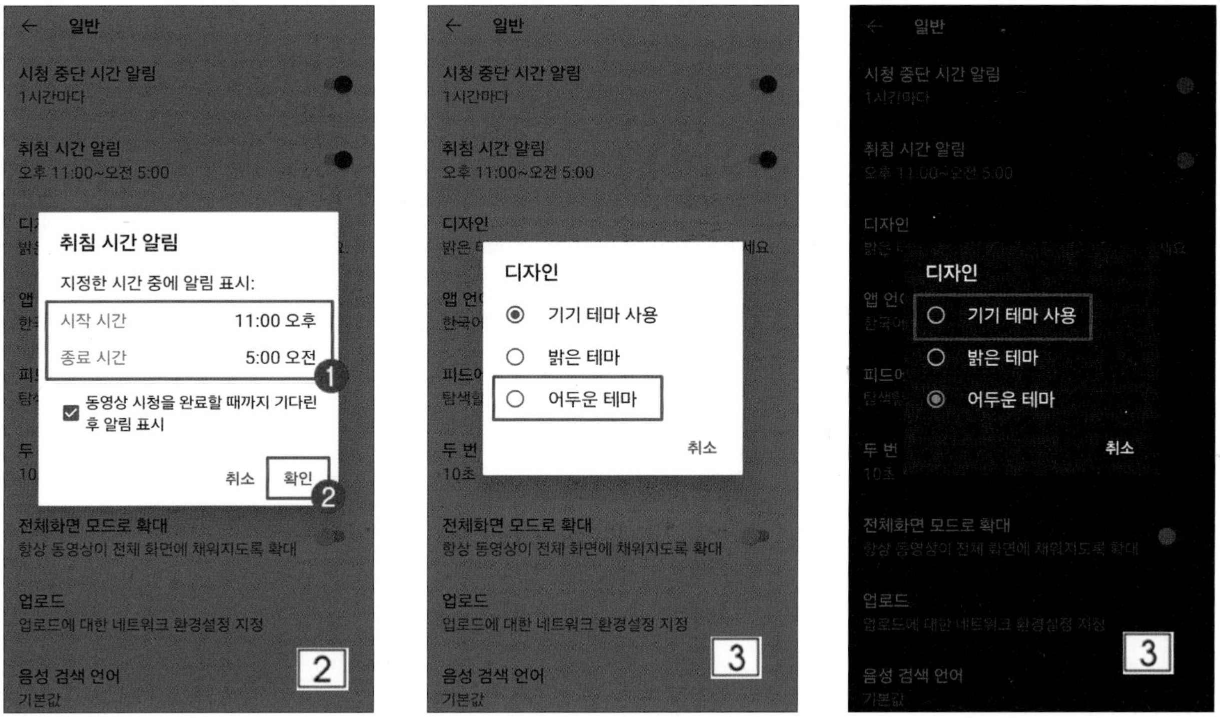

[1] [취침 시간 알림]을 터치하여 [취침 시간]을 설정하고 [확인]을 터치합니다. [2] [디자인]을 터치하여 [어두운 테마]를 선택합니다. [3] 어두운 테마가 적용 되었습니다. [기기 테마 사용]을 터치하면 내 기기에서 사용하고 있는 테마로 변경 됩니다.

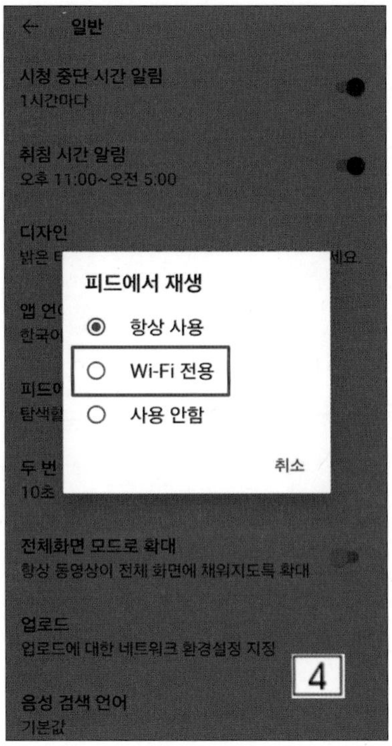

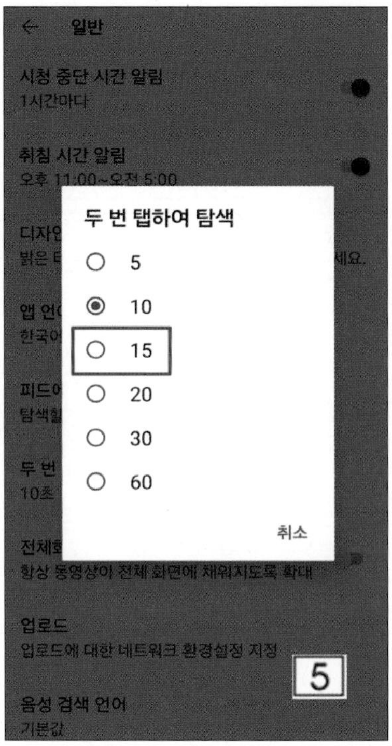

❶ [피드에서 재생]은 [Wi-Fi 전용]을 권장드립니다. ❷ [두 번 탭하여 탐색]을 터치하여 영상 탐색 시간을 [15초]로 설정해 보겠습니다. ❸ 유튜브 영상 왼쪽을 두 번 탭하면 영상이 15초 단위로 되돌아가고 오른쪽을 두 번 탭하면 15초 단위로 건너뛰어 재생됩니다.

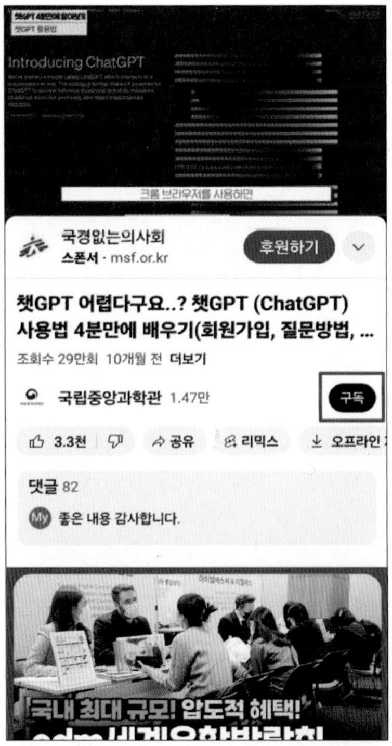

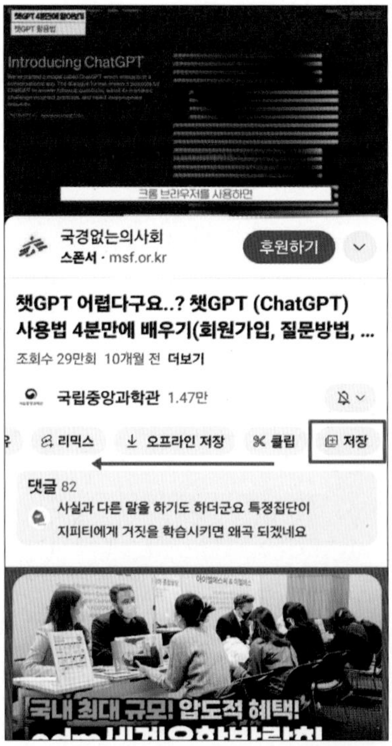

❶ 재생된 영상 하단 메뉴에서 [구독]을 터치하면 구독이 완료 됩니다. ❷ 영상 하단 메뉴를 왼쪽으로 드래그하여 [저장]을 터치합니다. ❸ 재생목록 선택을 위해 [변경]을 터치합니다.

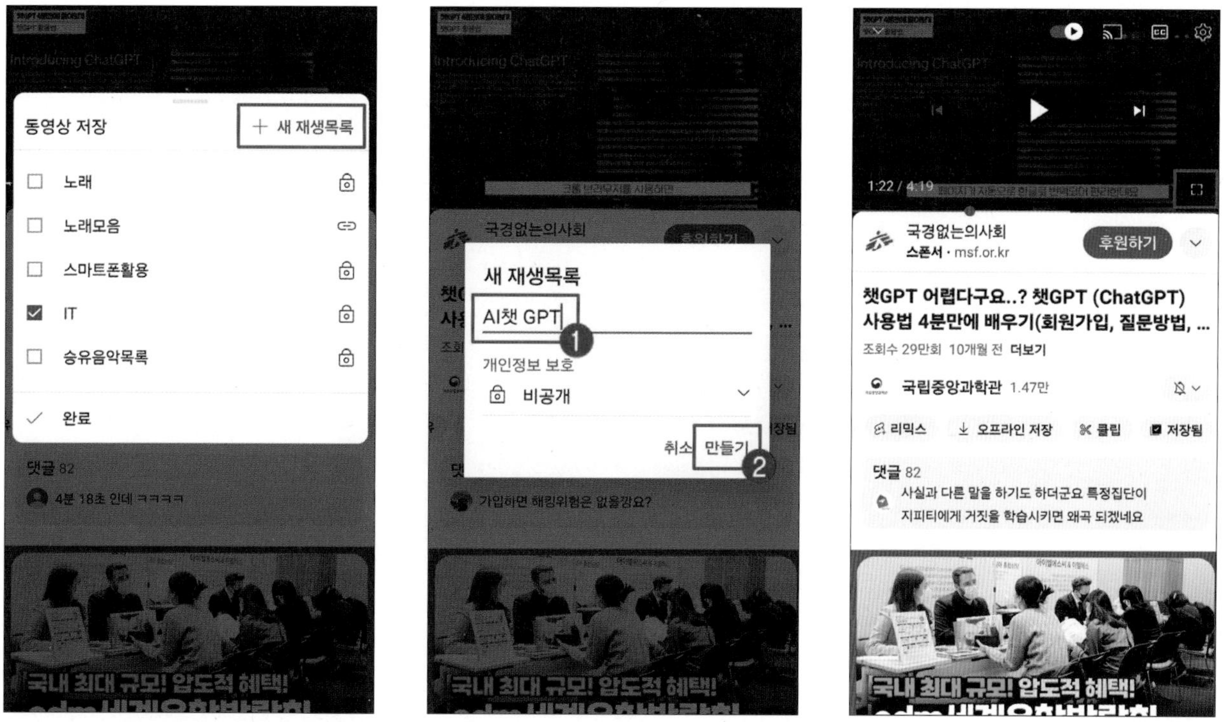

❶ [새 재생목록]을 터치합니다. ❷ ① 만들고 싶은 재생목록 이름을 입력한 후 ② [만들기]를 터치하면 새로 만든 재생목록에 영상이 저장됩니다. ❸ 영상을 가로모드로 보기 위해 영상 하단 [확대] 아이콘을 터치합니다.

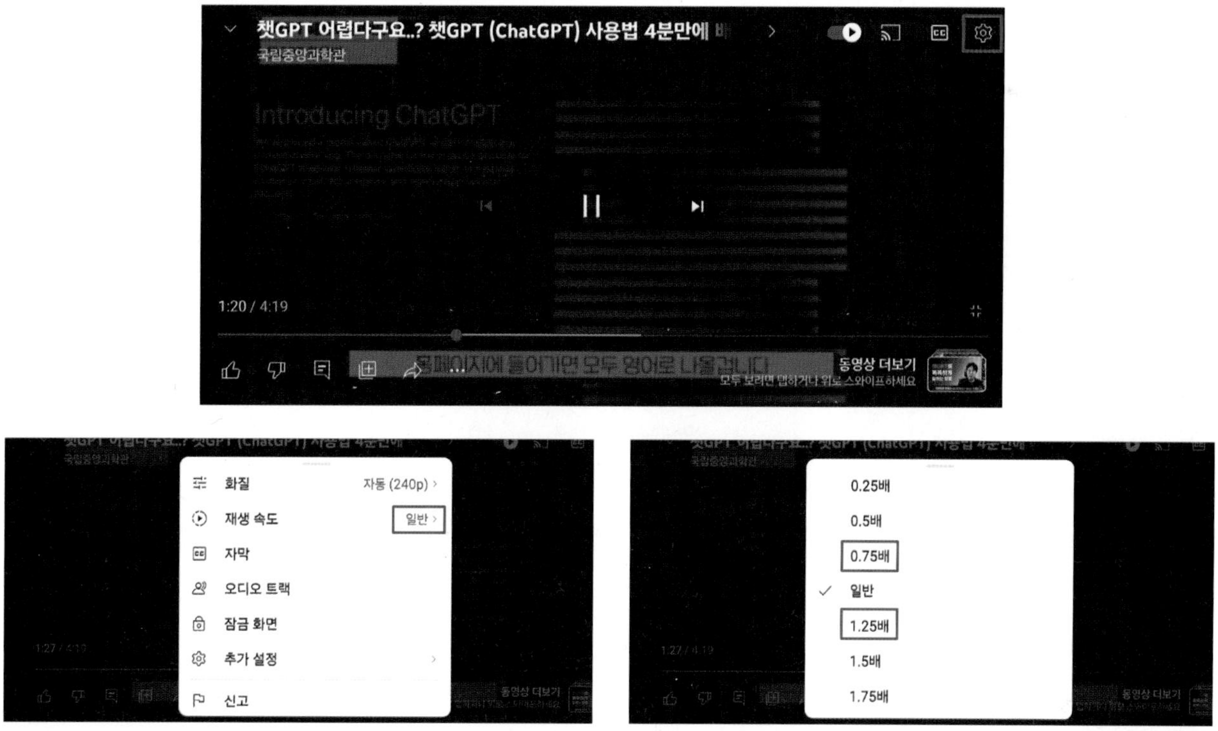

❶ 영상을 살짝 터치하면 영상을 설정할 수 있는 메뉴들이 나타납니다. 우측 상단의 [설정] 아이콘을 터치합니다. ❷ 재생 속도 설정을 위해 [일반]을 터치합니다. ❸ 영상을 [0.75] 배속으로 느리게 혹은 [1.25] 배속으로 빠르게 설정해서 영상을 시청할 수 있습니다.

광고 없이 유튜브 재생하기 - 브레이브 브라우저

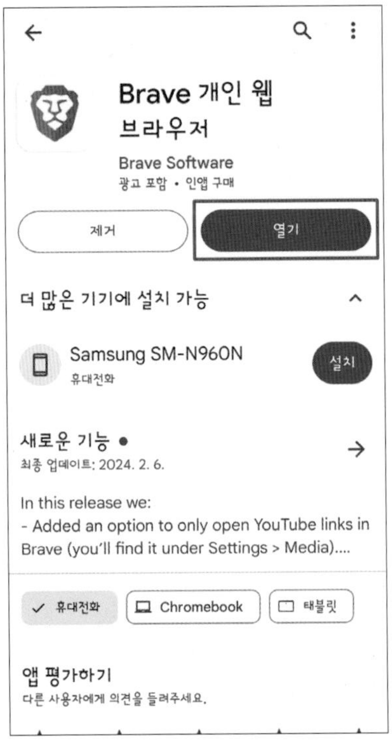

1 [브레이브 브라우저] 앱을 통해 유튜브를 시청하면 광고 없이 영상을 볼 수 있습니다. 구글 플레이 스토어에서 [브레이브 브라우저] 앱을 설치한 후 [열기]를 터치합니다. 2 알림 [허용]을 터치합니다. 3 기본 브라우저로 설정하지 않아도 되니 [나중에]를 터치합니다.

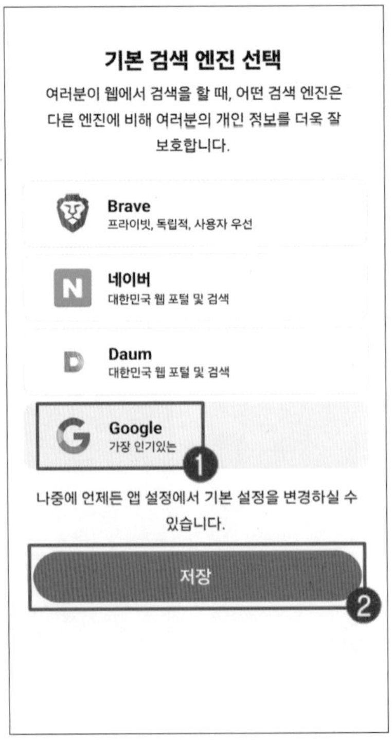

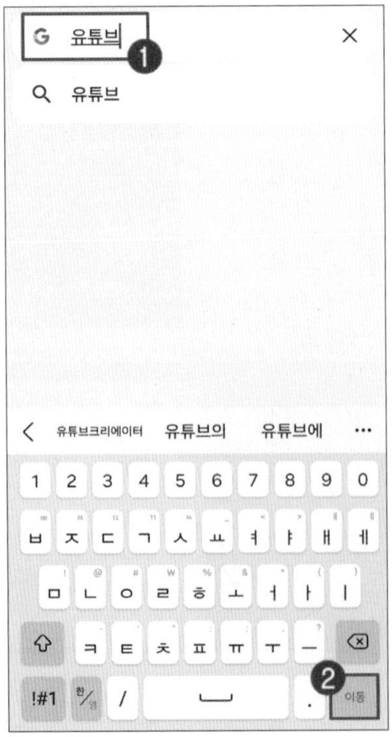

1 유튜브 검색을 위해 상단의 [검색] 창을 터치합니다. 2 ① 기본 검색은 [구글]로 설정합니다. ② [저장]을 터치합니다. 3 ① 검색창에 [유튜브]를 입력하고 ② [이동]을 터치합니다.

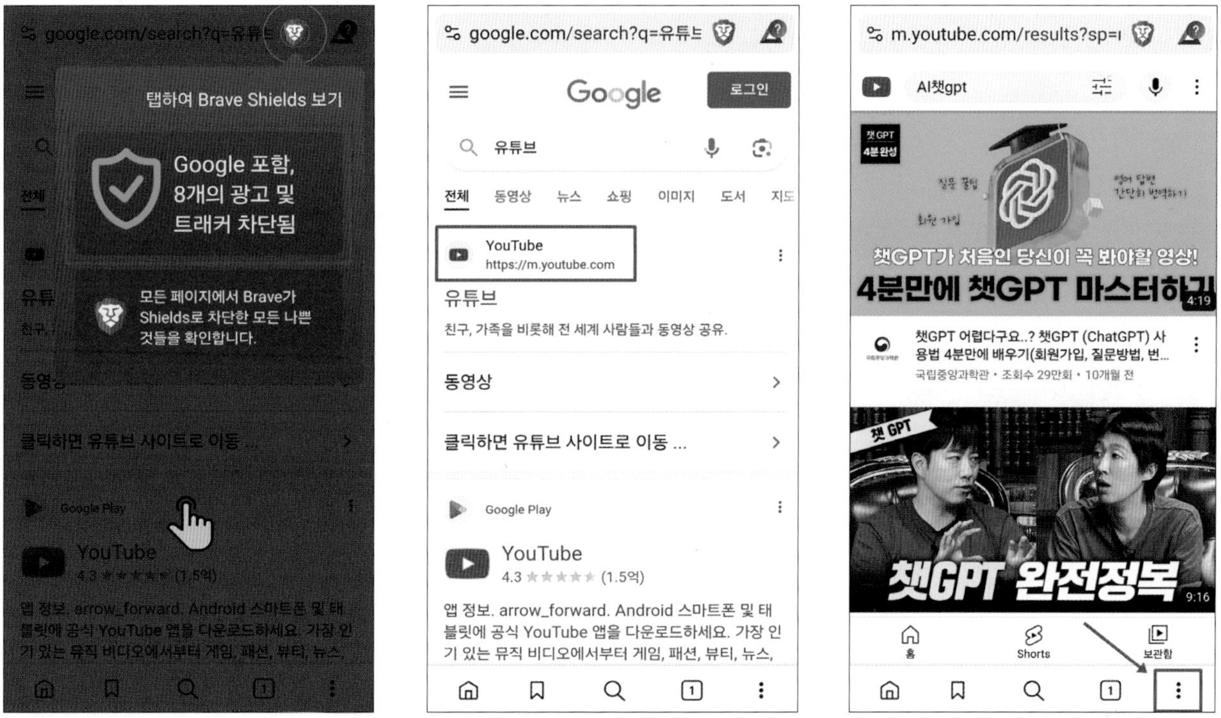

1 구글에서 8개의 광고가 차단된 것을 확인할 수 있습니다. 2 검색된 [유튜브] 링크를 터치합니다. 2 브레이브 브라우저 [유튜브] 에서 유튜브 계정 로그인을 하면 [유튜브 앱]과 연동해서 사용할 수 있습니다. 백그라운드 재생 설정을 위해 우측 하단 [점 3개]를 터치합니다.

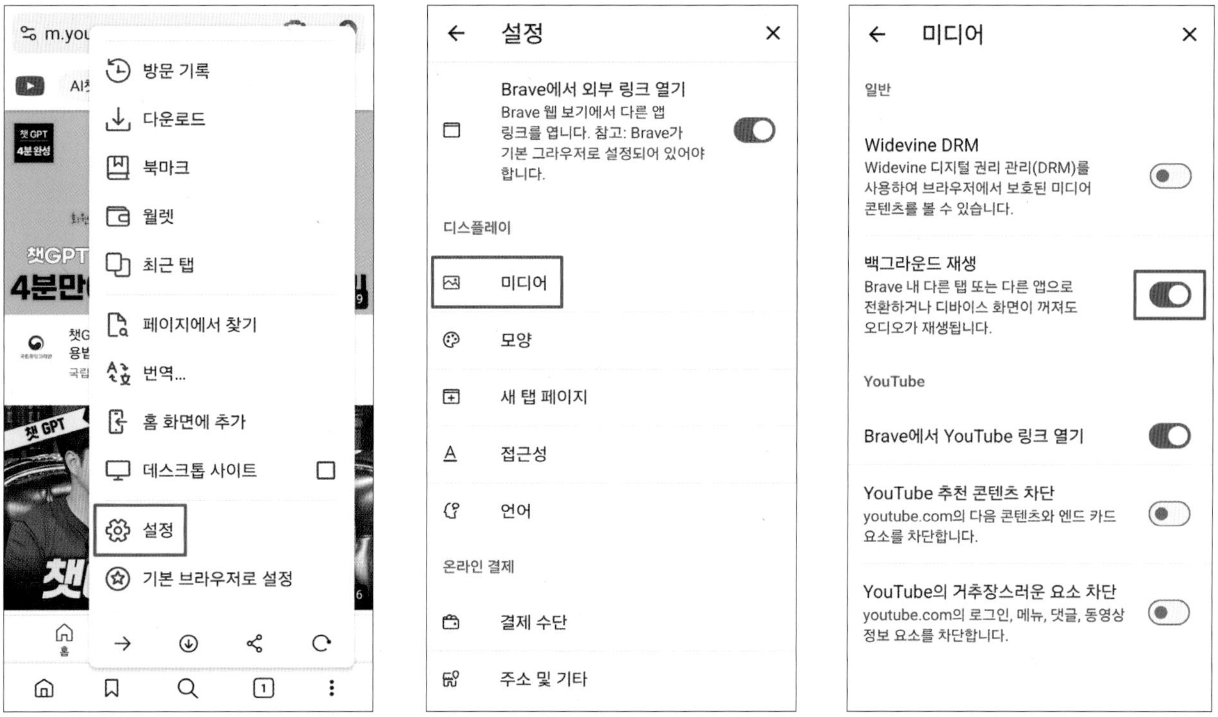

1 [설정]을 터치합니다. 2 [미디어]를 터치합니다. 3 유튜브 앱은 유튜브를 닫으면 영상 재생이 멈춥니다. 그러나 브레이브 브라우저에서 [백그라운드 재생]을 활성화하면 브레이브 브라우저 앱을 닫더라도 유튜브 [음악]이나 [영상]이 계속 재생됩니다.

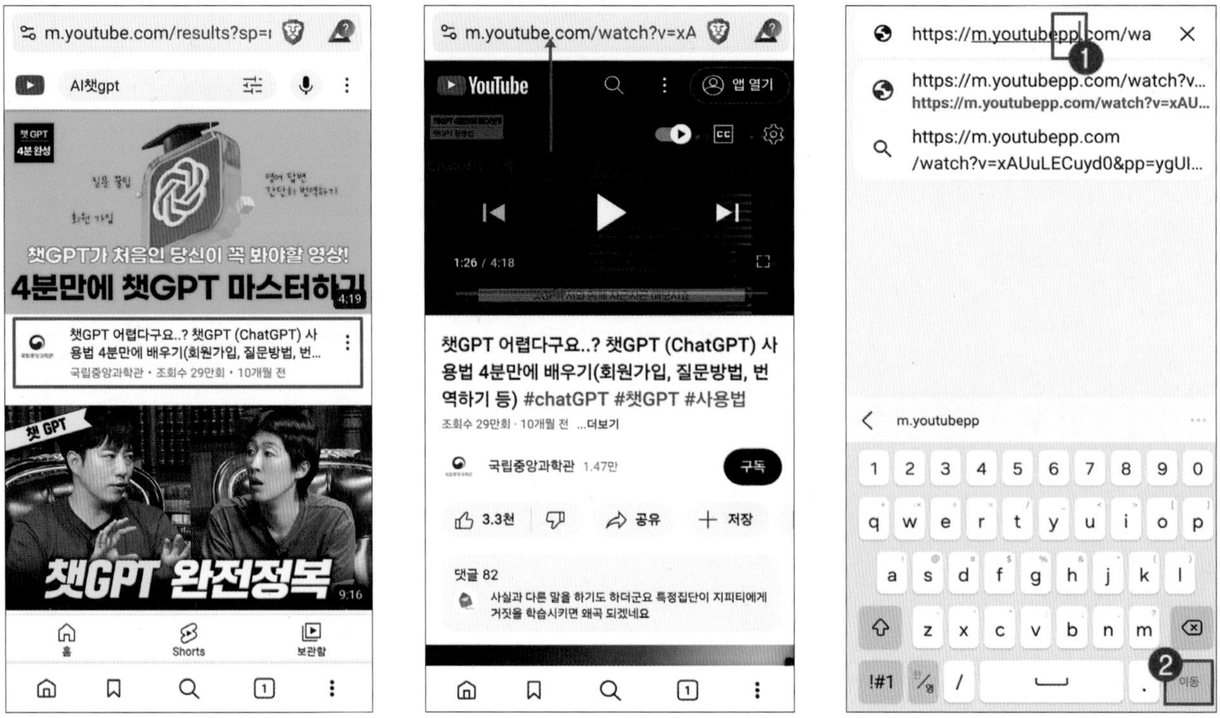

1 [브레이브 브라우저]에서는 영상을 무료로 다운로드 할 수 있습니다. [다운로드] 할 영상이나 제목을 터치합니다. 2 화면 상단의 영상 [도메인 주소]에서 [youtube] 뒷 부분을 터치합니다. [youtube]와 [.] 사이입니다. 3 ① 영문자 [pp]를 입력합니다. ② [이동]을 터치합니다.

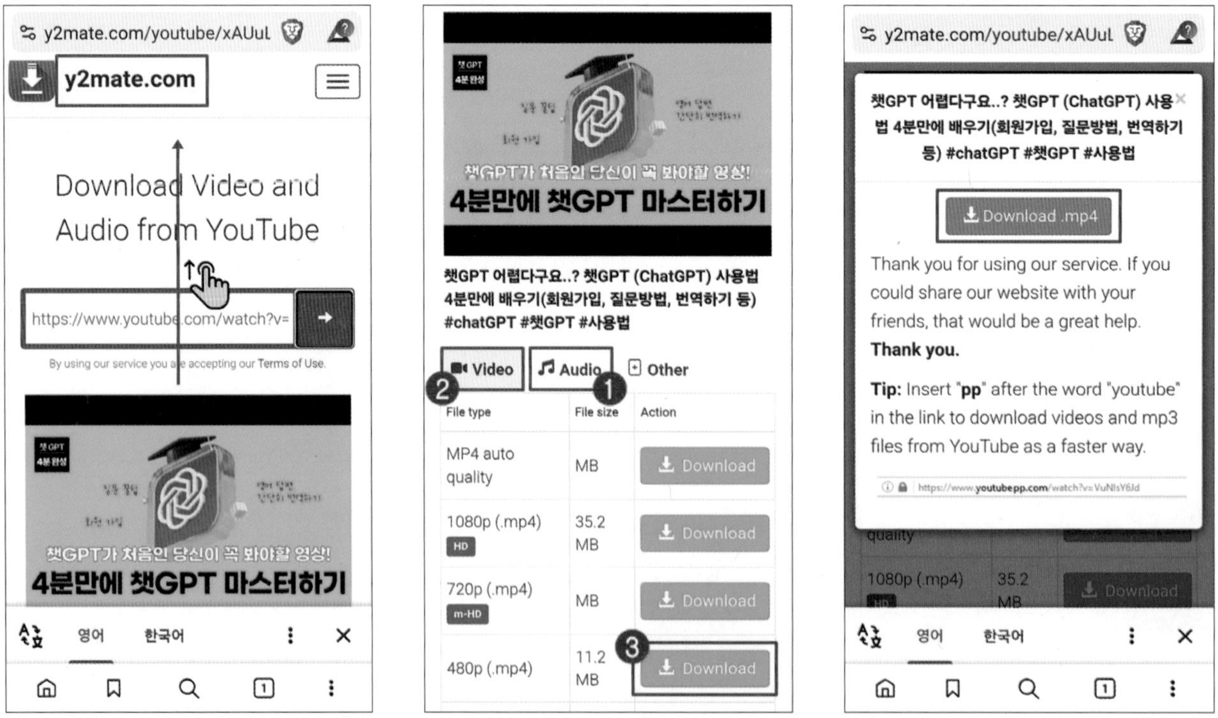

1 무료로 영상을 다운로드 할 수 있는 [y2mate.com] 사이트가 활성화 됩니다. 2 ① [Audio]를 터치하면 음원을 다운로드 할 수 있습니다. ② [Video]에서는 영상을 다운로드 할 수 있습니다. ③용량이 크지 않은 파일을 선택하여 영상 [Download]를 터치합니다. 3 선택한 영상 컨버팅이 완료되면 다시한번 [Download.mp4]를 터치합니다. 다운로드 된 영상은 갤러리에 저장됩니다.

네이버 앱 제대로 활용하기

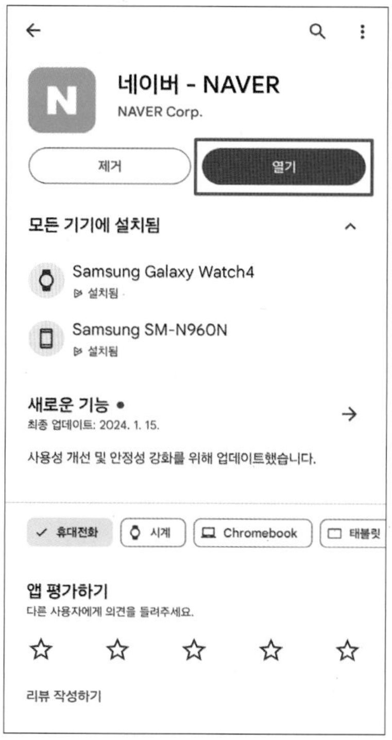

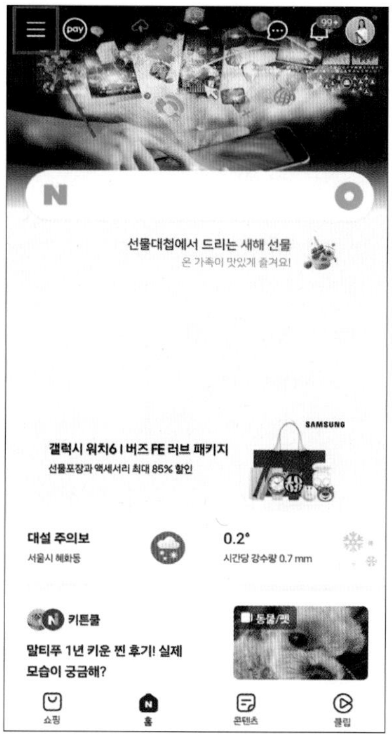

1 구글 플레이 스토어에서 [네이버] 앱을 설치한 후 [열기]를 터치합니다. **2** 왼쪽 상단의 [더보기 ☰]을 터치합니다. **3** 우측 상단의 [설정]을 터치합니다.

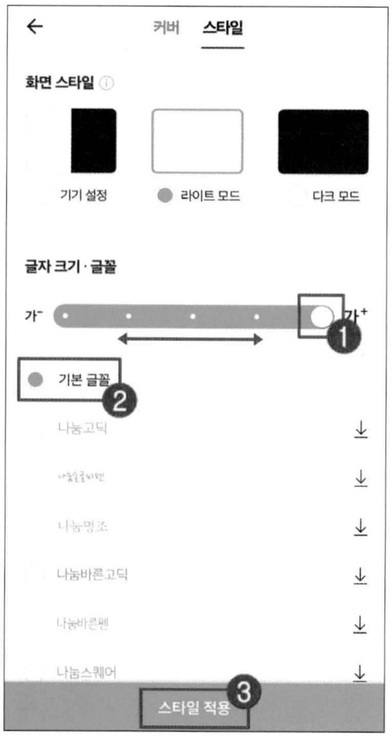

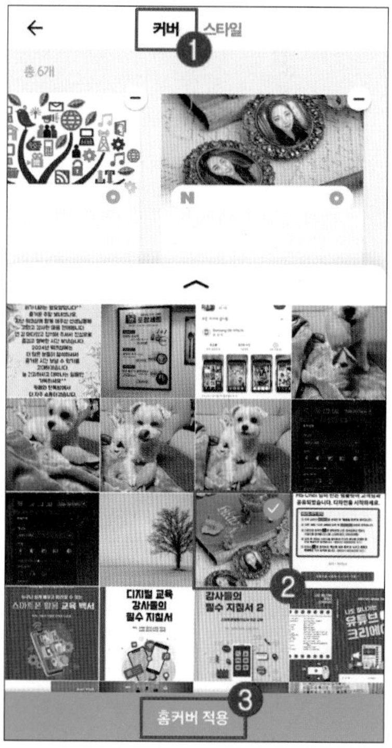

1 ① 네이버 화면의 스타일과 폰트를 설정합니다. ② 네이버 홈커버를 꾸밀 수 있습니다. **2** ① 좌우로 밀며 글자의 크기를 설정합니다. ② 글꼴을 설정합니다. ③ [스타일 적용]을 터치합니다. **3** ① [커버]를 터치합니다. ② 홈커버 이미지를 선택합니다. ③ [홈커버 적용]을 터치하면 완료됩니다.

1 ① 쇼핑 검색을 할 수 있습니다. ② 뉴스 및 다양한 콘텐츠를 확인합니다. ③ 숏폼 영상을 볼 수 있습니다. 2 ① [쇼핑] 탭에서 쇼핑 목록을 확인하고 주문 상태를 확인할 수 있습니다. 3 [클립] 탭에서 영상을 보면서 우측 상단 [검색] 아이콘으로 쇼핑 검색이나 예약 검색을 할 수 있습니다.

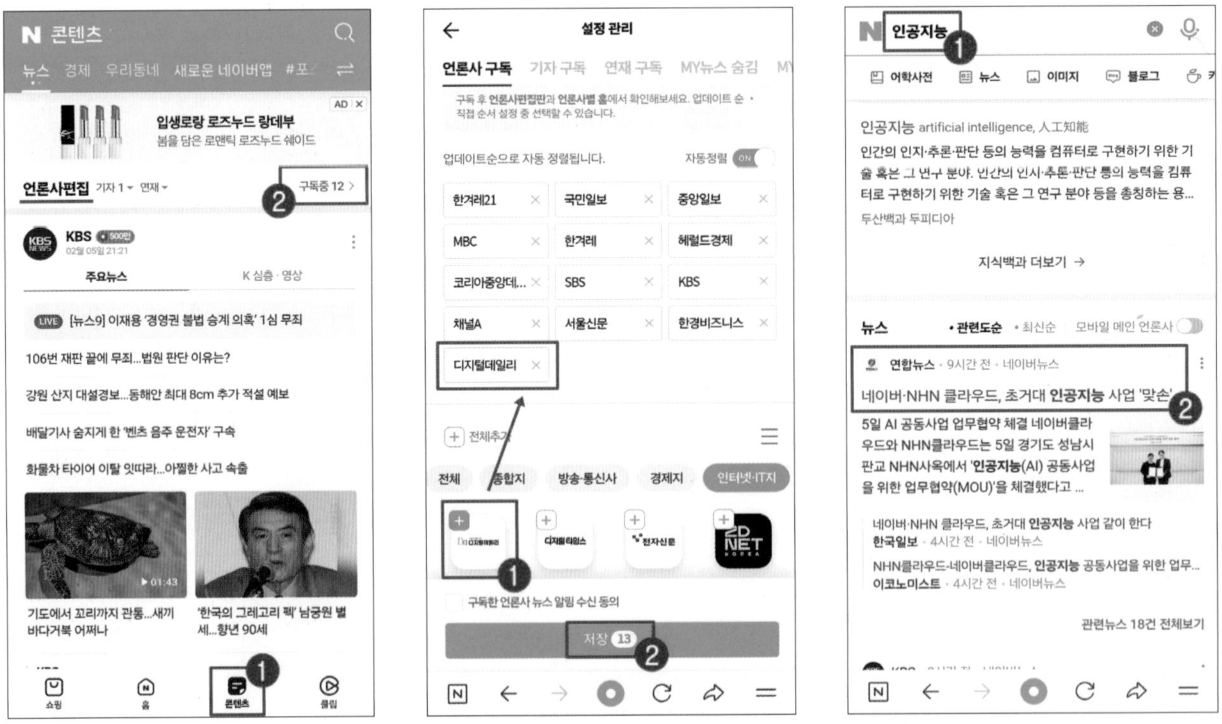

1 ① [콘텐츠]를 터치합니다. ② [구독 설정] 혹은 [구독중]을 터치합니다.

2 ① 하단의 구독할 매체를 터치하면 언론사 구독이 추가됩니다. ② [저장]을 터치합니다.

3 ① 네이버 검색창에 [인공지능]을 입력하고 검색 아이콘을 터치합니다. ② 하단의 검색된 기사를 터치합니다.

■1 ① [요약봇]을 터치하면 기사를 간략하게 요약해 줍니다. ② [본문듣기]를 터치하면 기사를 음성으로 들을 수 있습니다. ③ 글자 크기를 조절할 수 있습니다. ④ [더보기]를 터치합니다. ■2 ① keep에 저장 ② 홈에 바로가기 추가 ③ 번역기를 실행할 수 있습니다. ■3 ① 초록색 [그린닷]을 터치합니다. ② 이미지 검색을 위해 [렌즈]를 터치합니다.

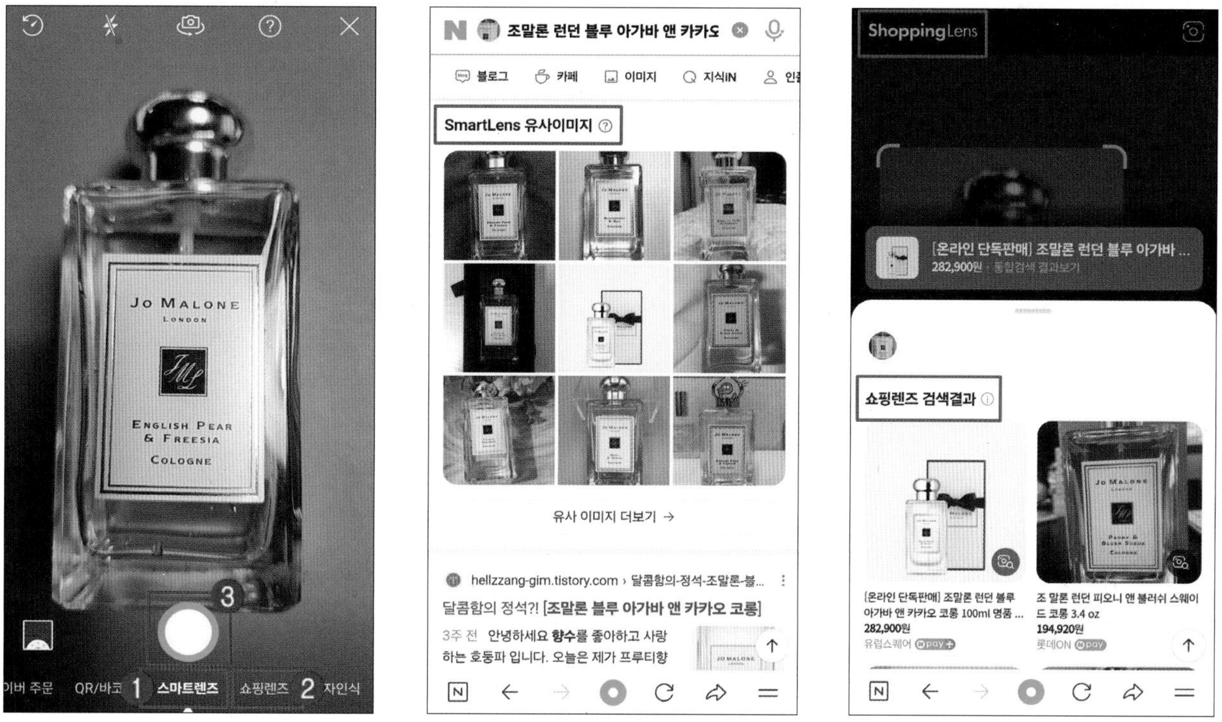

■1 ① [스마트렌즈]를 선택하거나 ② [쇼핑렌즈]를 선택하고 ③ [셔터] 버튼을 터치해서 촬영을 합니다. ■2 [스마트렌즈]는 쇼핑 이외에도 네이버 카페나 블로그 등의 정보를 검색합니다.
■3 [쇼핑렌즈]는 쇼핑에 최적화된 검색 결과를 확인할 수 있습니다.

네이버 MYBOX 앱 제대로 활용하기

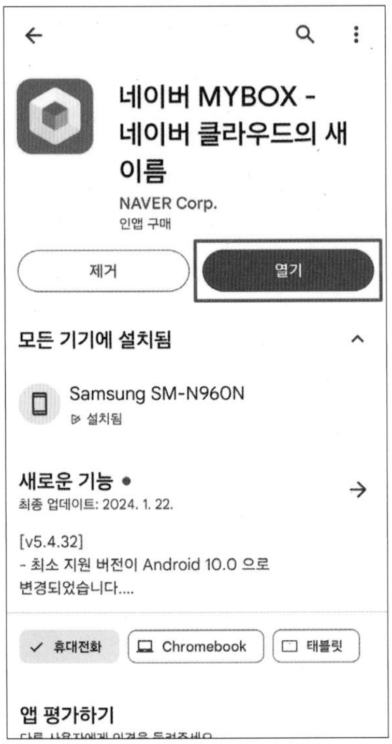

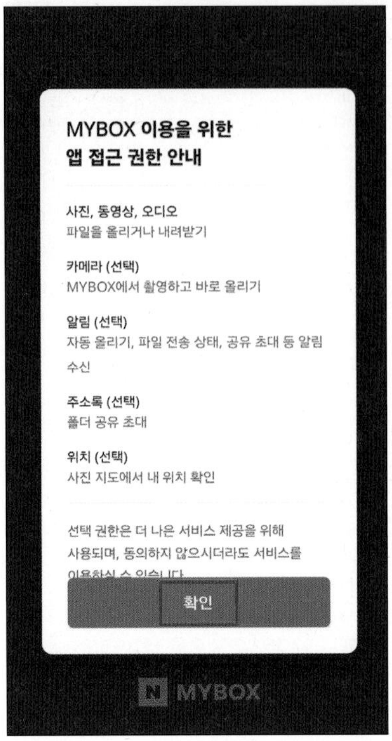

❶ 구글 플레이 스토어에서 [네이버 MYBOX] 앱을 설치한 후 [열기]를 터치합니다.
❷ [확인]을 터치합니다. ❸ ① 갤러리에 있는 사진을 자동으로 마이박스에 올리는 [자동 올리기] 사용 여부를 선택합니다. ② [확인]을 터치합니다.

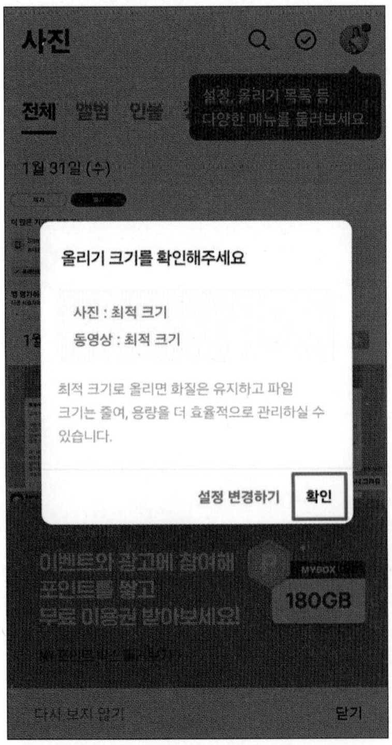

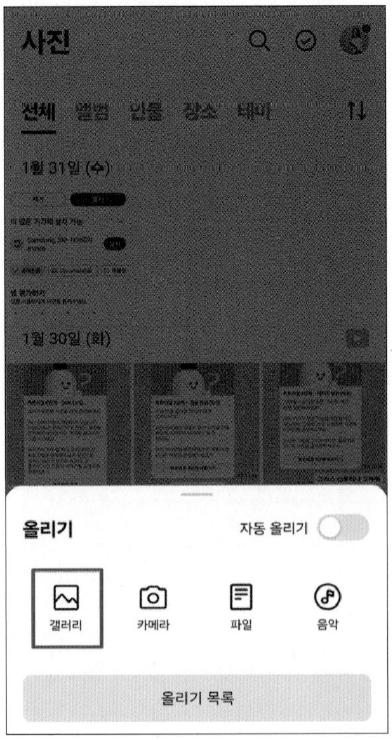

❶ [확인]을 터치합니다. ❷ 마이박스에 업로드 하기 위해 우측 하단의 [+]를 터치합니다.
❸ 촬영해 놓은 갤러리 사진 업로드를 위해 [갤러리]를 터치합니다.

1 ① 업로드 할 이미지를 지그시 누르는 [롱탭]으로 이미지를 선택합니다. [올리기]를 터치합니다.
2 전송이 완료되었습니다. 좌측 상단의 [x]를 터치합니다.
3 [사진] 탭을 터치해서 업로드 된 이미지를 확인합니다.

1 ① 마이박스에 업로드된 이미지를 삭제해 보겠습니다. ① 삭제할 이미지를 지그시 누르는 [롱탭]으로 이미지를 선택합니다. ② 우측 하단의 [삭제]를 터치합니다. 2 [삭제]을 터치합니다.
3 선택한 이미지가 삭제되었습니다. 삭제된 이미지는 [휴지통]에서 확인할 수 있습니다.

멋진 카드뉴스 만들기(글그램)

[글그램] 앱(App)의 활용

[특징]

- 글그램은 사진에 글쓰기 어플로서 감성글, 사랑글, 안부인사, 응원글, 썸네일등 다양한 사진글귀를 만드는 최적화된 어플입니다.
- 글그램 앱(App)은 자신의 마음을 담은 카드뉴스를 만들 수 있습니다.
- 카드뉴스는 모바일의 가독성을 높이기 위해 이미지 위에 텍스트를 첨부하는 뉴스포맷입니다.

[장점]

- 글쓰기에 어울리는 83가지 카테고리의 배경을 제공합니다.
- 글쓰기에 어울리는 다양한 무료 한글 글꼴을 제공합니다.
- 카드뉴스에 다양한 스타일의 날짜 입력기능을 제공합니다.

[사용자별 앱 활용]

- **비즈니스맨 :** 회사 소개, 행사 및 제품 관련 정보를 가독성이 높은 카드뉴스로 만들어 홍보할 수 있습니다.
- **일반인 :** 감성글, 사랑글, 안부 인사 등 다양한 사진 테마를 활용하여 카드뉴스를 만들어 주변인들과 감성 소통을 할 수 있습니다.
- **가족 및 친지 :** 감성과 사랑을 담아 마음을 전하거나, 마주 보며 하기 어려운 대화나 감정의 표현을 카드뉴스에 담아 표현 할 수 있어 상호 간의 소통이 원활해지고 친밀감이 돈독해집니다.

CHECK 리스트

❶ ①Play 스토어에서 ①[글그램]을 검색합니다. 설치 후 ②[열기]를 터치합니다.
❷ [허용]을 터치합니다. ❸ ① 저작권 없는 무료 이미지를 활용하여 글쓰기를 할 수 있습니다. ② 단색 이미지에 강조하는 글쓰기를 할 수 있습니다. ③ 사용자가 직접 촬영한 사진에 글쓰기를 할 수 있습니다. ④ 사용자가 만든 작품을 모두 관리할 수 있습니다.

글그램 홈 화면에서 [아름다운 배경 사진에 글쓰기]를 터치하여 진행하겠습니다.
❶ ① 글그램에서 추천하는 이미지를 찾아 활용할 수 있습니다. ② 사용자가 전에 사용한 이미지를 모아 볼 수 있습니다. ③ 테마별 다양한 이미지를 찾아볼 수 있습니다. ❷ 사용자가 원하는 배경 이미지를 선택합니다. ❸ 배경 이미지의 사이즈를 선택할 수 있습니다. 사용자가 원하는 사이즈로 편집할 수 있는 [사용자 지정]을 선택합니다.

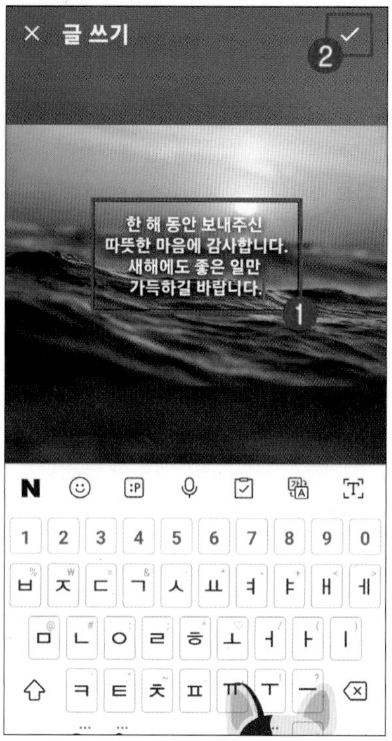

1 ① 배경 이미지를 자유롭게 자르거나, 회전, 확대할 수 있습니다. ② [V]를 터치합니다.
2 [터치하여 글자를 입력하세요]를 터치합니다. **3** ① 글을 입력합니다. ② [V]를 터치합니다.

1 하단 메뉴에서 [스타일]을 터치합니다. **2** ① 글 배경에 [Blur] 효과 적용 여부와 색상을 선택 후 ② [전체보기]를 터치하여 다양한 스타일을 선택할 수 있습니다. ③ 다음 메뉴를 보기 위해 [X]를 터치합니다. **3** 메뉴에서 [글꼴]을 터치합니다.

1 ① 글씨의 크기를 조절할 수 있습니다. ② [전체보기]를 터치하여 다양한 글꼴을 다운로드 받아 사용할 수 있습니다. ③ 다음 메뉴로 진행하기 위해 [X]를 터치합니다.

2 메뉴에서 [글자 색]을 터치합니다. **3** ① 글의 정렬을 선택할 수 있습니다. ② [전체보기]를 터치하여 원하는 글씨 색을 선택할 수 있습니다. ③ 다음 메뉴를 보기 위해 [X]를 터치합니다.

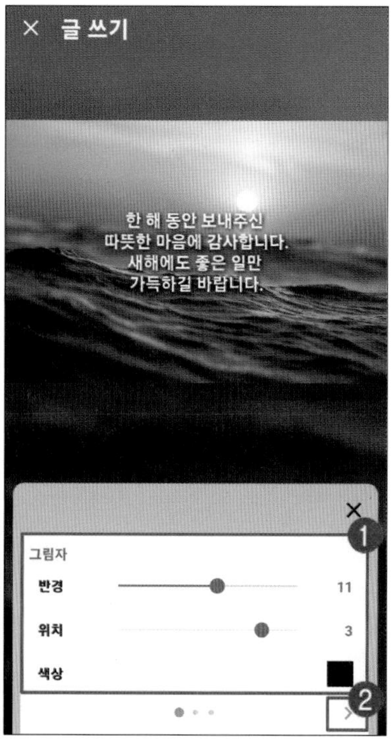

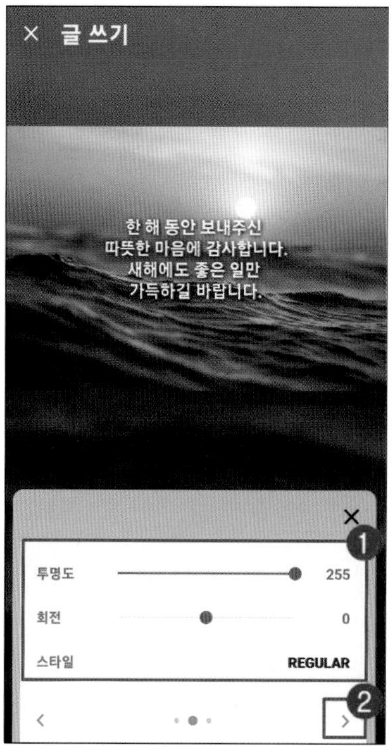

1 메뉴에서 [글 효과]를 터치합니다. **2** ① 글의 그림자 효과를 적용할 수 있습니다. ② 다음 효과를 적용하기 위해 [>]를 터치합니다. **3** ① 글의 투명도 및 회전 효과를 적용할 수 있습니다. ② 다음 효과를 적용하기 위해 [>]를 터치합니다.

1 ① 글의 줄 간격 및 글자 간격을 조절할 수 있습니다. ② 다음 메뉴를 보기 위해 [X]를 터치합니다. 2 메뉴에서 [서명]을 터치합니다. 3 ① 서명의 사용 여부를 선택할 수 있습니다. ② [수정]을 터치하여 서명 글을 수정할 수 있습니다. ③ 현재 사용할 서명 글을 입력합니다. ④ 서명 글의 크기, 투명도, 그림자반경 및 위치를 설정할 수 있으며 ⑤ 서명 글의 글꼴, 스타일, 색상, 정렬 등을 설정할 수 있습니다. ⑥ [←]를 터치하여 다음으로 진행합니다.

1 메뉴에서 [날짜]를 터치합니다. 2 ① 날짜의 사용 여부를 선택할 수 있습니다. ② [스타일]을 터치하여 날짜의 스타일을 선택할 수 있습니다. ③ 사용자가 선택한 날짜가 보입니다. ④ 날짜의 크기, 투명도, 그림자반경 및 위치를 설정할 수 있으며 ⑤ 날짜의 설정, 시간설정, 글꼴, 스타일, 색상 등을 설정할 수 있습니다. ⑥ [←]를 터치하여 다음으로 진행합니다. 3 메뉴에서 [글추가]를 터치합니다.

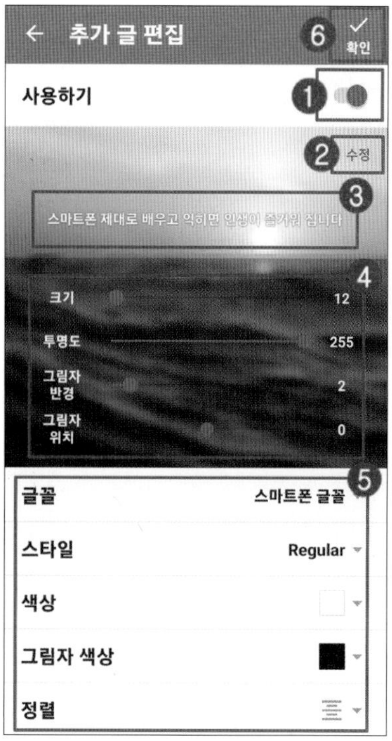

❶ [추가] 버튼을 터치합니다. ❷ ① 추가 글의 사용 여부를 선택할 수 있습니다. ② [수정]을 터치하여 추가 글을 수정할 수 있습니다. ③ 현재 사용할 추가 글을 입력합니다. ④ 추가 글의 크기, 투명도, 그림자반경 및 위치를 설정할 수 있으며 ⑤ 추가 글의 글꼴, 스타일, 색상, 그림자 색상, 정렬 등을 설정할 수 있습니다. ⑥ [확인]를 터치한 후 ❸ [저장]을 터치하여 글 편집을 마무리합니다.

앞서 저장은 글그램 앱에 저장되었습니다. ❶ ① 사용자 기기에 저장하고자 한다면 다시 한번 [저장]을 터치합니다. ② [공유]를 터치하여 다른 사이트로 공유할 수 있습니다. ❷ [내가 만든 글그램]에서 내 작품을 관리할 수 있습니다. ❸ ① 내가 만든 글그램에서도 ① 삭제 ② 편집 ③ 공유 ④ 저장할 수 있습니다.

글씨팡팡 - GIF를 이용한 카드뉴스 만들기 앱 활용하기

글씨팡팡 - 앱(App)은 자신의 마음을 담을 수 있는 다양한 카드뉴스를 만들 수 있습니다.

[**글씨팡팡**] 앱(App)의 장점

- **글쓰기에 적용 할 수 있는 재미있고 다양한 효과를 제공합니다.**
- **동영상에 글을 쓸 수 있는 기능을 제공합니다.**
- **다양한 폰트를 추가할 수가 있습니다.**

[**글씨팡팡**] 앱(App) 활용

- **비즈니스맨** : 회사소개, 행사 및 제품 관련 정보를 가독성이 높은 카드뉴스로 만들어 홍보 할 수 있습니다.
- **일반인** : 감성 글, 사랑 글, 안부 인사 등 다양한 사진 테마를 활용하여 GIF를 이용한 카드뉴스를 만들어 주변인들과 감성 소통을 할 수 있습니다.
- **감성과 사랑을 담아 마음을 전하거나, 마주 보며 하기 어려운 대화나 감정의 표현을 카드뉴스에 담아 표현할 수 있어 상호 간의 소통이 원활해지고 친밀감이 돈독해집니다.**

CHECK 리스트

❶ Play 스토어에서 ① [글씨팡팡]을 검색합니다. 설치 후 ② [열기]를 터치합니다. ❷ ① 단색 이미지로 움직이는 글 카드를 만들 수 있습니다. ② 동영상에 움직이는 글을 넣을 수 있습니다. ③ 도움말을 참고할 수 있습니다. ④ 사용자 갤러리에 저장된 이미지 및 저작권 없는 이미지를 활용할 수 있습니다. [사진에 글쓰기]를 터치하여 진행합니다. ❸ [허용]을 터치합니다.

❶ [새 작업]을 터치하여 진행합니다. ❷ 글씨팡팡에서 지원하는 [배경사진 다운받기]를 터치합니다. ❸ ① 이미지를 키워드로 직접 검색할 수 있습니다. (검색은 영어만 가능합니다.) ② 하단 이미지 폴더에서 꽃을 선택하여 폴더 안 다양한 꽃 중에 하나의 이미지를 선택합니다.

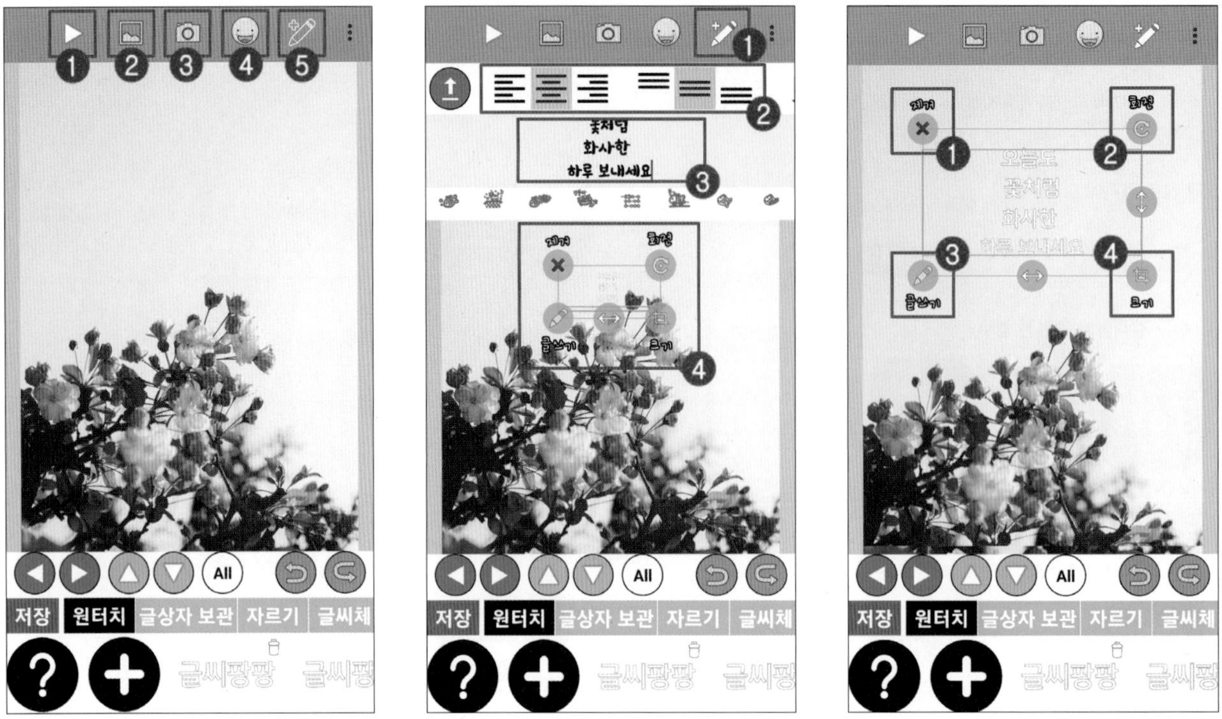

1 ① 애니 효과 확인 여부 ② 이미지를 교체 가능 ③ 직접 촬영한 이미지 사용 ④ 무료 이모티콘 사용 ⑤ 글 입력 아이콘 **2** ① 글 입력 아이콘 터치 후 ② 글의 정렬을 선택합니다. ③ 글 내용을 입력합니다. ④ 글 입력과 동시에 [글 상자]가 만들어집니다. **3** 글 상자를 ① 삭제 ② 회전 ③ 글씨 편집 ④ 글 상자의 크기를 조절할 수 있습니다.

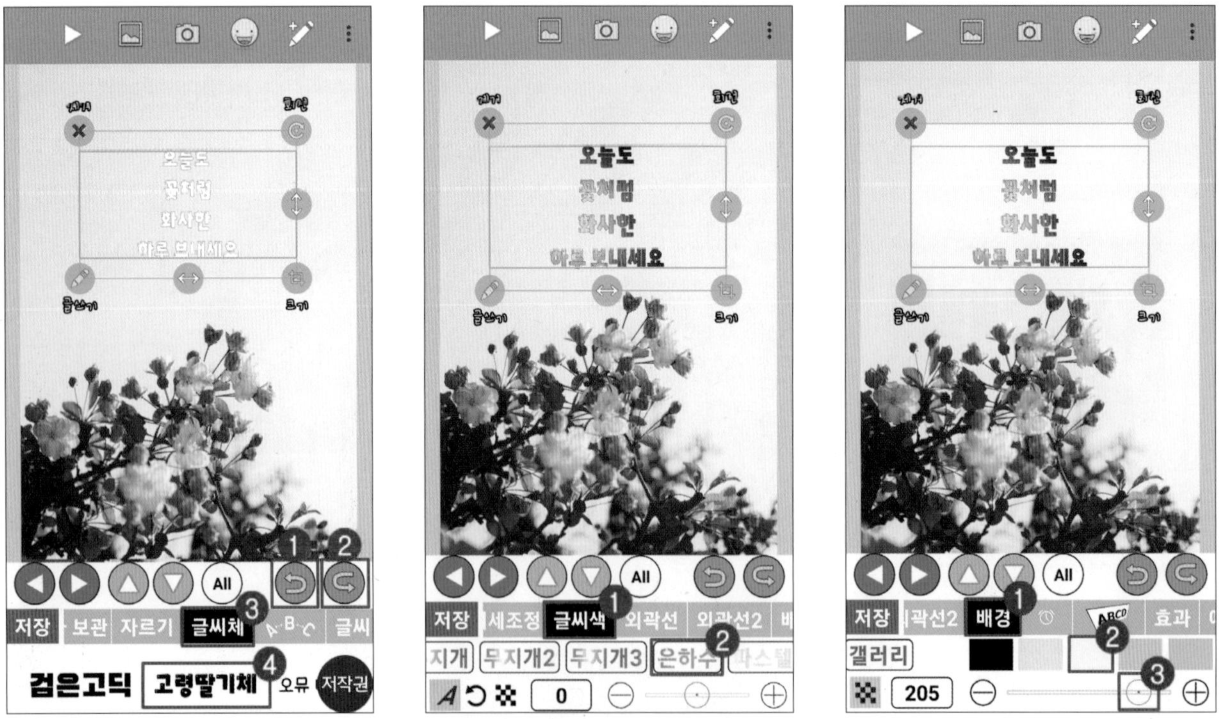

1 ① 편집 시 전 단계로 이동합니다. ② 편집 단계를 되돌리게 합니다. 글씨체 변경을 위해 하단 메뉴바를 좌우로 드래그하여 ③ [글씨체]를 터치합니다. ④ 원하는 글씨체를 선택 후 저작권을 터치하여 사용 범위를 확인할 수 있습니다. **2** 글씨 색 변경을 위해 [글씨색]을 터치 후 ② 원하는 색상을 선택합니다. **3** 배경은 글 상자 배경을 의미합니다. ① 배경을 터치 후 ② 하위 메뉴에서 색상을 선택하고 ③ 배경색의 농도를 조절할 수 있습니다.

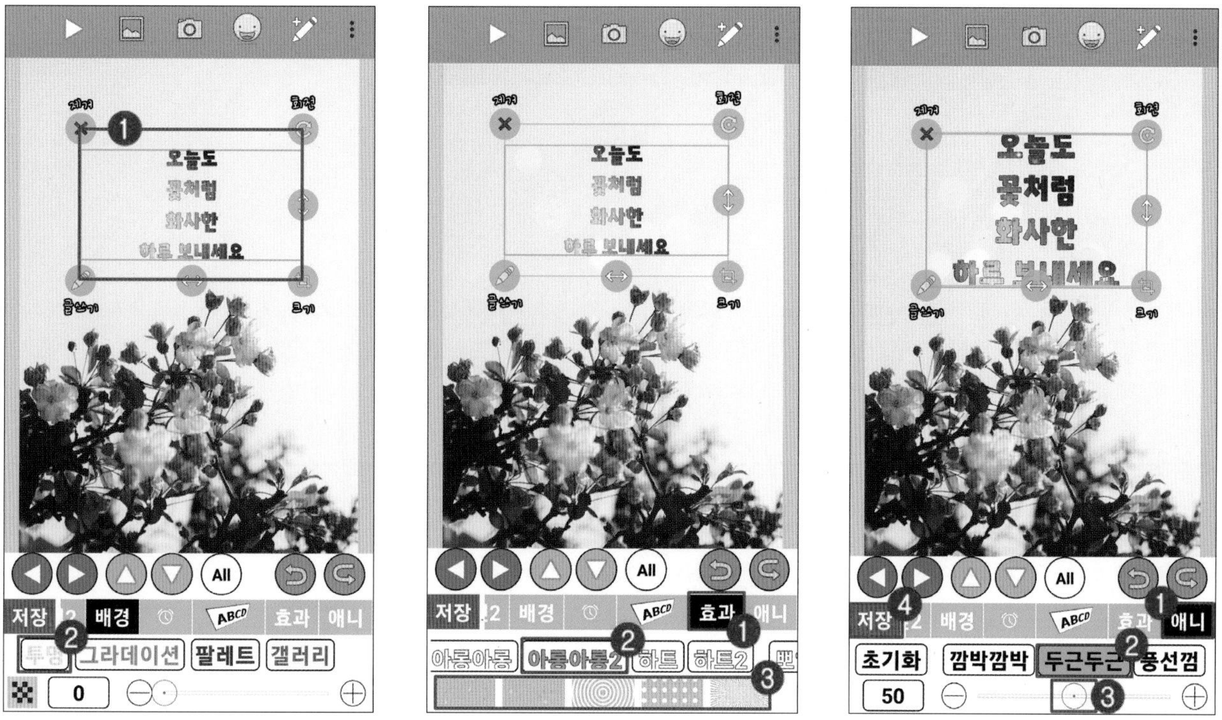

■1 ① 글 상자 배경색을 제거하고 싶다면 ② [투명]을 터치합니다. ■2 글 상자에 효과를 넣어보기 위해 ① [효과]를 터치하고 ② 하위 메뉴를 좌우로 드래그하여 원하는 글씨 효과를 선택합니다. ③ 글 상자의 배경 효과를 선택할 수 있습니다. ■3 글씨에 애니메이션 효과를 주기 위해 ① [애니]를 터치한 후 ② 애니메이션 효과를 선택합니다. ③ 효과의 빠르기를 조절할 수 있습니다. ④ 완성된 작품을 [저장] 합니다.

앞서 저장은 글씨팡팡에 저장된 것으로 내 기기로 저장하고 싶다면 ① [사진 사이즈]를 선택 후 ② 한 번 더 [저장]을 터치하여 완료합니다. ③ 하단 메뉴를 좌측으로 드래그하여 다른 사이트로 공유할 수 있습니다.

스마트폰에서 음악 및 동영상 다운받기

▶ 스텔라 브라우저

ONE store

[스텔라 브라우저앱 소개]

- 스텔라브우저는 [**원스토어**]에서 다운받을 수 있습니다.
- 스텔라브라우저는 다른추가설치 없이 한곳에서 [**유트브, 페이스북, 네이버, 데일리모션, 인스타그램, 텀블러, V라이브, 비메오**]에서 무료음악과 동영상을 다운받을 수 있습니다.
- 초고속 다운로드로 소중한 시간과 데이터 요금을 절약해드립니다.
- 스텔라브라우저는 어떠한 악성코드와 바이러스로부터 안전하며, 민감한 사용자 권한 과 정보를 요구하지 않습니다.

[스마트폰에 원스토어 앱이 보이지 않을 때 다운로드 방법]

- 스마트폰 [**설정**] → [**어플리케이션**] → [**원스토어**] → [**사용안함**]을 → [**설치됨**]으로 변경하세요.
- 네이버 검색창에 [**스텔라브라우저**] 검색후 설치 가능합니다.
- 구글에서 [**스텔라브라우저**] 검색 → [up to down]클릭 → [**최신버전**]클릭 → [**다운로드**] 하시면 설치가능 합니다.
- 위에 QR코드 스캔하시면 바로 [**스텔라브라우저**] 쉽게 다운로드 할 수 있습니다.

CHECK 리스트

1 홈화면 또는 앱스화면에서 [**원스토어**]를 터치합니다.

2 [**원스토어**] 아래 하단에 [**돋보기**]를 터치하여 [**스텔라브라우저**]를 입력합니다.

3 노란색 별표모양 의 스텔라브라우저 [**다운로드**]를 합니다.

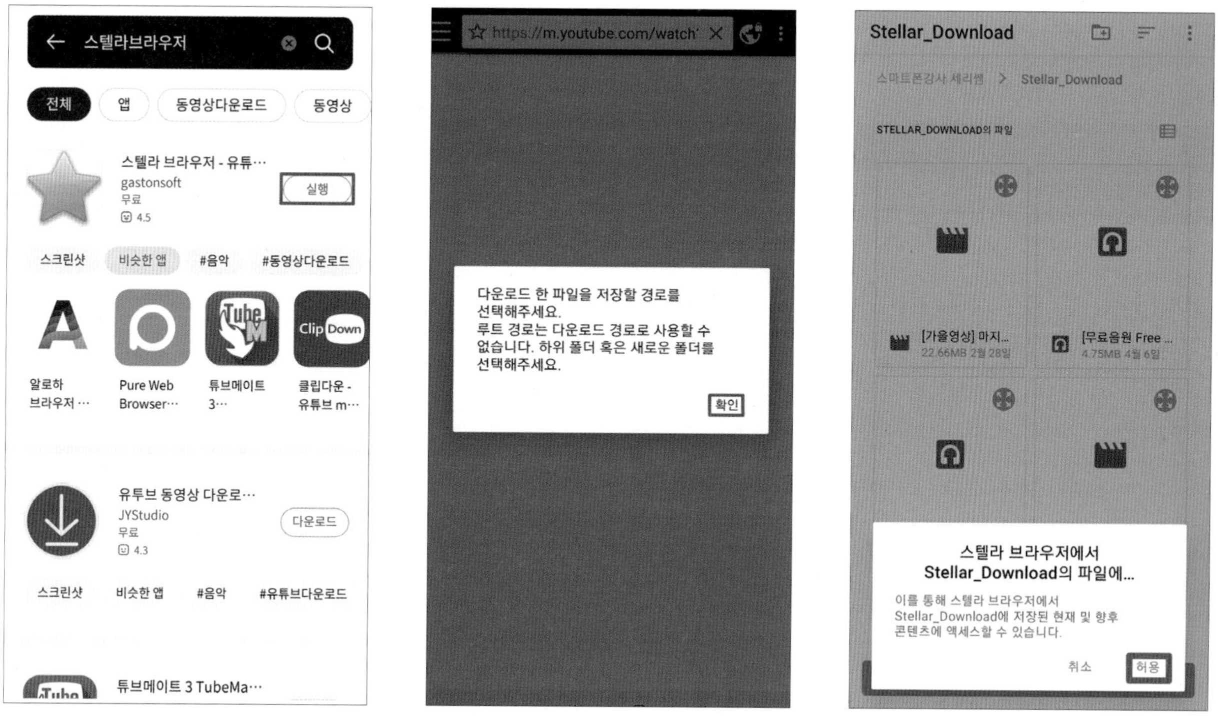

1 다운로드된 스텔라브라우저 [**실행**]을 터치합니다. 2 다운로드 한 파일을 저장할 폴더를 선택할 수 있는 [**확인**] 터치합니다. 원하는 폴더 선택후 [**이 폴더 사용**]터치합니다.

3 스텔라 다운로드 파일에 저장후 엑세스 하도록 [**허용**]을 터치합니다

※ **스마트폰 기종에 따라 화면이 다르게 보일 수 있습니다.**

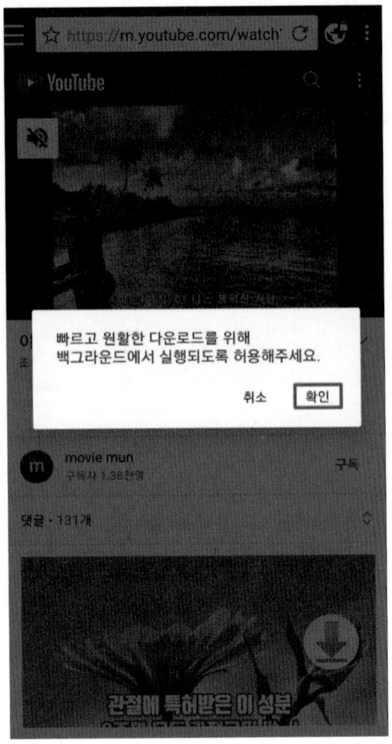

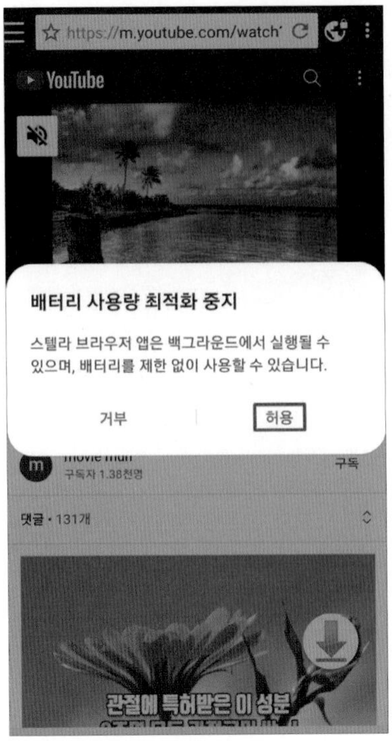

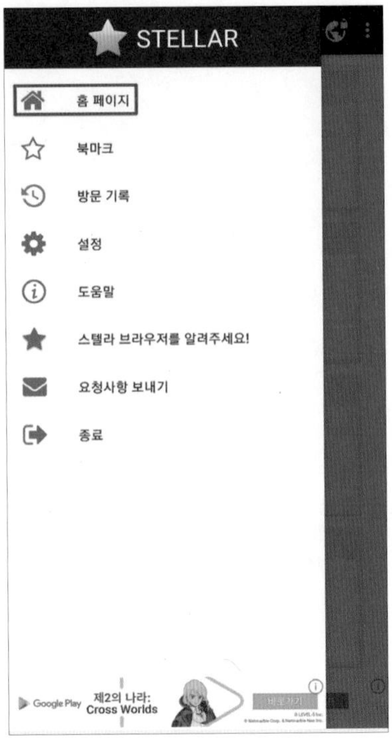

1. 빠르고 원활한 다운로드를 위해 [**확인**]을 터치합니다.
2. 배터리 사용량 최적화 중지를 위해 [**허용**]을 터치합니다.
3. 스텔라브라우저 화면입니다. [**홈페이지**]를 터치합니다.

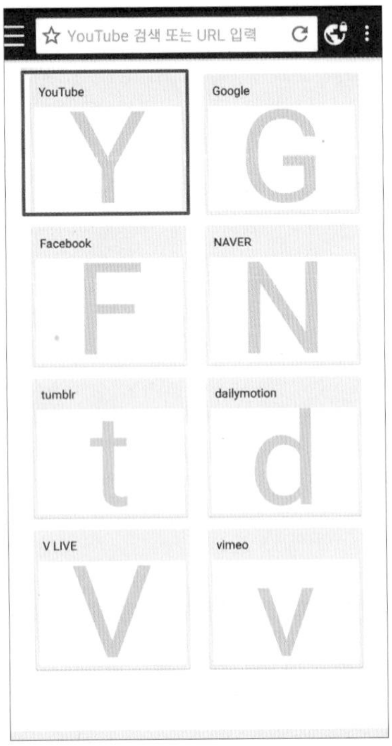

1. 스텔라브라우저 화면에서 [**유트브 아이콘**]을 터치합니다.
2. 검색창에 [**가수 또는 노래제목**]을 입력합니다. ②[**보라빛 엽서**]를 터치합니다.
3. 검색된 노래를 다운로드 하기위해 아래 하단에 [**다운로드 아이콘**]을 터치합니다.

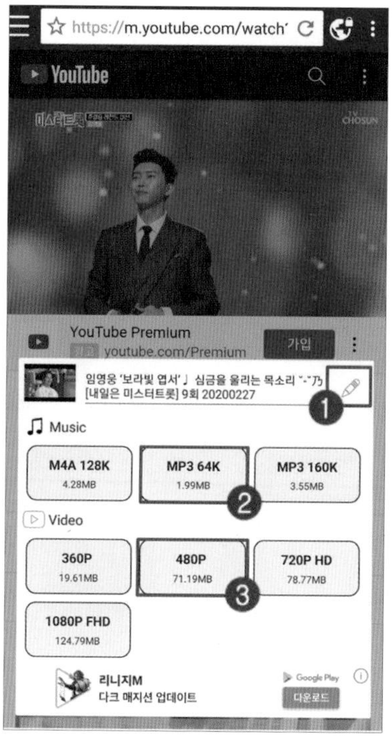

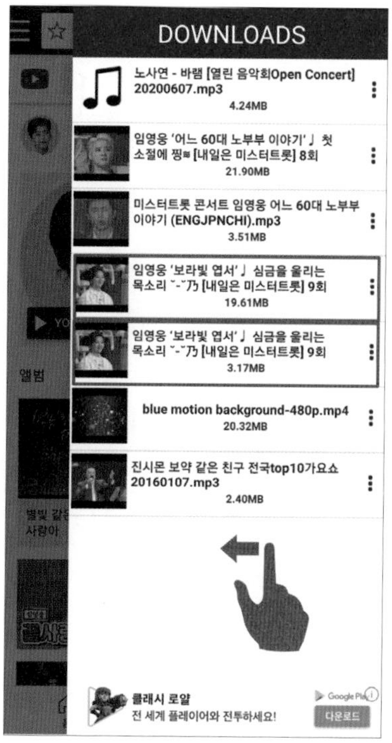

1 ①[**연필모양**]터치후 제목을 변경할 수 있습니다. ② 음원만 다운받으려면 뮤직에서 [**MP3**]를 터치합니다. ③동영상을 다운받으려면 비디오 에서 [**480P**]를 터치합니다. **2** 다운로드된 음원 과 동영상은 스텔라브라우저 화면에서 [**좌측으로**] 드래그 하면 다운로드 된 리스트가 보입니다.

1 스텔라브라우저는 추가앱 설치 없이 편리하게 [**유트브**]에 바로 들어가서 다운로드 받는방법이 있습니다. 유트브 검색창에 [**좋아하는노래 제목 또는 가수**]를 입력합니다. **2** 다운로드 원하는 화면에서 [**공유**]를 터치합니다. **3** 다운로드 받고싶은 파일을 선택 [**스텔라브라우저**]을 터치합니다.

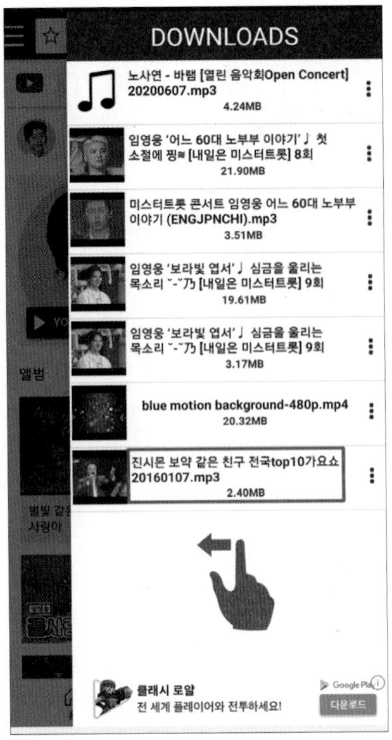

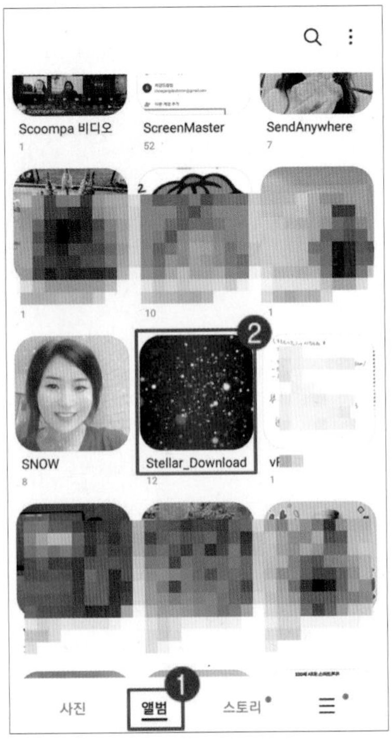

1 ①[연필모양]터치후 제목을 변경할 수 있습니다. ②음원만 다운받으려면 뮤직에서 [MP3]를 터치합니다. ③동영상을 다운받으려면 비디오 에서 [480P]를 터치합니다. 2 다운로드된 음원 과 동영상은 스텔라브라우저 화면에서 [좌측으로] 드래그 하면 다운로드된 리스트가 보입니다. 3 다운로드된 동영상은 ①갤러리 [앨범]을 터치합니다. ②[스텔라 다운로드]폴더에 저장됩니다.

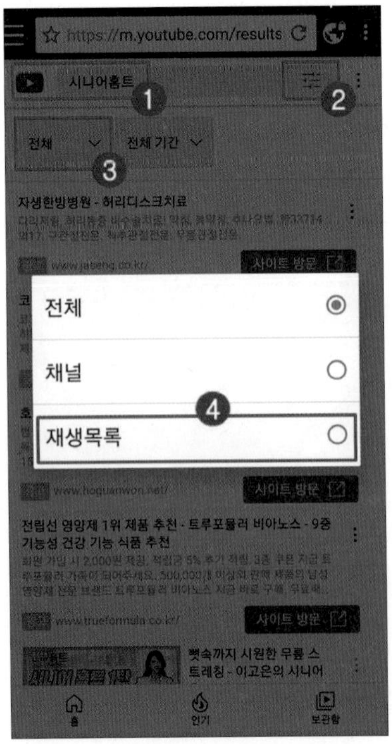

1 음악 또는 동영상을 한꺼번에 다운받는방법은 [유트브]검색창에 ①[시니어홈트]입력 ②[필터]를 터치합니다. ③[전체]를 터치합니다. ④[재생목록]에 체크합니다. 2 [원하는영상]을 터치합니다.
3 한꺼번에 모두 다운로드 하고싶을때는 하단에 [다운로드 아이콘]을 터치하시면 됩니다.

나만의 감동 영상 편지 만들기 - 슬라이드 메시지

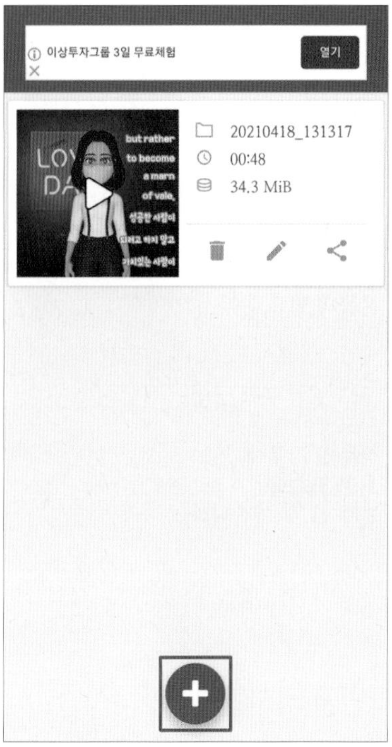

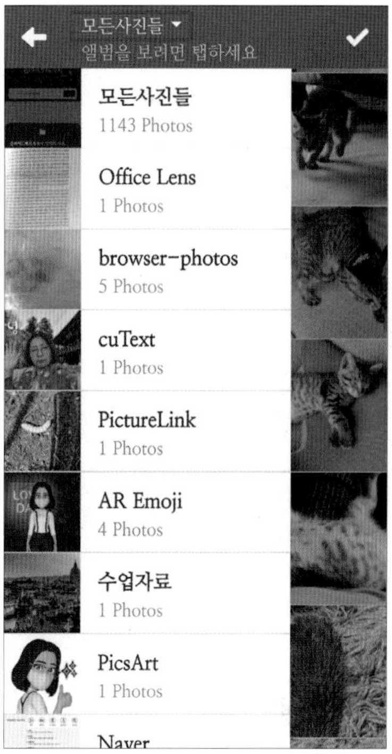

1 Google [Play스토어] 검색창에 [슬라이드메시지]를 입력하여 설치한 후 [열기] 또는 설치된 [앱]을 터치하고 기기의 사진, 미디어, 파일에 엑세스하도록 허용합니다. 2 초기화면에 있는 동그라미안에 [✚]를 터치합니다. 3 상단에 [모든사진들]을 터치하여 스마트기기에 있는 [앨범]을 볼 수 있습니다.

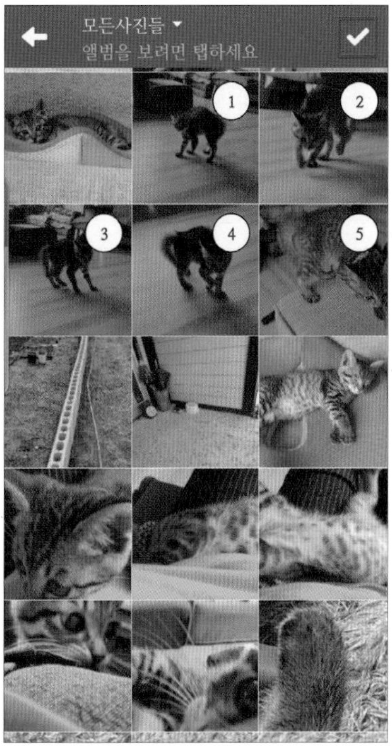

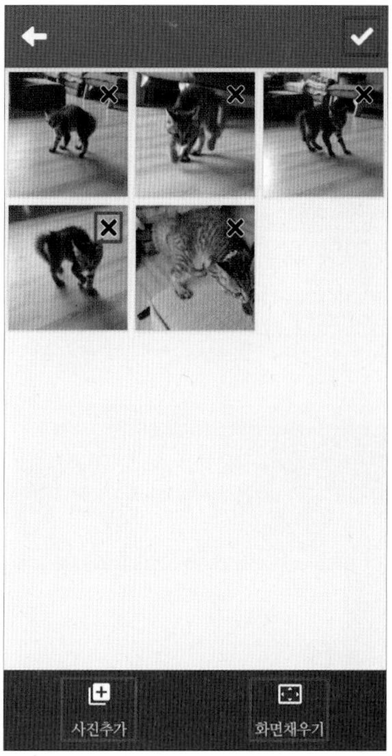

1 앨범안에 있는 사진을 한 장 누르면 다른 사진도 선택할 수 있고 원하는 사진을 고른 후에 [✓]를 터치합니다. 2 [영상제작]화면에서 하단에 좌우로 드레그하면 총10개의 편집 아이콘이 있습니다.
3 ①번 아이콘 [정렬]을 터치하면 사진의 순서를 변경, 삭제 또는 추가할 수 있고 크기도 조정할 수 있습니다.

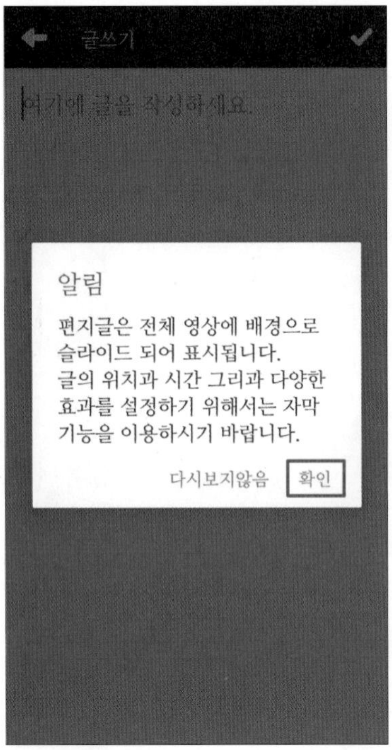

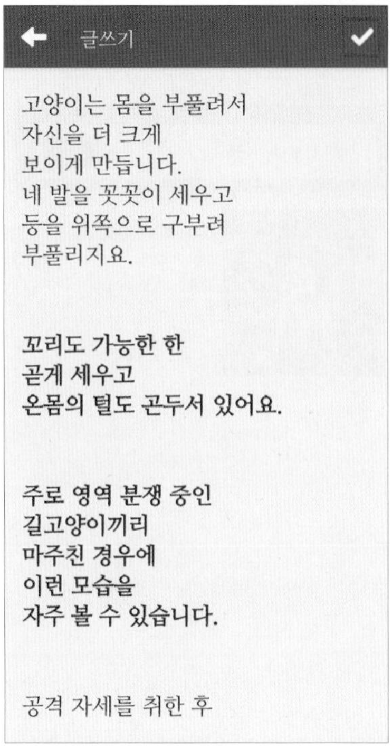

1 [**편지**]를 터치하면 알림이 뜨고 확인을 터치합니다.

2 [**글쓰기**] 화면에 원하는 글씨를 입력하고 [✔]를 터치합니다.

3 하단에 좌우로 드래그하면 총7개의 글 편집 아이콘이 있습니다.

①번[**삭제**]를 터치하면 글을 전체삭제 할 수 있고 ②번 [**편집**]을 터치하면 입력한 글을 수정할 수 있습니다.

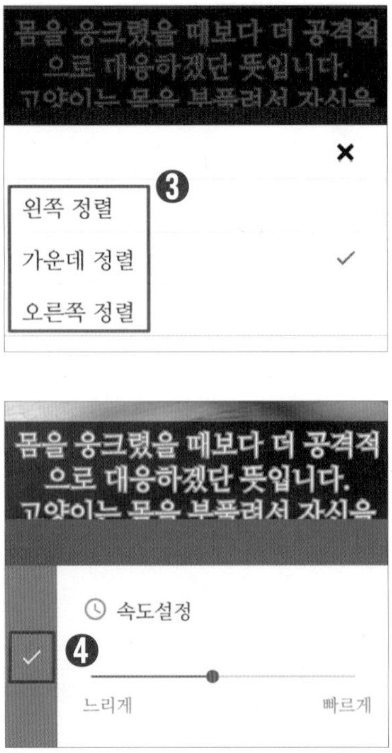

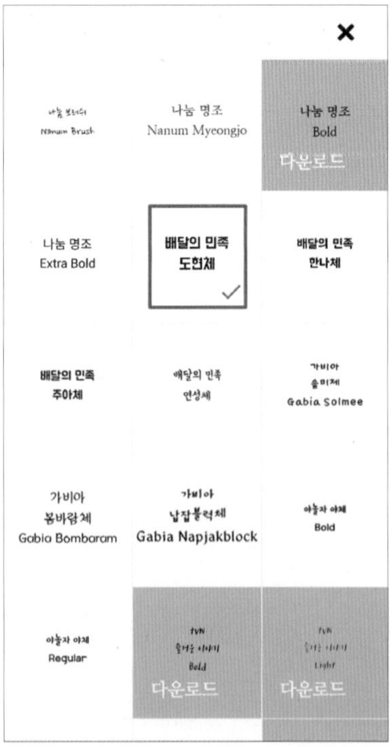

1 ③번 [**정렬**]은 글을 왼쪽, 가운데, 오른쪽 순으로 터치하여 정렬할 수 있습니다. ④번 [**속도설정**]은 좌우로 드래그하여 느리고 빠르게 설정할수 있습니다. 2 ⑤번, ⑥번, ⑦번은 [**폰트**]와 [**글자크기**], [**글자색상**]을 변경할 수 있습니다. 3 ⑤번 [**폰트**]는 글자폰트를 다운로드하거나 변경할 수 있습니다.

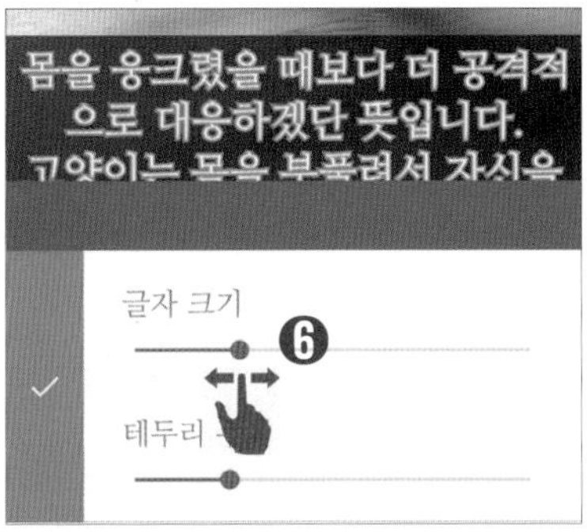

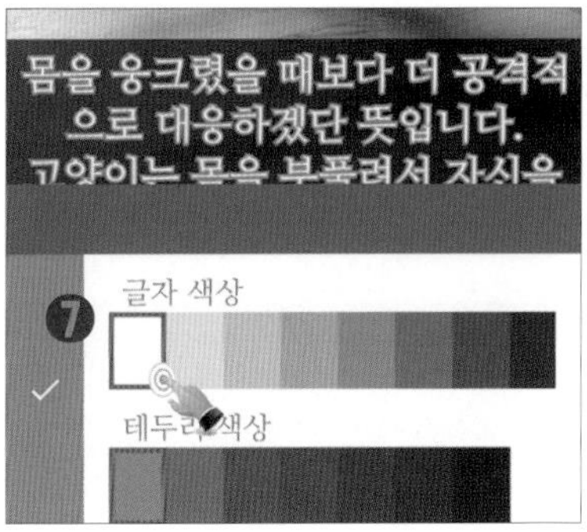

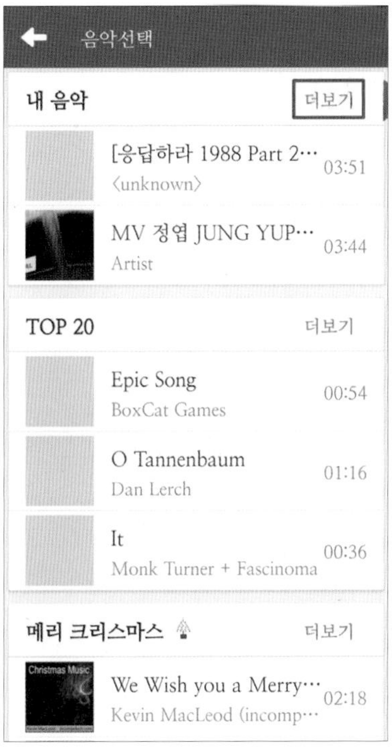

1 ⑥번 [**사이즈**]는 글자크기와 테두리를 변경할 수 있고 ⑦번 [**색상**]은 글자색 과 테두리색을 변경할 수 있습니다. 2 [**영상제작**]의 ③번 [**음악**]을 터치하면 음악을 추가할 수 있습니다. 내음악은 내 기기안에 있는 음악으로 더보기를 터치하여 선택할 수 있습니다. 3 곡을 선택하여 [**사용하기**]를 터치합니다.

1 [▶] 를 터치하여 미리보기 합니다. 2 [**영상제작**] ④번 [**시간**]을 터치하면 영상의 [**설정시간**]과 [**음악시간**]을 변경할 수 있습니다. 3 ⑤번 [**자막**]을 터치하여 자막을 입력하고 하단의 [**효과**]를 터치합니다.

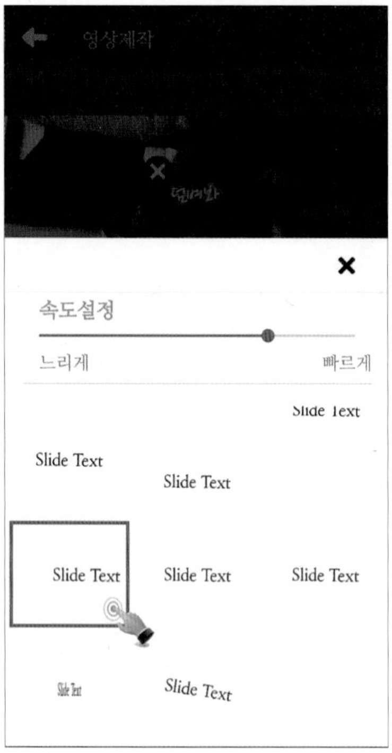

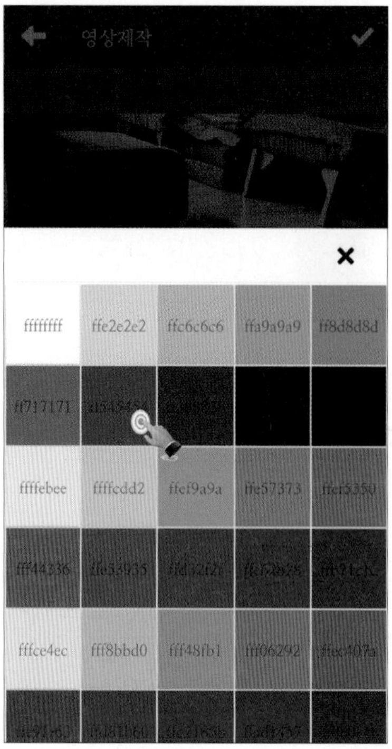

1 자막의 움직이는 효과를 줄 수 있고 좌우로 조절하여 속도를 조절할 수 있습니다. [**자막**]의 다른아이콘은 편지글사용법과 같습니다. 2 ⑥번 [**배경**]은 배경색을 변경할 수 있습니다. 3 ⑦번 [**테두리**]는 테두리크기와 모양을 수정합니다. ⑧번 [**화면전환**]은 총13개의 화면전환효과를 넣을 수 있습니다.

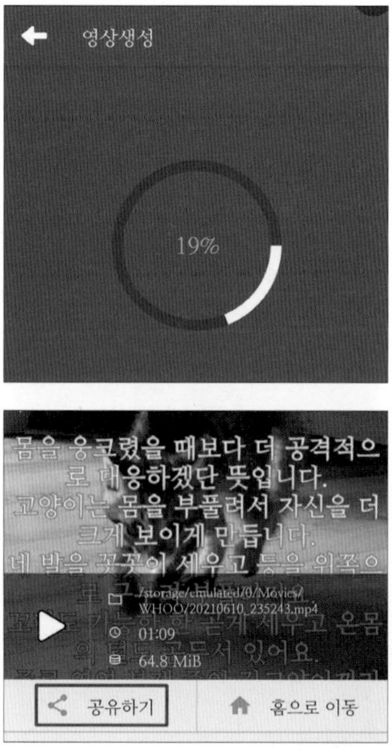

1 [**영상제작**] ⑨번 [**필터**]는 여러가지 필터효과를 넣을 수 있습니다. 2 ⑩번 [**스티커**]는 선택하여 총6개의 효과설정을 할 수 있습니다. 오른쪽 상단의 [✔]를 터치하고 화면에서 [▶]를 터치하여 미리보기를 한 후 마지막으로 [✔]를 터치하여 [**영상생성**]을 합니다. 3 [**공유하기**]를 터치하여 공유할 수 있습니다. 또한 갤러리의 [WHOO] 앨범으로 자동저장됩니다.

나만의 인생 영화 만들기·쉽게 따라 할 수 있는 영상편집 앱 CapCut

[캡컷(CapCut)]앱의 특징

캡컷(CapCut)은 틱톡에서 만든 영상 편집앱으로 언제 어디서나 누구든지 쉽게 모바일과 PC환경에서 프로그램 설치 없이 웹에서도 사용 가능하고, 또 PC캡컷(CapCut) 프로그램을 설치해서 사용 가능하며, 호환 및 연동(유료버전)도 가능합니다.

●장점

- 사용하기 쉽고 간단한 시스템으로 높은 품질의 영상 제작 가능
- 다양한 필터와 효과 추가로 짧은 시간에 작품 완성
- 캡컷에서 제공하는 다양한 음악 및 독점 음원을 동영상에 추가 가능
- 사진과 사진 사이의 다양한 장면 전환 효과 적용 가능등이 있습니다.

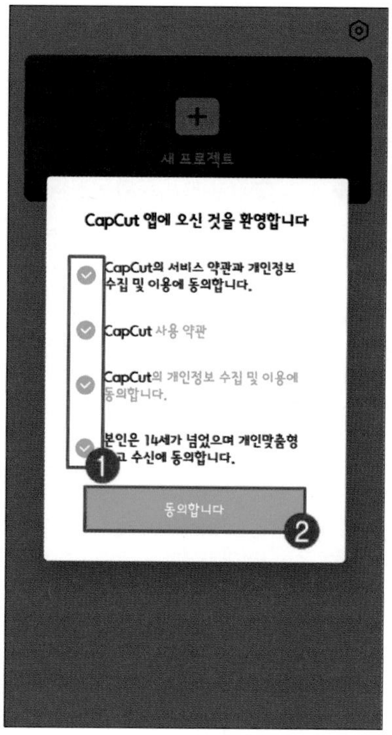

1 Play 스토어 상단 [검색창]을 눌러줍니다. 검색창에 ① [캡컷]을 입력한 후 설치한 다음, ② [열기]를 눌러줍니다. **2** 캡컷이 실행되면, ① [이용 약관]에 체크 한 다음, ② [동의합니다.]를 눌러줍니다. **3** CupCut에서 알람을 보내도록 [허용 안함]을 눌러줍니다.

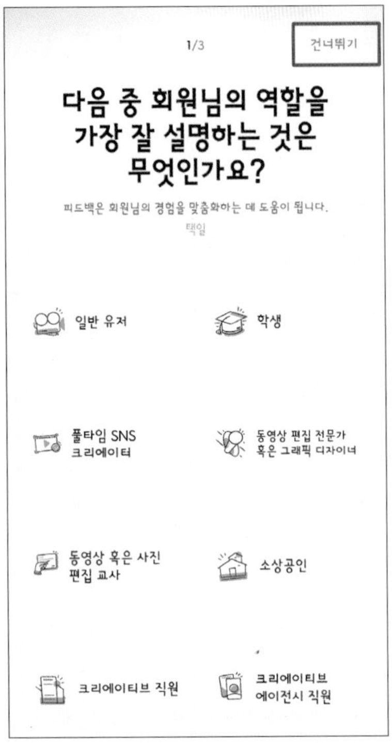

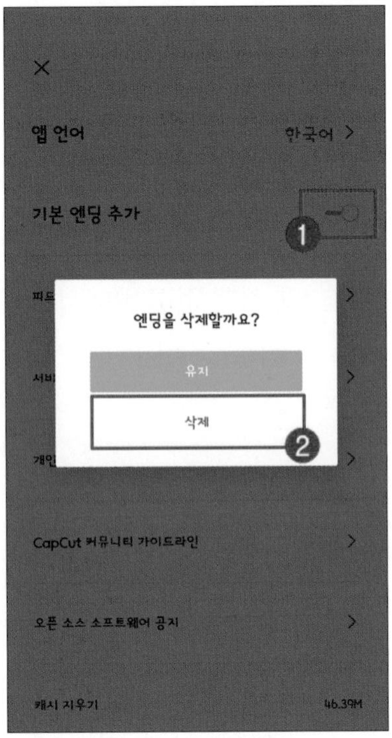

❶ 피드백화면이 나오면 우측상단의 [건너뛰기]를 눌러줍니다 ❷ CapCut 홈 화면 상단의 [육각형 모양]을 터치합니다. ❸ ① [기본 엔딩 추가]를 눌러 삭제할까요? ② [삭제]를 눌러줍니다.

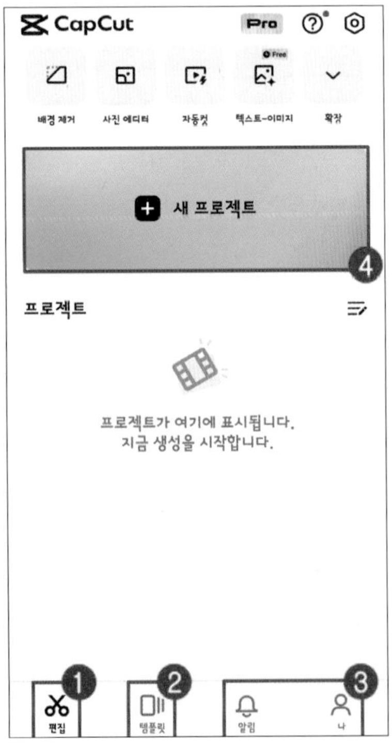

❶ 캡컷 하단의 메뉴 중 ① [편집]은 새 프로젝트 작업과 편집한 프로젝트 목록을 확인하고 편집할 수 있습다. ② [템플릿]은 수천 개에 달하는 무료 인기 템플릿을 이용해 멋진 동영상과 이미지를 제작할 수 있습니다. ③ [알림, 로그인]을 설정할 수 있습니다. 영상을 편집하기 위해 ④ [새 프로젝트]를 눌러줍니다. ❷ CapCut에서 기기의 사진과 동영상에 액세스하도록 [허용]을 눌러줍니다. ❸ 갤러리에서 ① [동영상]을 선택한 후, 오른쪽 하단의 ② [추가]를 눌러줍니다.

① [동영상 해상도] 동영상 해상도와 프레임 / 코드 속도를 조절합니다.
② [내보내기] 프로젝트 편집 끝난 후 장치에 저장 및 공유합니다.
③ [미리보기 창] 편집할 영상이 보입니다.
④ [확대] 영상을 크게 확대시켜 줍니다.
⑤ [플레이버튼] 영상을 재생합니다.
⑥ [실행 취소, 다시 실행]
⑦ [영상시간] 영상시간의 전체 길이를 알려줍니다.
⑧ [영상 음소거] 동영상 사운드 켜기 / 끄기
⑨ [커버] 영상 앞에 붙일 커버 이미지 편집할 수 있습니다.
⑩ [플레이헤드] 영상편집 작업 시 기준선이 됩니다.
⑪ [오디오 추가] 스마트폰에 저장된 음악이나 무료로 제공하는 음악을 추가합니다.
⑫ [추가] 동영상, 사진을 추가합니다.
⑬ [편집 도구] 다양한 편집 메뉴가 나옵니다.

●영상 자르기와 삭제하기

1 영상을 ① [재생] 시킨 다음, ② [플레이헤드]를 원하는 영상 위치에 놓습니다. 왼쪽 아래의 ③ [편집]을 눌러줍니다. 2 자르고자 하는 위치에 ① [플레이헤드]를 가져다 놓고, ② [분할]을 눌러줍니다. 3 ① [분할된 영상]을 선택한 다음, ② [삭제]를 눌러 삭제합니다. 혹시 삭제를 잘못 했을 경우 ③ [되돌리기]를 눌러서 복원하면 됩니다.

● 배경음악 삽입하기

1 ① [플레이헤드]를 배경음악을 넣고자 하는 곳에 가져다 놓은 후 ② [오디오]를 누릅니다. 2 스마트폰에 저장되어있는 음악이나 배경 음원을 넣기 위해 [사운드]를 누릅니다. 3 마음에 드는 음악을 찾기 위해 ① [노래 또는 가수]를 검색하거나, ② [카테고리]에서 음악을 선택하거나, ③ [티톡, 스마트폰 장치, 추천]을 통해 음악을 삽입할 수 있습니다.

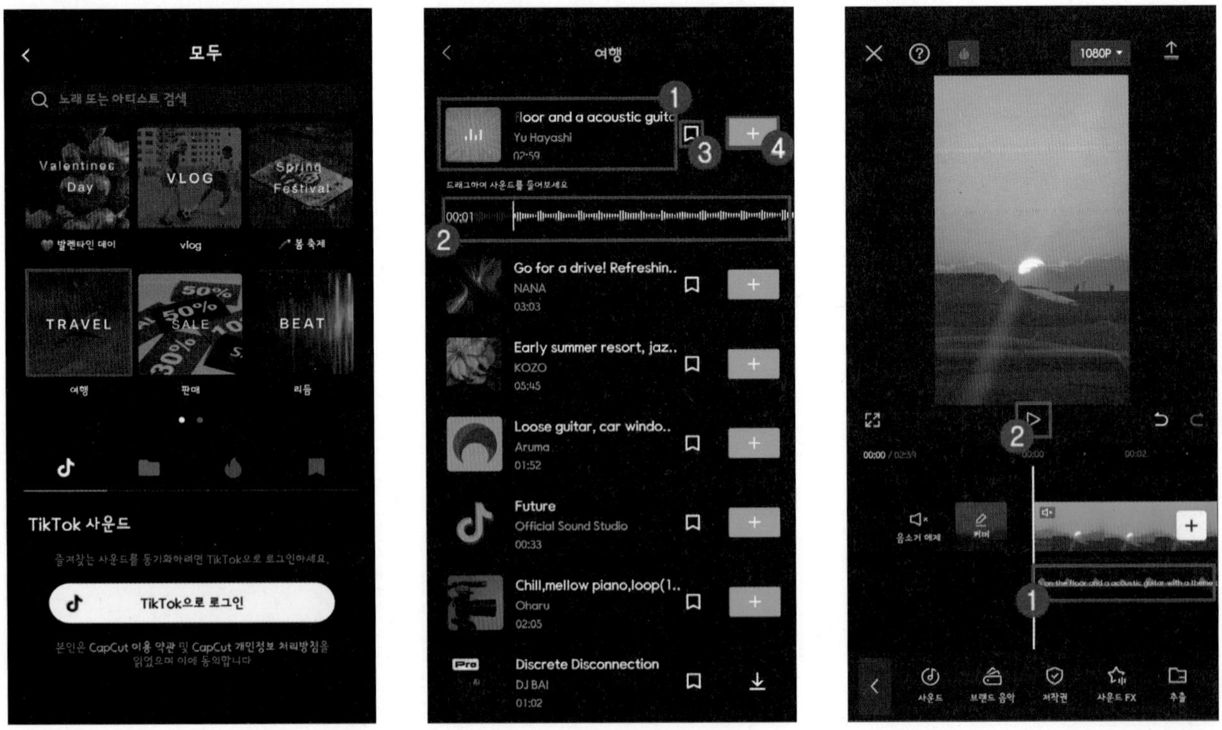

1 카테고리에서 [TRAVEL(여행)]을 누릅니다. 2 여행에 관련있는 음악 리스트 중에서 영상과 어울리는 ① [음악]을 선택한 다음, ② [미리듣기]를 눌러 들어봅니다. 음악이 마음에 들면 ③ [즐겨찾기]를 눌러 다음에 선택한 음악을 빠르게 찾을 수 있으며, 영상에 음악을 추가하려면 ④ [+]를 누릅니다. 3 ① [선택한 음악]이 트랙에 추가되었으며, ② [재생 버튼]을 눌러서 영상에 음악이 어울리는지 확인합니다.

●사진 또는 영상 추가하기와 장면 전환하기

❶ 사진이나 영상을 추가하기 위해 ① [플레이헤드]를 이동한 다음, ② [+]를 누릅니다. ❷ ① [추가할 사진이나 동영상] 메뉴를 선택한 다음, ② [사진이나 동영상]을 선택합니다. 선택한 사진이나 영상을 삭제할 경우 ③ [-]를 누르고, 추가할 경우 ④ [추가]를 누릅니다. ❸ [추가된 사진이나 동영상]을 확인할 수 있습니다.

❶ 영상 혹은 사진 사이에 [장면전환 효과]를 적용하기 위해 [플레이헤드]를 누릅니다. ❷ ① [장면 전환 효과] 중에서 ② [세로 열기]를 선택한 다음, ③ [전환 효과 시간]을 조절합니다. 영상의 전환 효과를 똑같이 적용할 경우 좌측 하단의 ④ [전체 적용]을 누른 다음, 우측 하단의 ⑤ [√]를 눌러 적용시켜줍니다. ❸ [⋈] 전환 효과가 적용된 걸 확인할 수 있습니다.

●텍스트 효과주기

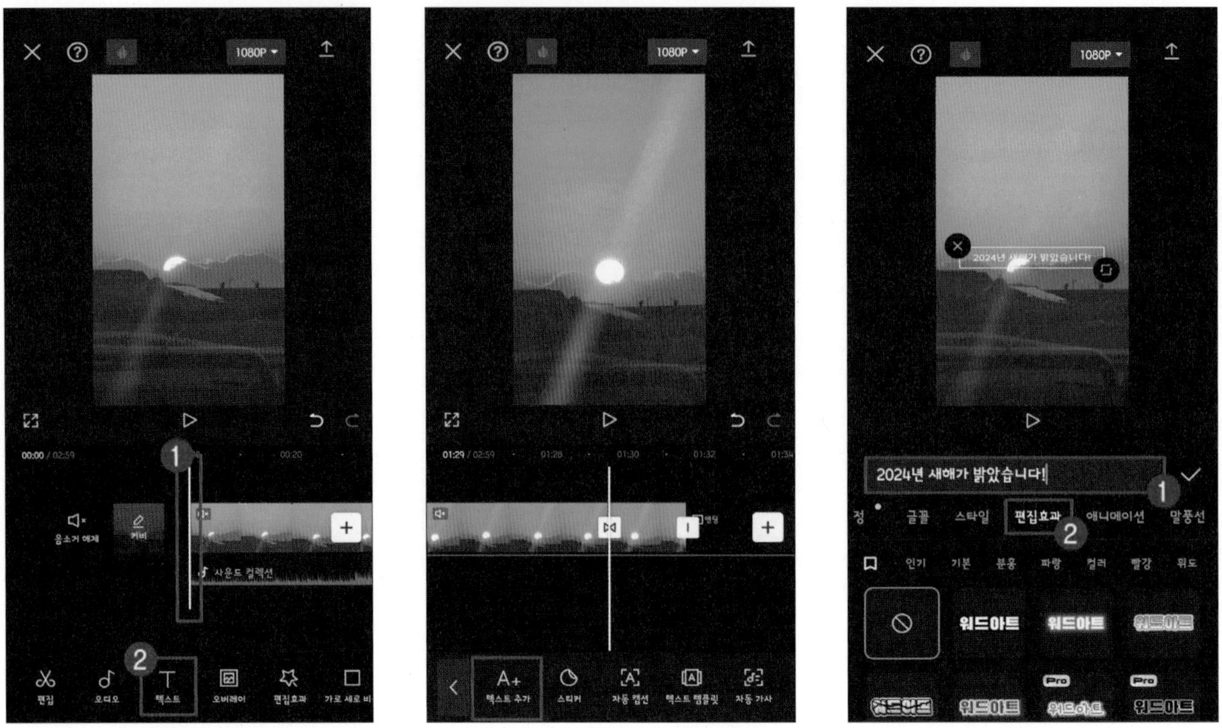

1 ① [플레이헤드]를 자막 넣을 위치에 가져다 놓은 다음, ② [텍스트]를 누릅니다. 2 [A+ 텍스트 추가]를 누릅니다. 3 ① [입력하고 싶은 문구]를 입력한 다음, ② [편집효과]를 누릅니다.

1 ① [편집효과]에서 ② [원하는 효과]를 선택합니다. ③ [편집효과]가 적용된 것을 확인한 다음, 우측의 ④ [V]을 누릅니다. 2 글꼴을 변경하기 위해 타임라인의 ① [텍스트]를 선택해서 하얀 외곽선이 나타나면, ② [Aa 스타일]을 누릅니다. 3 ① [글꼴]을 누른 다음, ② [원하는 글꼴]을 선택합니다.

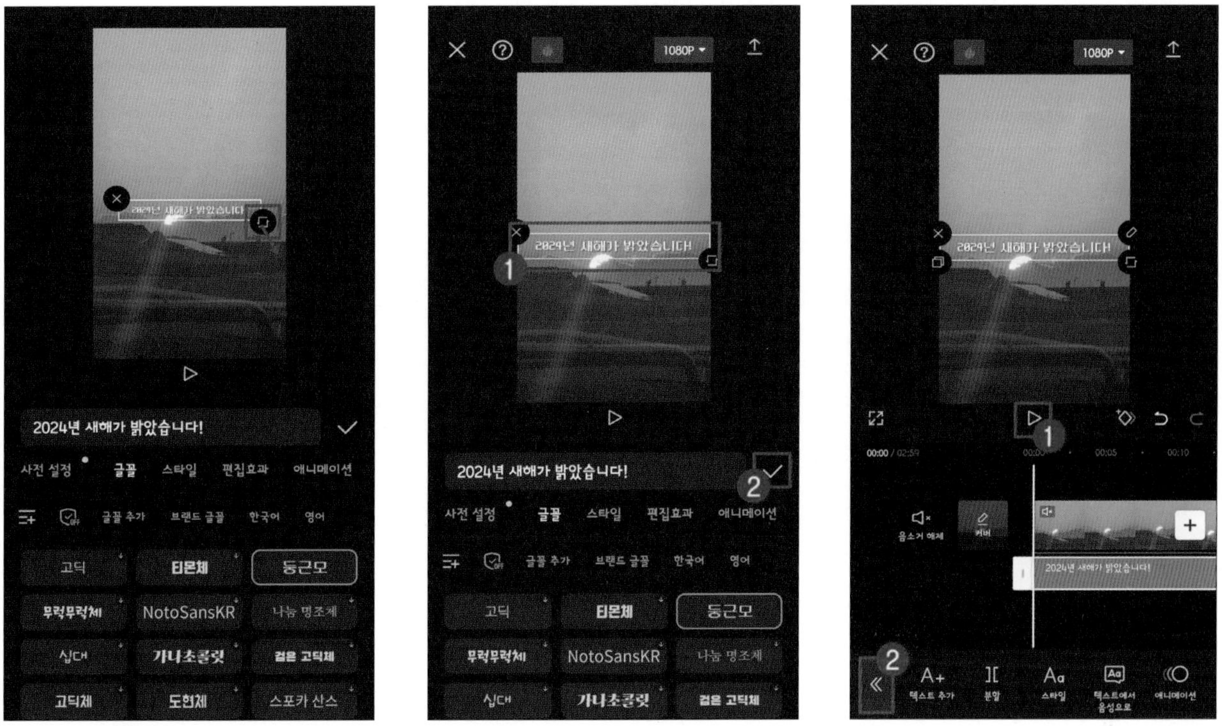

1 자막 글자 크기를 조절하기 위해 [⤡]를 손가락으로 지그시 누른 상태에서 대각선 방향으로 드래그합니다. 2 ① [자막의 글자 크기]가 확대된 것을 확인한 다음, ② [V]을 누릅니다. 3 ① [▷]을 눌러 음악과 자막이 재생되는지 확인한 다음, 좌측 아래의 ② [≪]을 누릅니다.

● 내보내기(저장하기)

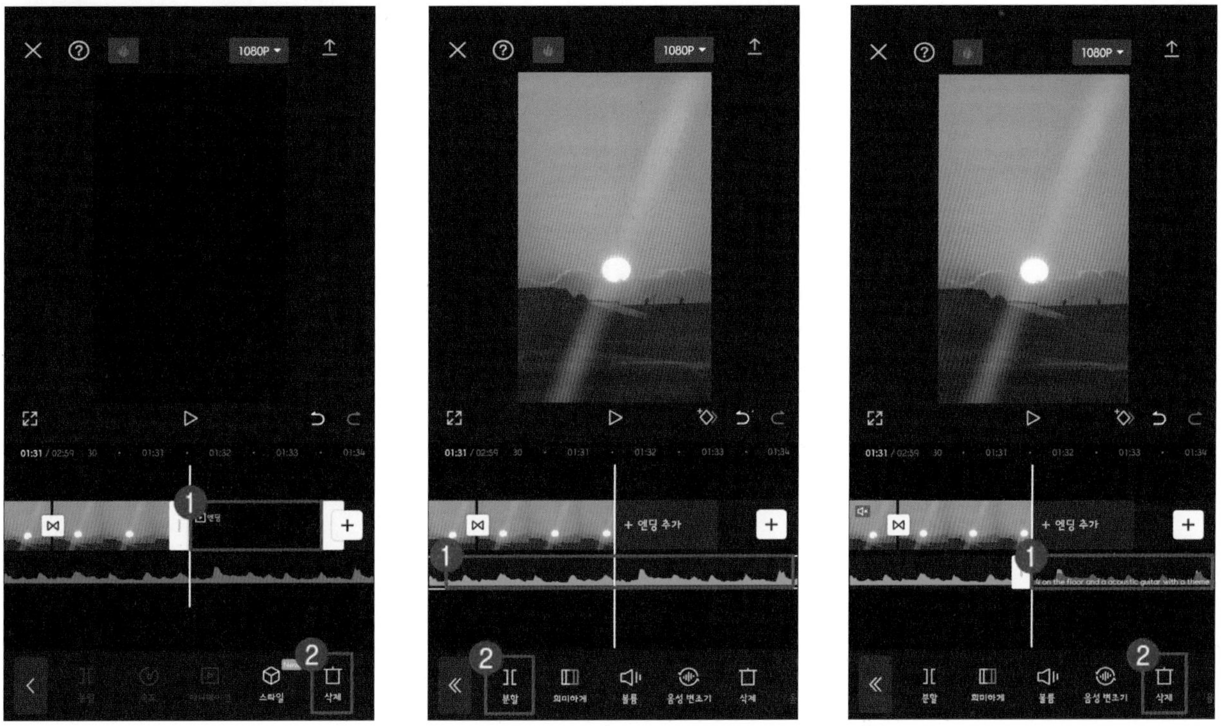

1 워터마크를 삭제하기 위해 타임라인을 왼쪽으로 이동시켜 ① [엔딩]을 누른 다음, 우측 아래의 ② [삭제]를 선택합니다. 2 배경음악을 자르기 위해 ① [음악]를 선택한 다음, ② [분할]을 누릅니다. 3 ① [분할된 영상]을 누른 다음, ② [삭제]를 선택합니다.

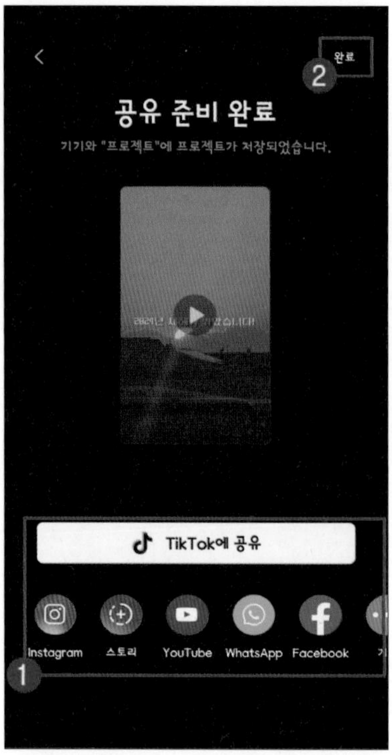

1 ①[영상과 배경음악]이 동시에 끝나는 걸 확인한 다음, 우측상단의 ②[내보내기] 화살표모양을 누릅니다. 2 ① 영상을 다른 사람들과 공유하고 싶을 때 [외부앱]을 눌러 공유할 수 있고, 우측 상단의 ②[완료]를 누르면 캡컷 편집화면으로 이동합니다.

● 템플릿으로 영상만들기

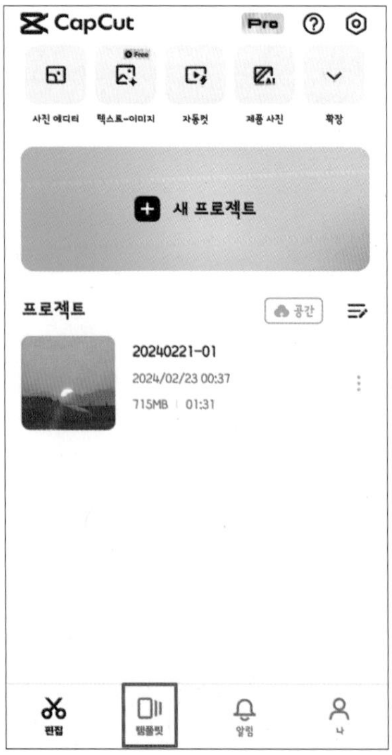

1 캡컷 편집화면의 아래 [템플릿]를 선택합니다. 2 ①[템플릿 검색 입력창]을 눌러 원하는 템플릿을 찾을 수도 있고, ②[카테고리]를 눌러서 찾을 수 도 있습니다. 다양한 캡컷 템플릿 중에서 ③[원하는 템플릿]을 선택합니다. 3 ①[영상 길이와 영상에 필요한 동영상/사진의 수]를 확인한 다음, 아래의 ②[템플릿 사용]을 눌러줍니다.

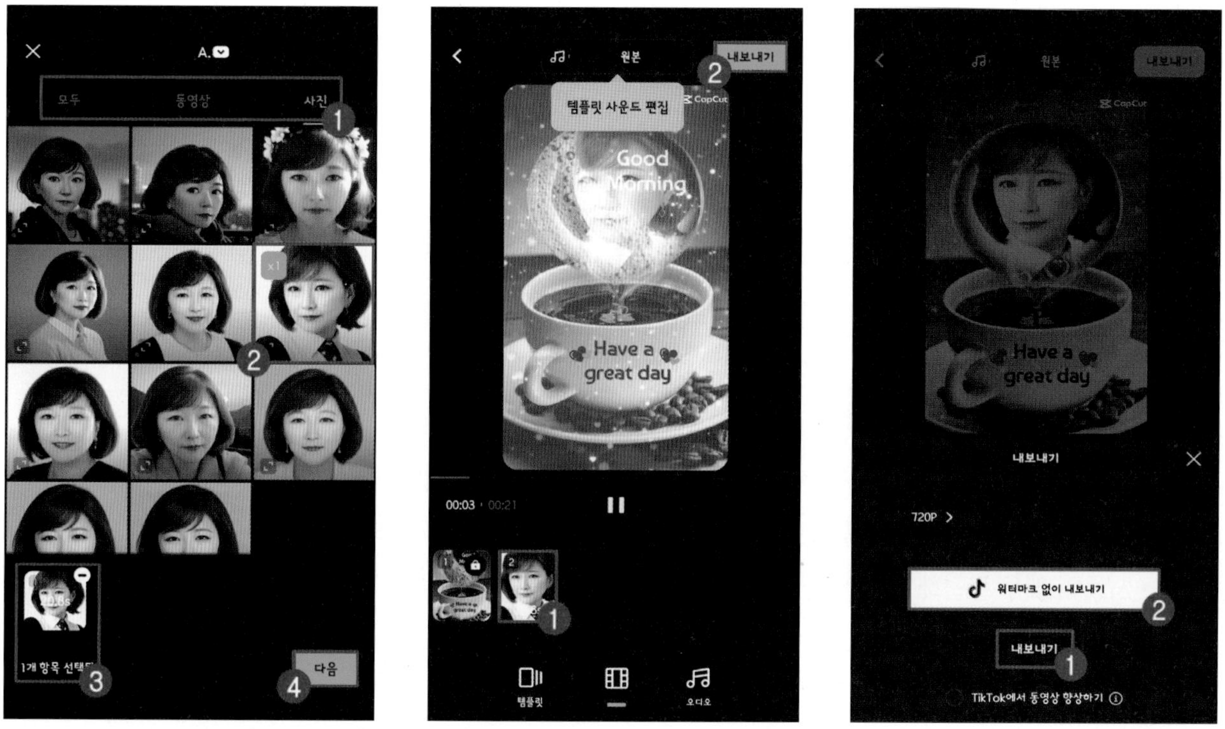

❶ 템플릿에 사용할 ① [동영상/사진]을 선택한 다음, 영상에 넣고 싶은 ② [동영상/사진]개수에 맞추어 선택합니다. ③ [선택한 클립]을 삭제할 경우, 우측의 [–]을 누르면 됩니다. 적용할 경우, 우측의 ④ [다음]을 누릅니다. ❷ ① [선택한 클립]을 확인하고, 우측 상단의 ② [내보내기]을 누릅니다. ❸ ① [내보내기]를 누르면 영상에 워터마크가 표시되고, 워터마크 없는 영상을 저장하려면 ② [워터마크 없이 내보내기]를 눌러줍니다.

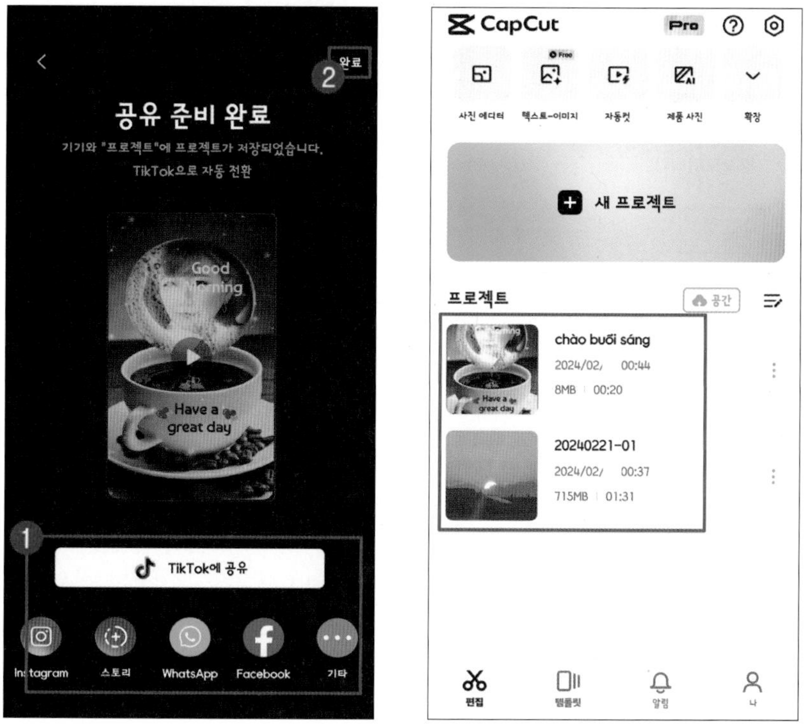

※ 틱톡에 공유를 원하지 않는 분이나 워터마크 없는 영상을 원하는 분은 꼭 틱톡 공유를 선택해야 워터마크 없는 영상을 저장할 수 있습니다.

❶ ① [TikTok에 공유]를 선택한 다음, ② [완료]를 누릅니다. ❷ 캡컷 편집화면에 [내가 작업한 영상]들이 보입니다.

이미지 합성 어플 활용하기 (포토퍼니아)

1 포토퍼니아

[포토퍼니아] 앱(App)은 이미지를 합성하여 사진 콜라주를 만드는 앱

[포토퍼니아] 앱(App) 활용

- 포토퍼니아는 스마트폰뿐만 아니라 PC에서도 활용이 가능합니다.
- 다양한 카테고리별 테마를 제공하고 원하는 효과를 선택하여 사진과 합성할 수 있는 앱입니다.
- 사용이 매우 간단해 연령에 상관없이 누구나 쉽게 사용할 수 있습니다.
- 특별하고 독창적으로 몇 초 만에 놀라운 사진 콜라주를 만들 수 있습니다.
- 이미지 합성 후 소셜 사이트에 저장, 이메일 보내기 또는 친구들과 바로 공유할 수 있습니다.

1 ① [Play 스토어 ▶]에서 [포토퍼니아]를 검색합니다. ② [설치] 후 열기를 터치합니다.

2 앱 평가 화면에 [나중에]를 터치합니다.

3 포토퍼니아 앱의 첫 화면입니다. 왼쪽 상단에 위치한 가이드 메뉴 중 [카테고리]를 터치합니다.

1 카테고리 화면을 위로 드래그하여 [잡지]를 선택합니다. 2 다양한 잡지 템플릿 중 [아침 신문]을 터치합니다.

3 ① 하단에 [사진을 선택하십시오]를 터치합니다. ② 사진을 불러올 수 있는 팝업창에서 [기존 사진 선택]을 터치합니다.

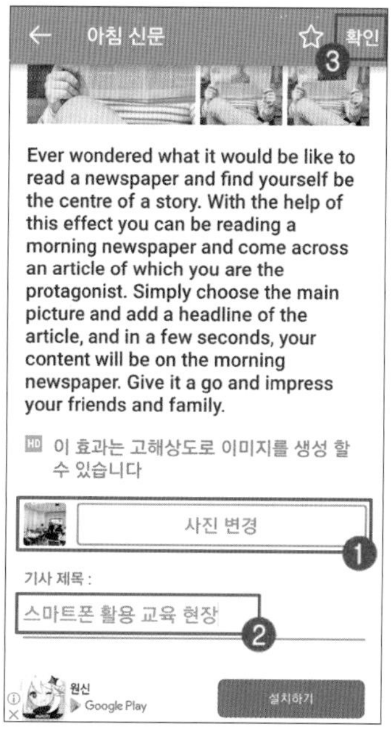

1 ① 사용자 갤러리에 최근 사진 순으로 보이며 더 많은 사진을 보려면 ② [갤러리]를 터치하여 선택할 수 있습니다.

2 사진을 선택 후 [확인]을 터치합니다.

3 ① 선택한 사진이 맞는지 확인 및 사진을 변경할 수 있습니다. ② 사진에 제목도 삽입할 수 있습니다. ③ [확인]을 터치하여 진행합니다.

1 이미지 합성이 진행 중인 화면입니다.

2 사진 합성이 완료된 화면입니다. ① 저장할 이미지의 사이즈를 선택할 수 있습니다. ② 사용자 갤러리에 저장할 수 있습니다. ③ 완성된 사진을 다른 사이트로 공유할 수 있습니다.

3 이번에는 원하는 템플릿을 **[검색 아이콘]**을 터치하여 찾아보겠습니다.

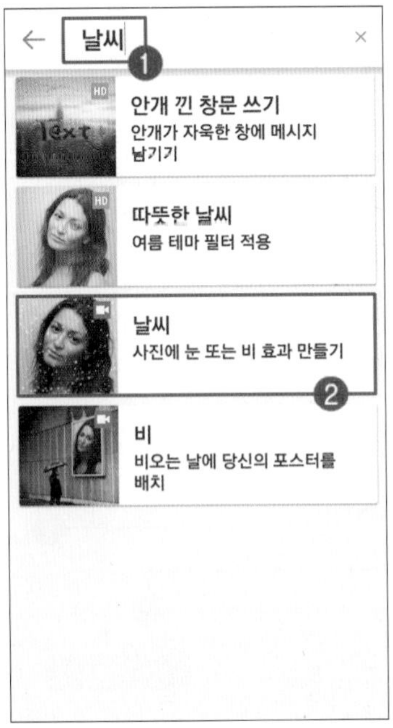

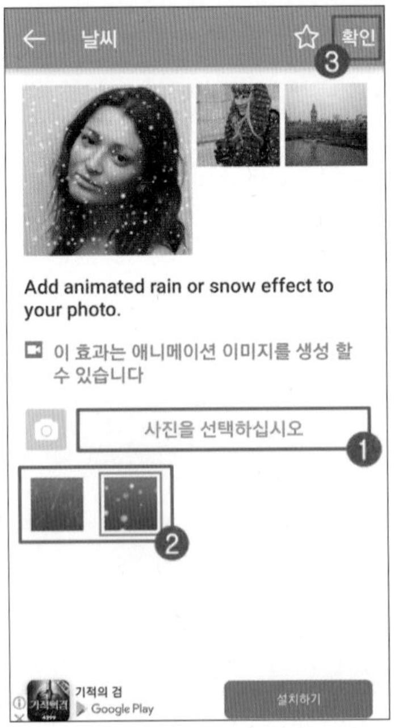

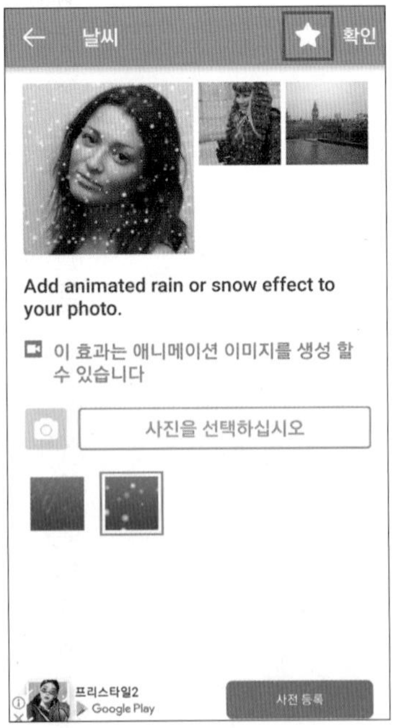

1 ① 검색창에 **[날씨]**를 검색합니다. ② 날씨에 관련된 템플릿 중 원하는 템플릿을 터치합니다.

2 ① 합성에 필요한 사진을 직접 촬영하거나 사용자 갤러리에서 사진을 불러올 수 있습니다.
② 비 내리기 효과와 눈 내리기 효과 중 선택합니다. ③ **[확인]**을 터치하여 진행합니다.

3 ★를 터치하여 맘에 드는 효과를 즐겨찾기에 등록할 수 있습니다.

사진작가들이 가장 많이 사용하는 카메라 필터 어플

피크닉 (풍경 사진에 최적화 된 앱)

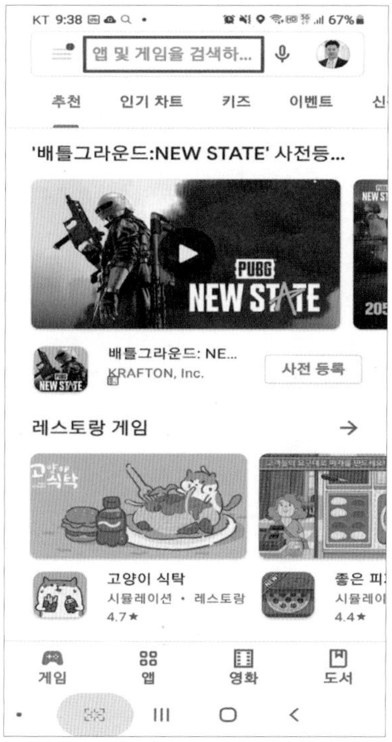

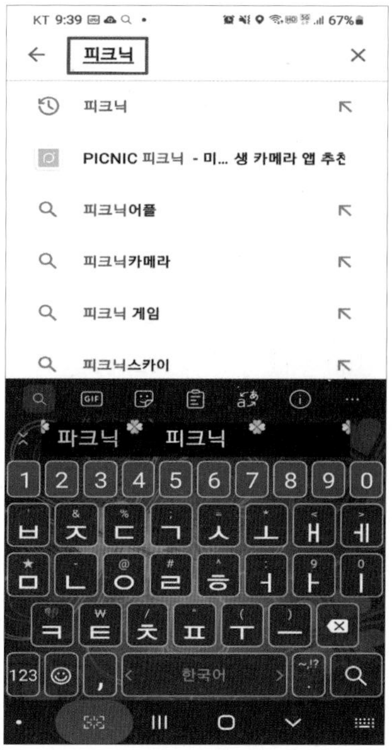

1 [**피크닉**] 앱을 다운받기 위해 [**Play 스토어**]를 터치합니다. **2** 상단 검색창을 터치합니다.

3 검색창에 [**피크닉**]이라고 입력합니다.

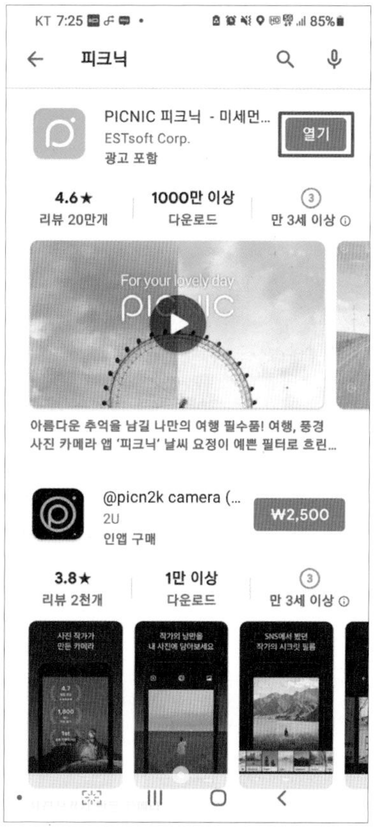

1 [**피크닉**] 앱 설치가 완료되면 [**열기**]를 터치합니다.

2 [**피크닉**] 앱 화면 하단 왼쪽에 [**갤러리**]를 터치합니다. **3** 액세스 [**허용**]을 터치합니다.

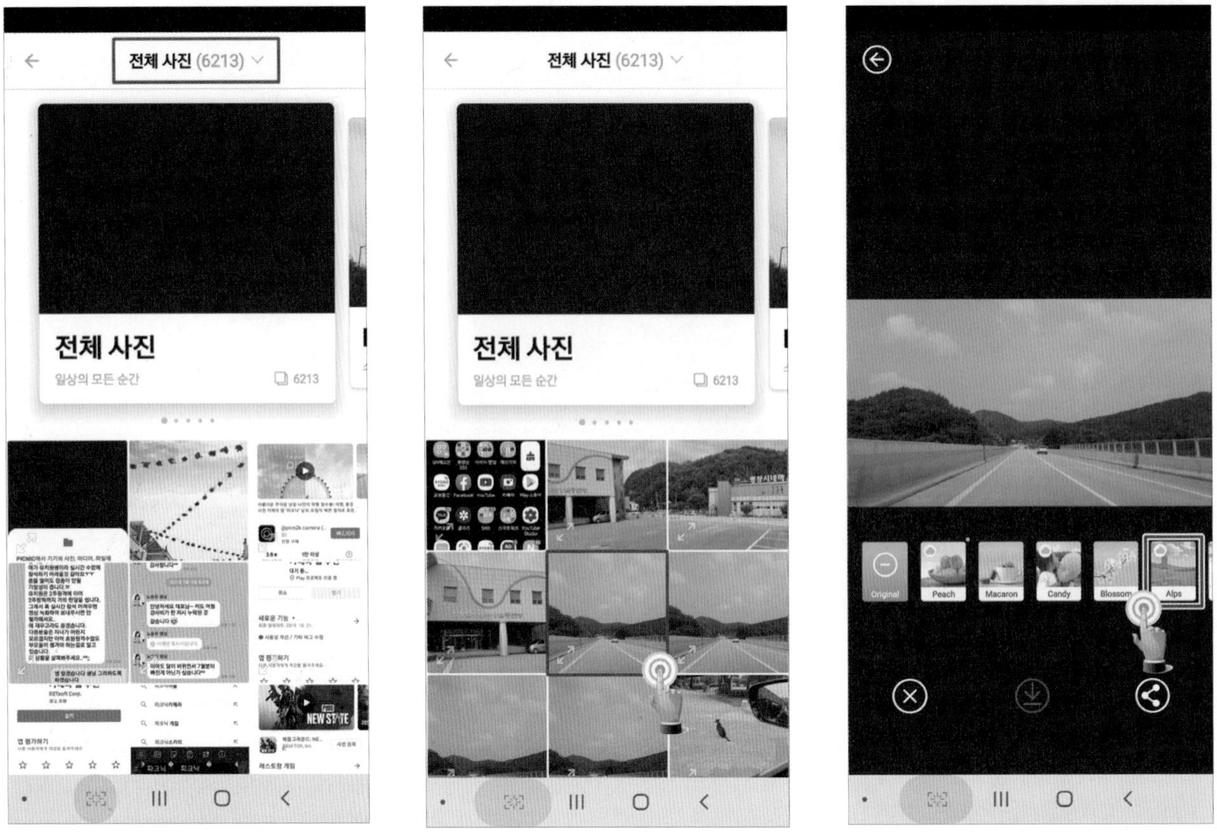

❶ 상단 **[전체 사진]**을 터치하면 자신의 스마트폰 갤러리에 있는 **[앨범]**들이 보이고 원하는 사진을 가져올 수 있습니다.

❷ **[전체 사진]** 밑에 있는 사진들은 최근 사진들이 보여집니다. 하늘이 있는 사진을 한 장 선택합니다.

❸ 선택된 사진 밑에 카메라 필터 앱들이 보여지는데 맨 왼쪽에 [Original]로부터 오른쪽으로 5칸을 이동하면 [Alps]필터를 터치하면 흐린 하늘에 구름이 생성되는 것을 볼 수 있습니다.

CHECK 리스트

1 가져온 사진 우측 하단에 ①[**구름 아이콘**]을 터치하면 [**구름**]을 없앨 수 도 있고 만들 수 도 있습니다. ②[**아래로 화살표 아이콘**]을 터치하면 [**갤러리**]에 저장됩니다. 2 ①[**구름 아이콘**]을 터치하면 [**원형 점**]이 100에 위치하고 있는데 손가락으로 좌우로 드래그하면 구름을 없앨 수도 만들 수도 있습니다. ②[**톱니바퀴**] 아이콘을 터치하면 채도나 명도를 조절할 수 있습니다. 3 [**Night**] 필터를 선택하면 하늘에 수많은 별들이 나타납니다. 이처럼 [**피크닉**] 앱은 하늘 이미지에 다양한 필터를 적용할 수 있습니다.

CHECK 리스트

키오스크 활용하기 - 버거킹

다운로드하기 Google Play | Download on the App Store

[버거킹] 앱(App)의 활용

[특징]

- 버거킹의 다양한 메뉴를 스마트폰으로 편리하게 주문할 수 있습니다.
- 버거킹 회원이라면 별도의 가입절차 없이 바로 주문 가능합니다.
- 회원가입을 하지 않아도 비회원으로 햄버거를 주문할 수 있습니다.

(공식) 버거킹 BURGER KING®KOREA
주식회사 비케이알
설치
앱 평가하기
다른 사용자에게 의견을 들려주세요.
리뷰 작성하기
개발자 연락처
앱 정보
맛있는 버거킹을 손안에 들고 다닌다! 이제 버거킹의 다양한 메뉴를 스마트폰으로 편리하게 주문해 보세요.

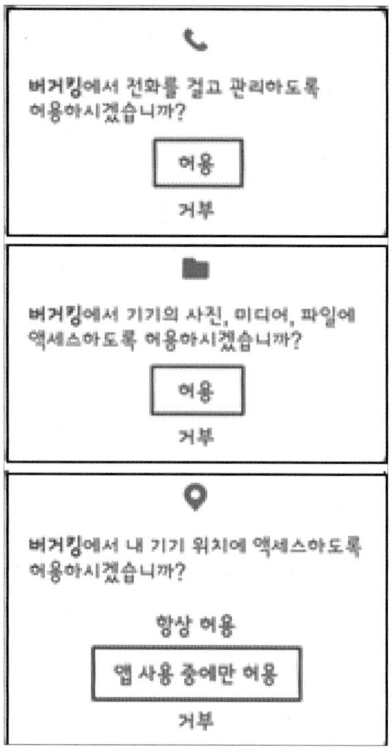
버거킹에서 전화를 걸고 관리하도록 허용하시겠습니까?
허용
거부
버거킹에서 기기의 사진, 미디어, 파일에 액세스하도록 허용하시겠습니까?
허용
거부
버거킹에서 내 기기 위치에 액세스하도록 허용하시겠습니까?
항상 허용
앱 사용 중에만 허용
거부

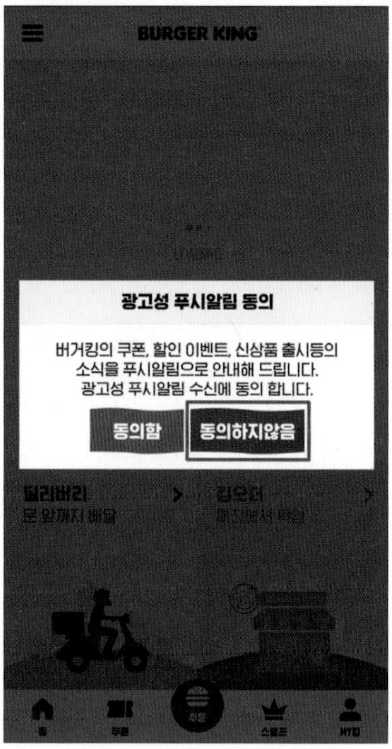
BURGER KING
광고성 푸시알림 동의
버거킹의 쿠폰, 할인 이벤트, 신상품 출시등의 소식을 푸시알림으로 안내해 드립니다.
광고성 푸시알림 수신에 동의 합니다.
동의함
동의하지않음

1 구글 [Play 스토어]에서 버거킹 앱을 설치한 후 [**열기**] 해줍니다. 2 접근권한을 [**허용**]해 줍니다.
3 광고 알림이 오는 광고성 푸시알림은 [**동의하지않음**]으로 터치하셔도 무관합니다.

CHECK 리스트

1 스마트폰으로 주문하고 매장에서 픽업하는 킹오더를 주문해 보겠습니다. [**킹오더**]를 터치합니다.

2 하단의 [**비회원 주문**]을 터치합니다.

3 버거킹 이용약관에 체크하고 이름과 전화번호 입력 후 [**SMS 인증번호 발송**]을 터치합니다.

1 ①메시지로 인증번호가 발송되면 휴대번호 입력했던 자리에 인증번호를 입력합니다. ②[**인증**]을 터치합니다. 2 ①임의의 비밀번호 4자리 이상을 입력합니다. ②[**비회원 주문하기**]를 터치합니다. 3 킹오더를 다시 한번 터치하고 킹오더 주문 후 버거를 찾아갈 매장을 터치합니다.

1 [**매장 선택하기**]를 터치합니다.

2 [**킹오더**] 메뉴에서 [**프리미엄**] 카테고리에서 [**통새우와퍼**]를 선택해 보겠습니다.

3 통새우와퍼 라지세트, 세트, 단품 중에 통새우와퍼 단품을 구매해 보도록 하겠습니다.
[**통새우와퍼 단품**]을 터치합니다.

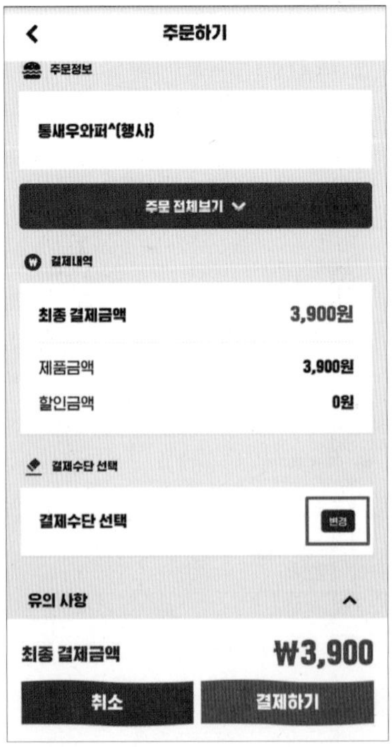

1 [**킹오더 카트**]에 버거가 담기고 [**메뉴 추가 ✚**]를 터치하면 메뉴를 더 추가할 수 있습니다.
추가할 메뉴가 없다면 [**주문하기**]를 터치합니다. 2 결제수단 변경을 위해 결제수단 선택에서 [**변경**]을 터치합니다. 3 ①[**신용카드 결제**]를 선택하고 ②[**확인**]을 터치합니다.

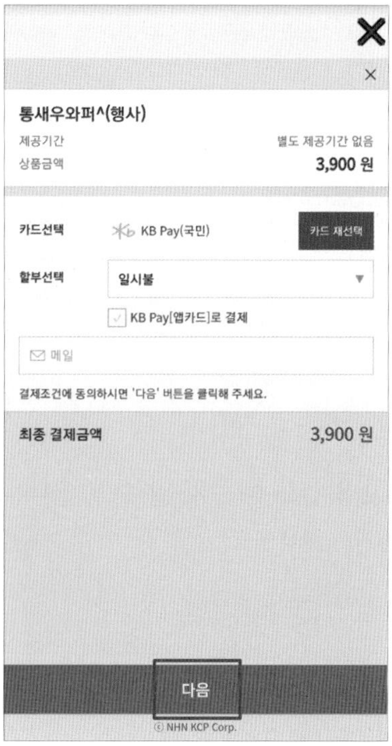

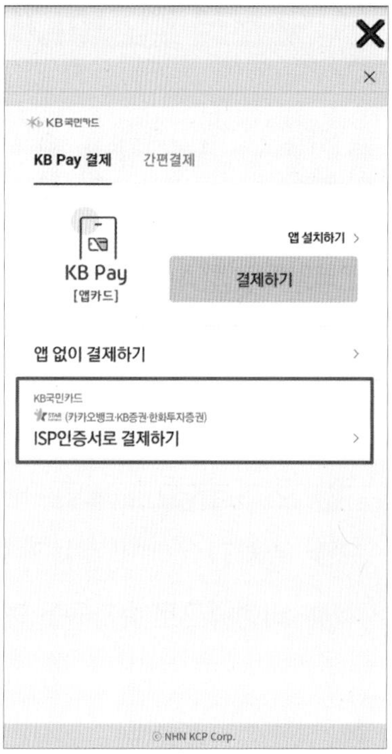

1 이용약관 전체동의를 체크하고 일반결제에서 국민카드를 선택해 보겠습니다.

2 할부를 선택하고 하단의 [**다음**]을 터치합니다.

3 [**ISP인증서로 결제하기**]를 진행해 보도록 하겠습니다.

*** kb 국민카드 간편결제에서 카드번호를 입력하고 ARS 결제를 진행할 수도 있습니다.**

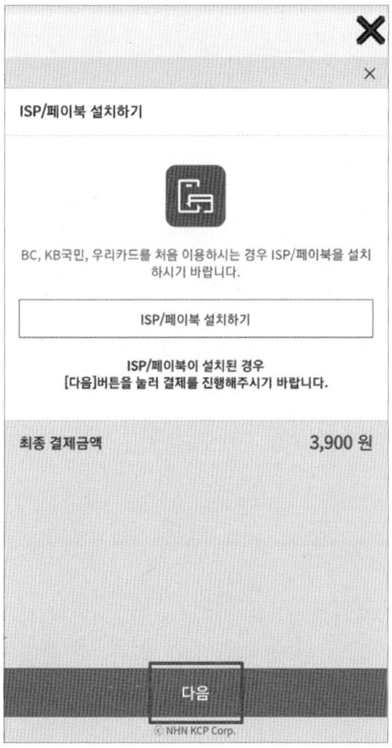

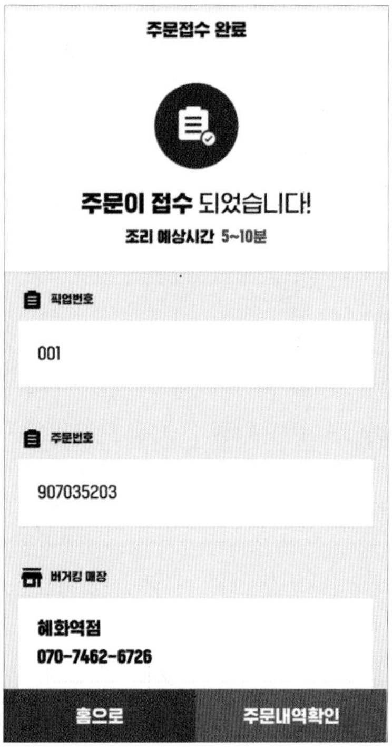

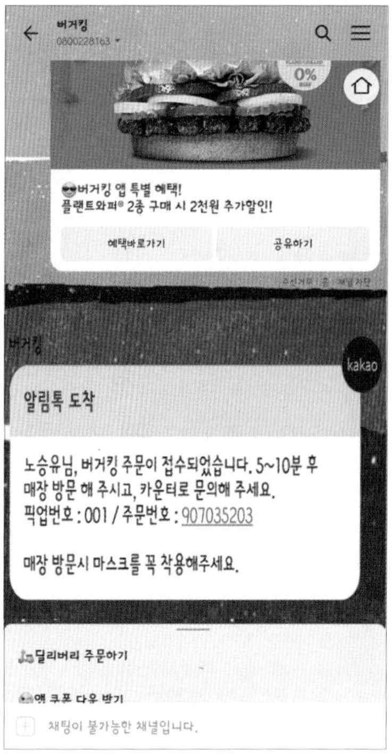

1 ISP/페이북이 설치되어있다면 [**다음**]을 터치합니다. 2 결제가 진행되고 주문이 완료되었습니다.

3 카카오톡으로 주문접수 완료 메시지가 오고 픽업번호와 주문번호가 발송된 것을 확인할 수 있습니다.

키오스크 활용하기 - 코레일톡

[코레일톡] 앱(App)의 활용

[특징]

- 코레일톡은 코레일의 승차권 예약 앱 입니다.
- 스마트폰으로 예매도 바로 하고 확인도 빠르게 할 수 있습니다.
- 승차권 예매 및 승차권 확인이 가능합니다.
- 비회원으로 승차권을 예매할 수 있습니다

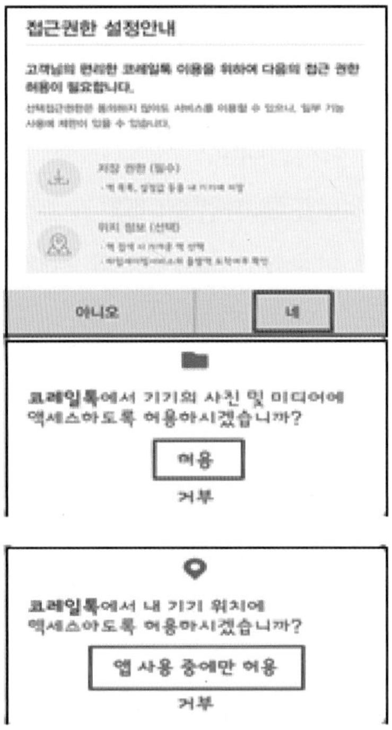

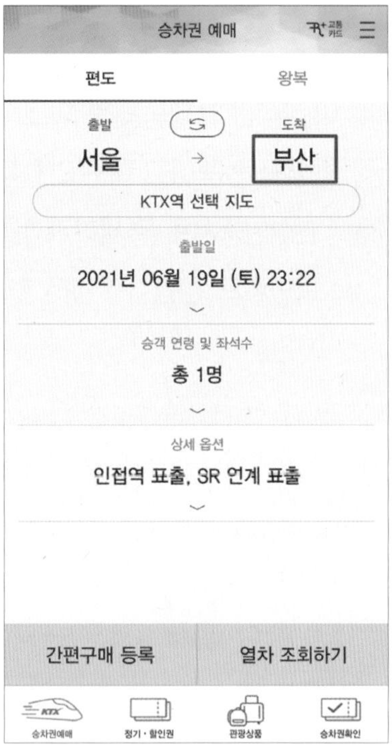

1 코레일 앱을 **[설치]**하고 열어줍니다. 2 접근권한을 **[허용]**해 주고 내 기기 위치에 엑세스 하도록 **[허용]**해 줍니다. 3 출발지를 터치해서 출발지를 **[서울]**로 정하고 **[도착지]**를 터치합니다.

CHECK 리스트

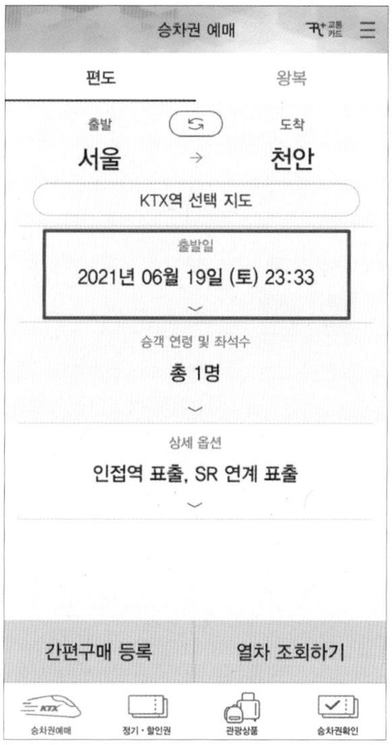

1 도착지를 [**천안**]으로 선택해서 상단에 도착지가 바뀌었는지 확인합니다.

2 [**출발일**]을 터치합니다.

3 출발할 날짜를 터치하고 [**승객 연령 및 좌석수**]를 터치해서 탑승할 인원수를 선택합니다.

1 어른 1명과 경로우대 [✚]를 터치해서 경로우대 1명을 추가합니다.

2 [**열차 조회하기**]를 터치합니다.

3 ITX-새마을 06시 16분 열차 일반실을 선택하겠습니다. [**일반실**]의 운임요금을 터치합니다.

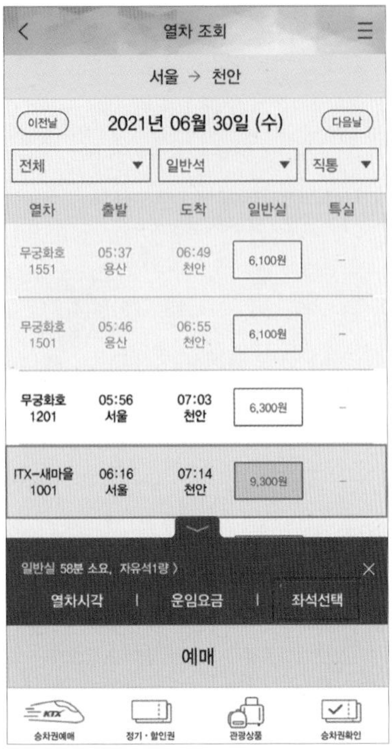

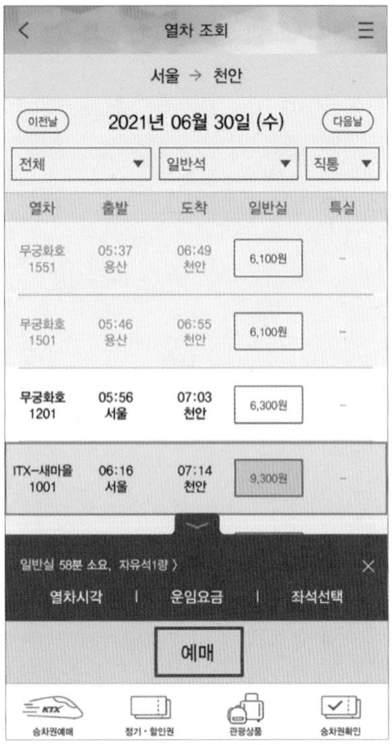

1 **[좌석선택]**을 터치합니다. 2 15A, 15B 두 좌석을 선택하고 **[선택 완료]**를 터치합니다.
3 **[예매]**를 터치합니다.

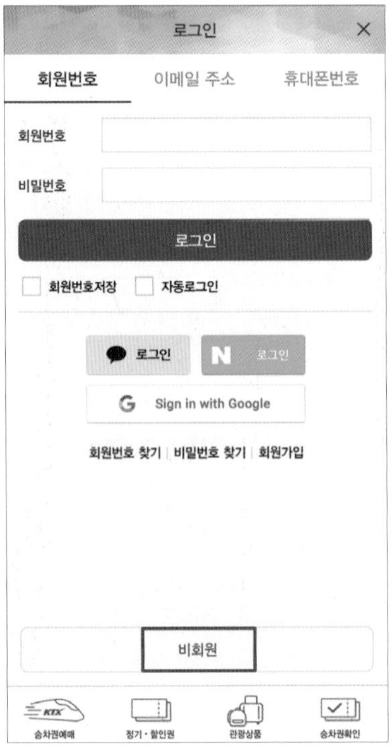

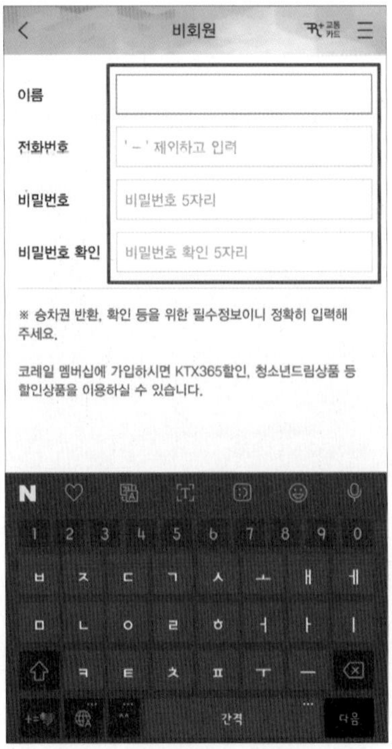

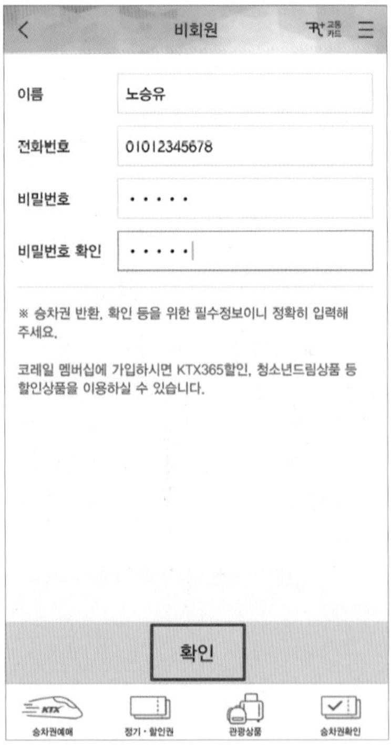

1 회원가입이 되어있지 않으면 비회원으로 열차표를 예매할 수 있습니다. **[비회원]**을 터치합니다.
2 이름, 전화번호, 임이의 비밀번호 5자리를 입력하고 똑같은 비밀번호 5자리를 입력합니다.
3 입력이 완료 되었으면 **[확인]**을 터치합니다.

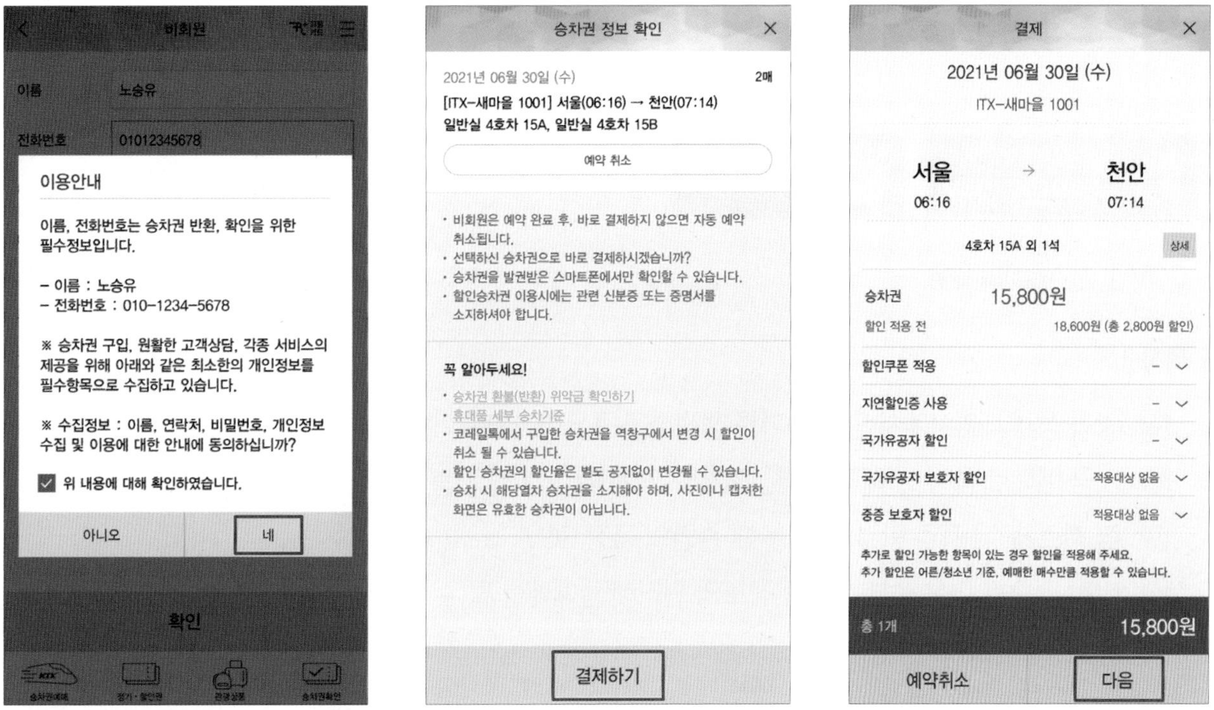

1 승차권 반환이나 확인을 위한 필수정보를 다시 확인하고 [**네**]를 터치합니다.

2 예매 승차권을 확인하고 [**결제하기**]를 터치합니다.

3 승차권 요금을 확인하고 [**다음**]을 터치합니다.

1 카드결제 화면에서 카드번호, 유효기간, 비밀번호, 주민번호 앞6자리를 입력하고 개인정보 수집 및 이용 동의를 해주고 [**결제/발권**]을 터치합니다. 2 캡처한 승차권은 사용할 수 없고 부가운임이 발생될 수도 있습니다. 3 운임영수증 [**QR코드**]를 터치하면 영수증을 확인 할 수 있습니다.

키오스크 활용하기 - 영화티켓 예매하기

[CGV] 앱(App)의 활용

[특징]

- 영화 상세 페이지에서 영화 후기를 생생하게 공유하고 빠르게 예매 할 수 있습니다.
- 지금 예매로 극장 별 예매와 시간대 필터 적용이 한 번에 가능합니다.
- 더 빠르게, 더 자주 만날 수 있는 내 손안의 극장 CGV
- CGV 앱으로 더욱 풍부한 영화 정보와 편리해진 예매를 할 수 있습니다.

1 CGV 앱을 설치하고 열어줍니다. 필수 접근권한의 **[확인]**을 터치합니다. **2** 우측하단의 **[지금예매]**를 터치합니다. **3** 자주가는 극장을 선택하고 영화를 볼 날짜를 선택한 후 **[조회하기]**를 터치합니다.

CHECK 리스트

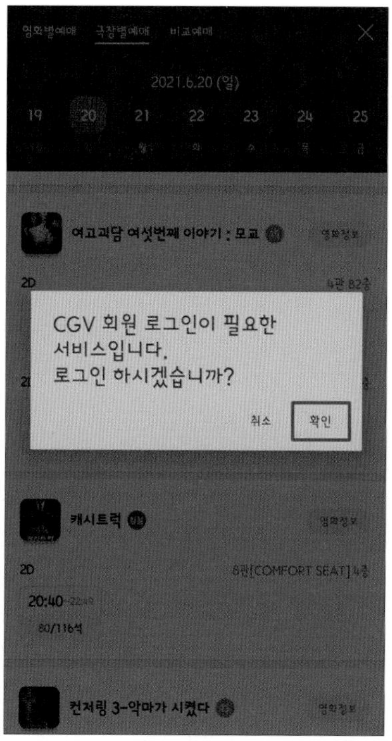

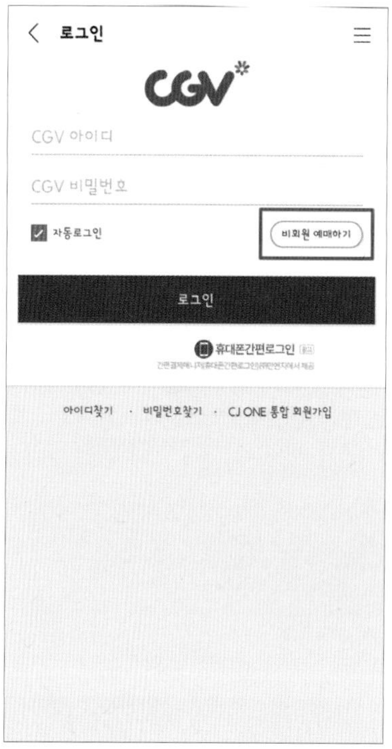

1 상영되는 영화시간을 확인하고 상영시간을 터치합니다. 상영시간 아래쪽에 좌석수도 표시되어 있습니다.

2 CGV 회원 로그인이 필요한 서비스입니다. [**확인**]을 터치합니다.

3 회원가입을 했다면 ID와 비밀번호를 입력하고 아니라면 [**비회원 예매하기**]를 터치합니다.

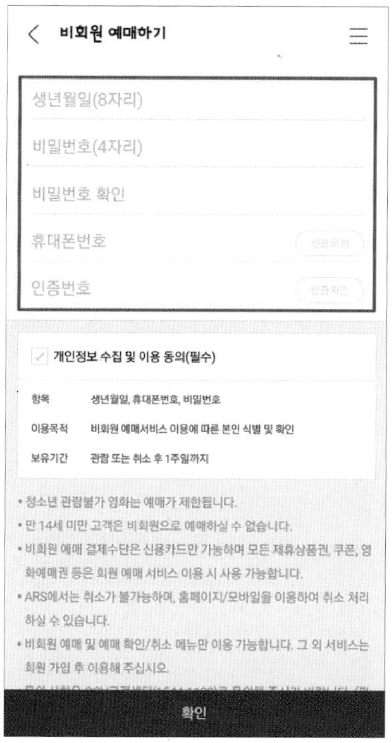

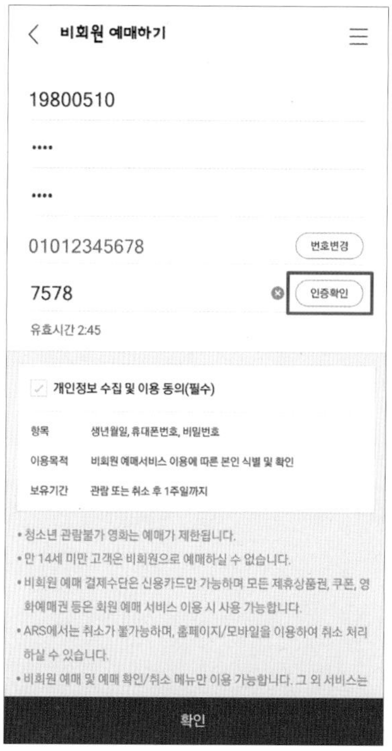

1 생년월일 8자리, 임의의 비밀번호 4자리, 같은 비밀번호로 한 번 더 입력합니다.

2 휴대폰번호를 입력하고 [**인증요청**]을 터치합니다.

3 인증번호를 입력하고 [**인증확인**]을 터치합니다.

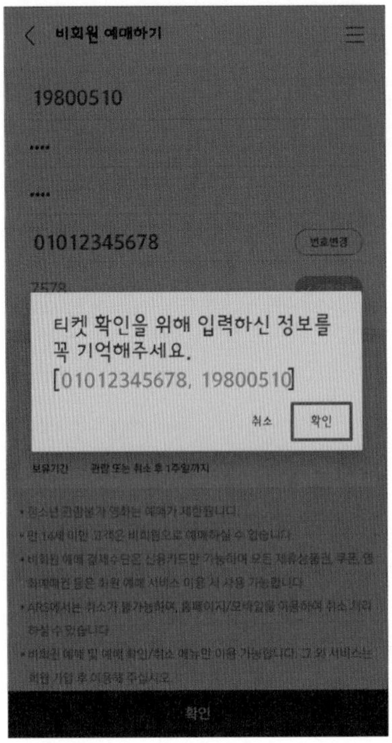

1. 개인정보 수집 및 이용동의에 체크를 하고 [**확인**]을 터치합니다.
2. 티켓 확인을 위한 정보를 다시한번 확인하고 [**확인**]을 터치합니다.
3. 인증절차가 끝난 후 화면 하단에 [**인원선택**]을 터치합니다.

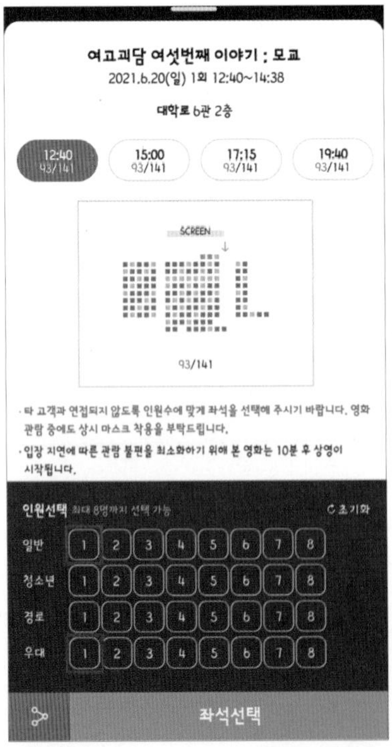

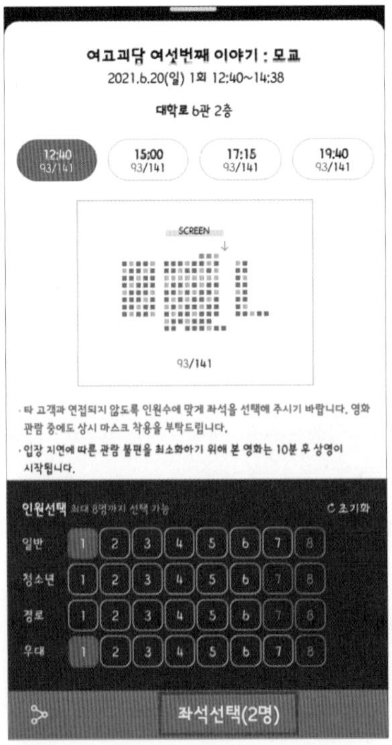

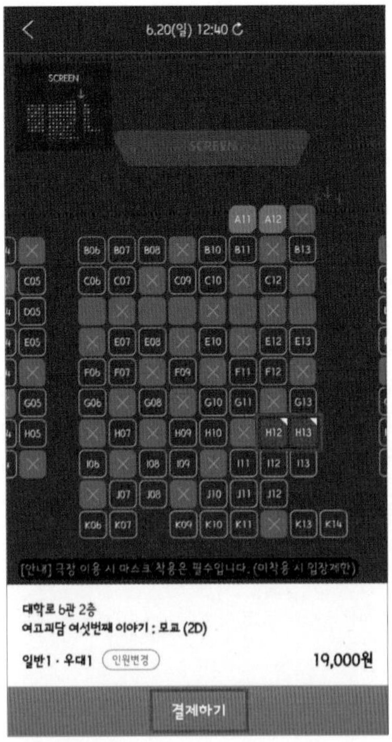

1. 영화를 볼 인원수를 터치합니다.
2. 하단의 [**좌석선택**]을 터치합니다.
3. H12, H13 좌석을 선택하고 [**결제하기**]를 터치합니다.

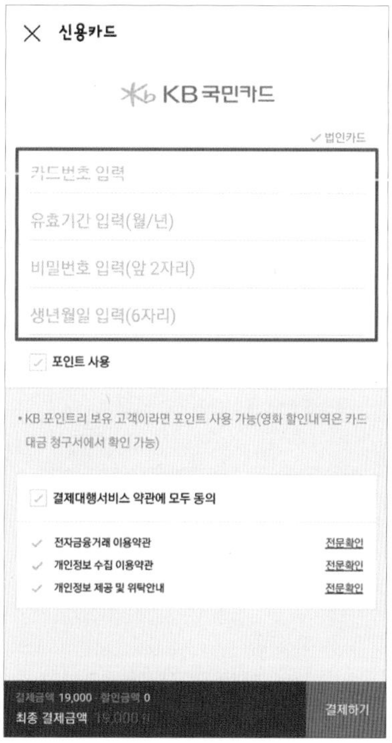

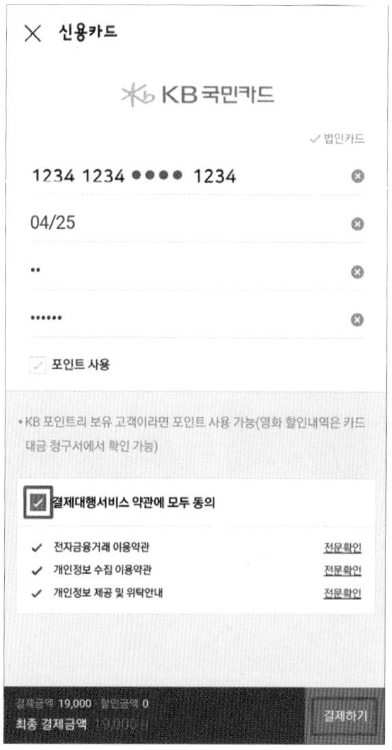

1 신용/체크카드에서 **[카드]**를 선택합니다. 국민카드를 선택해 보겠습니다.

2 카드번호와 유효기간, 비밀번호 앞 2자리, 생년월일 6자리를 입력합니다.

3 약관에 동의를 하고 하단의 **[결제하기]**를 터치합니다.

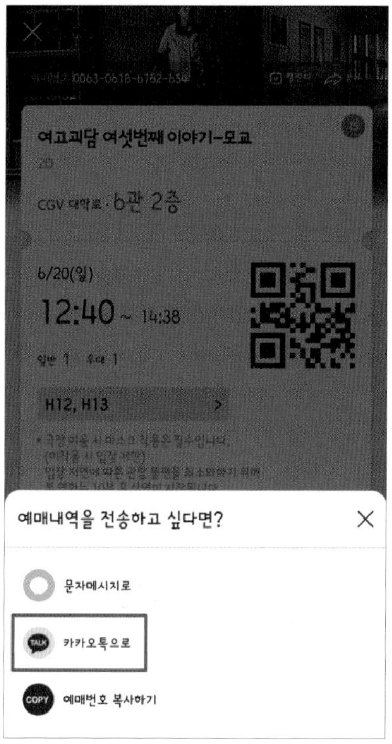

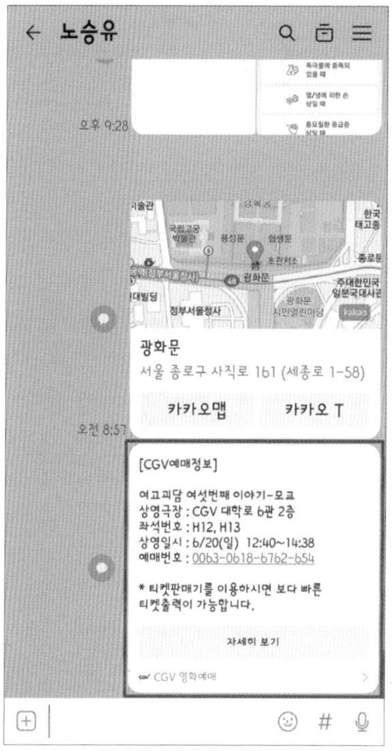

1 영화티켓 예매가 완료되고 예매티켓을 확인할 수 있습니다. 우측상단의 **[공유]**를 터치하면 티켓을 공유할 수 있습니다. 2 카카오톡으로 공유해 보겠습니다. 3 카카오톡에 예매번호가 공유된 걸 확인할 수 있습니다.

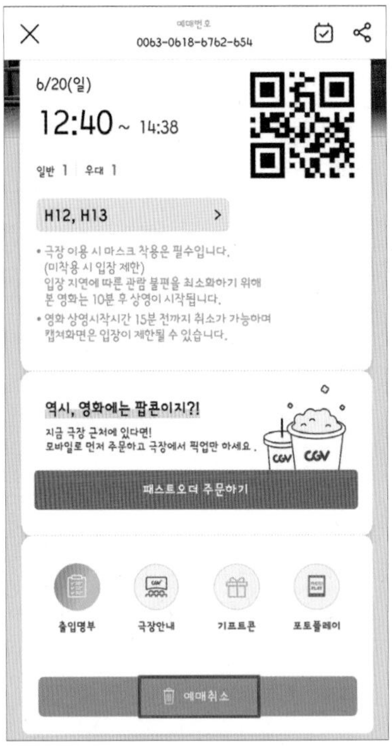

1 영화티켓을 예매한 후 CGV 앱 첫화면 상단에 예매티켓이 표시되어 있는 것을 확인할 수 있습니다. 스마트폰을 흔들어서 확인할 수도 있습니다.

2 예매티켓 취소를 원하시면 티켓 제일 하단에서 [**예매취소**]가 가능합니다. [**예매취소**]를 터치합니다.

3 예매티켓이 취소되고 카드취소가 되며 환불처리 된 것을 확인할 수 있습니다.

CHECK 리스트

키오스크 활용하기 - 응급의료정보제공

[응급의료정보제공] 앱(App)의 활용

[특징]

- 병원안내, 약국안내, 진료병원, 명절(설, 추석) 병원/약국, 연휴병원/약국, 응급처치, 자동심장충격기 등 정보를 제공합니다.
- 보건복지부는 응급의료 수요증가 및 급변하는 IT(정보기술) 환경에 부응하기 위하여 스마트폰을 이용한 응급의료 관련 정보제공을 시작합니다.

[장점]

- 지도를 중심으로 실시간 진료 가능한 병원을 찾을 수 있습니다.
- 즐겨찾기로 자주 가는 병의원 및 약국을 모아볼 수 있습니다.
- 야간/주말 진료 가능한 병의원 및 약국을 찾을 수 있습니다.
- 명절 응급의료기관(휴일지킴이 약국) 찾기를 할 수 있습니다.

CHECK 리스트

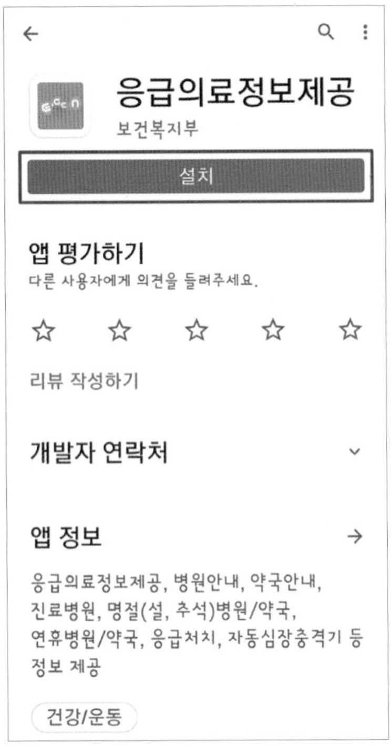

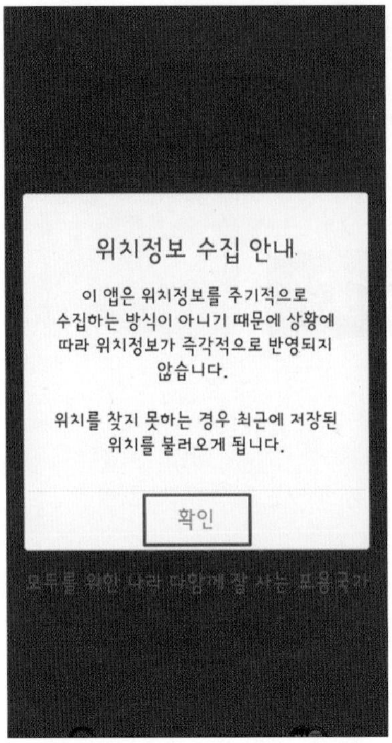

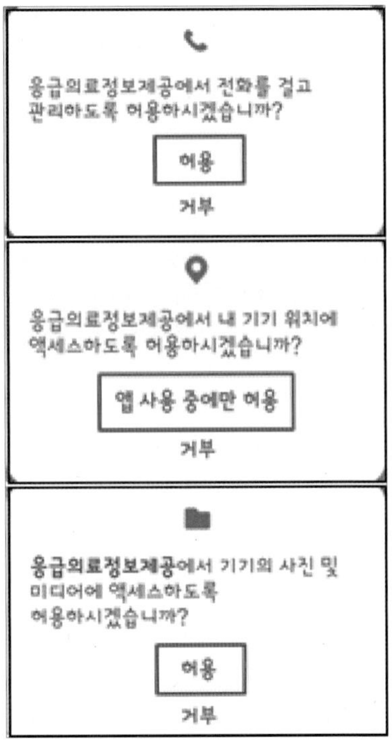

1 구글 [Play 스토어]에서 [**응급의료정보제공**]을 설치한 후 열기 해주시고 3G/LTE 알림 [**확인**]을 터치합니다. 2 위치정보 수집 안내 [**확인**]을 터치합니다.
3 응급의료정보제공 앱 사용을 위한 권한을 [**허용**] 해줍니다.

1 하단 옵션 메뉴에서 [**병의원**]을 터치합니다.
2 상단의 검색창에서 병의원을 검색할 수도 있습니다.
3 진료중인 병의원 터치하면 더 상세한 정보를 볼 수 있습니다. [**혜화가정의원**]을 터치합니다.

1 좌측 하단의 [**공유**] 메뉴를 터치합니다.

2 카카오톡이나 페이스북으로 공유할 수 있습니다.

3 하단 중앙에 있는 [**전화**] 메뉴를 터치합니다.

1 병원으로 바로 전화를 걸 수 있습니다.

2 우측 하단의 [**길찾기**] 메뉴를 터치합니다.

3 카카오맵으로 연결이 되고 병원까지 찾아가는 경로를 보여줍니다.

1 ①하단 옵션 메뉴에서 [**약국**]을 터치합니다. ②[**누르면 목록이 나타납니다**]를 터치하면 약국목록을 볼 수 있습니다. 2 운영중인 약국을 터치합니다.
3 약국에 대한 정보가 뜨고 하단메뉴를 사용해서 [**공유**], [**전화**], [**길찾기**] 정보를 이용할 수 있습니다.

1 하단 옵션메뉴에서 [**응급처치**]를 터치합니다.
2 [**상황별 응급처치요령**]을 터치합니다.
3 상황별 응급처치에 대한 정보를 열람할 수 있습니다.

키오스크 활용하기 - 카카오택시

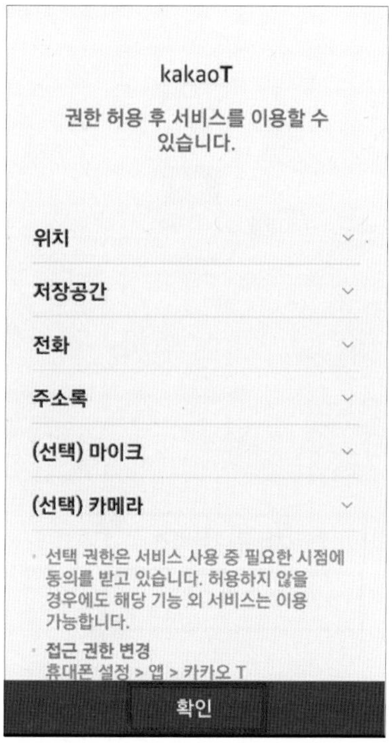

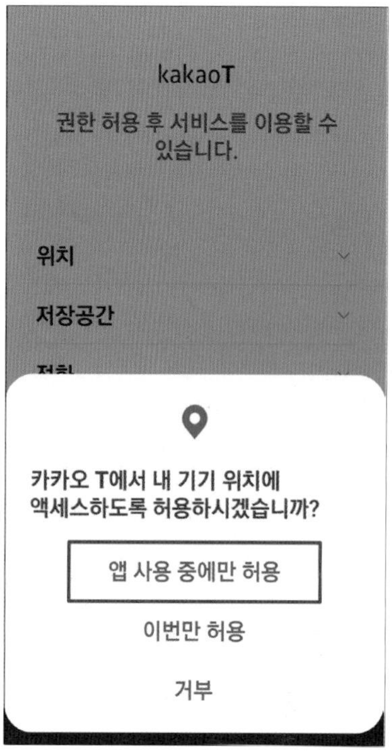

1 ①Play스토어 검색창에 [**카카오 T**]를 검색합니다. ②설치 후 [**열기**]를 터치합니다.

2 서비스 이용 권한 허용에 [**확인**]을 터치하여 진행합니다.

3 서비스 이용 권한 설정을 위해 3번의 [**허용**]을 터치하여 진행합니다.

1 [**카카오계정으로 시작하기**]를 터치합니다. 2 [**확인**]을 터치합니다.

3 ①휴대폰 인증을 위해 전화번호를 입력 후 [**보내기**]를 터치합니다. ②문자로 전송된 [**인증번호**]를 입력합니다. ③[**다음**]을 터치합니다.

1 인증 절차가 끝났습니다. 카카오 T 첫 화면입니다. [**택시**]를 터치합니다. **2** ①위치 정보에 허용하였기에 [**현재 위치**]가 보입니다. ②[**어디로 갈까요?**]를 터치합니다. **3** ①[**도착지 주소**]를 입력합니다. ②정확한 주소를 확인 후 [**도착**]을 터치합니다

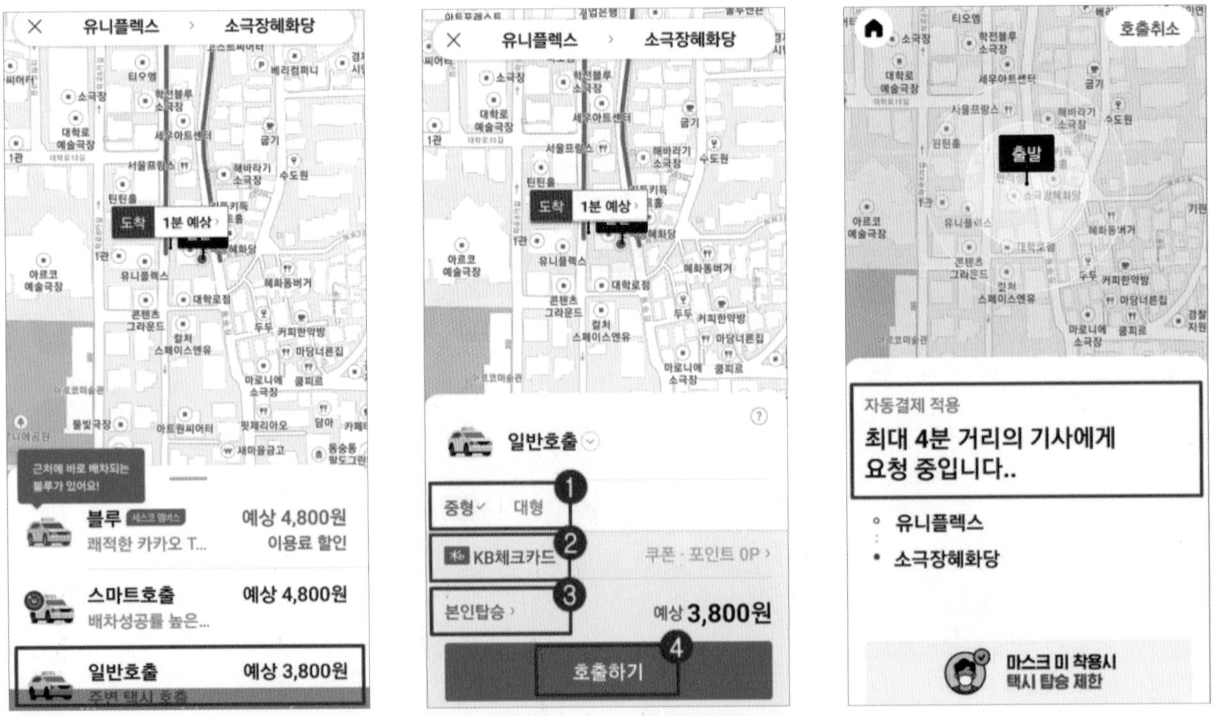

1 [**일반호출**]을 터치합니다. **2** ①중형 차와 대형 차를 선택할 수 있습니다.
②택시비 지불할 카드를 등록할 수 있습니다. ③본인 승차가 아닐 경우 연락처를 선택할 수 있습니다.
④[**호출하기**]를 터치합니다. **3** 가장 가까운 거리에 있는 기사에게 요청이 되고 호출이 정상적으로 접수되면 기사님의 현재 위치, 도착 시간, 차량번호까지 확인할 수 있습니다.

키오스크 활용하기 - 배달(배민 등)

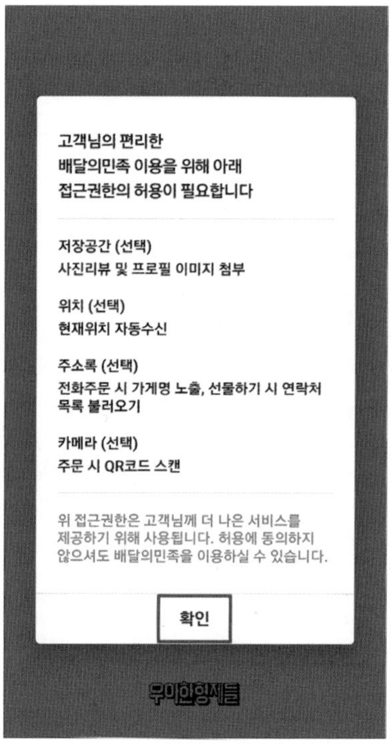

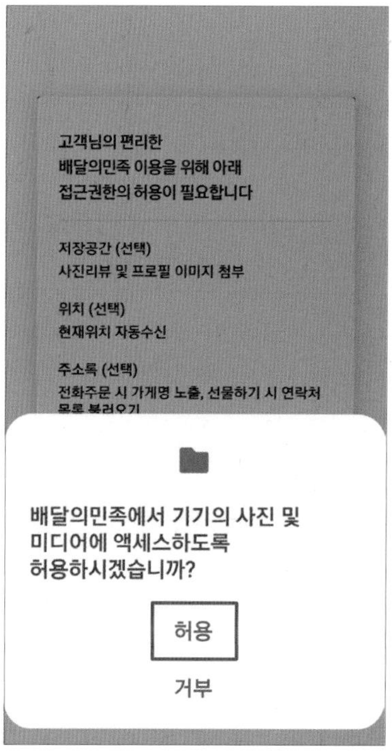

1 ①Play 스토어에서 **[배달의민족]**을 검색하여 설치 후 ②**[열기]**를 터치합니다.

2 권한 허용에 대한 안내가 보이고 **[확인]**을 터치합니다.

3 **[허용]**을 터치하여 진행합니다.

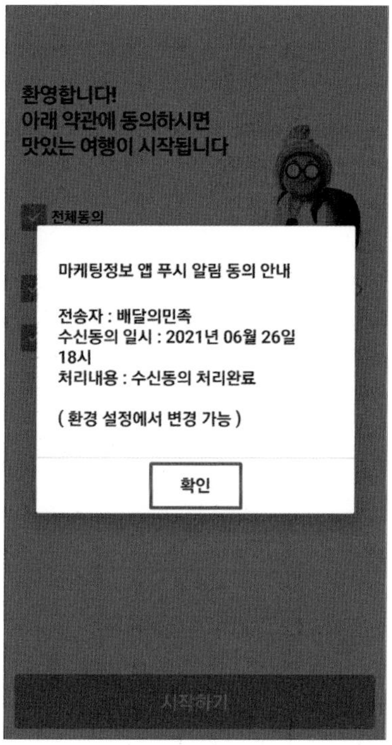

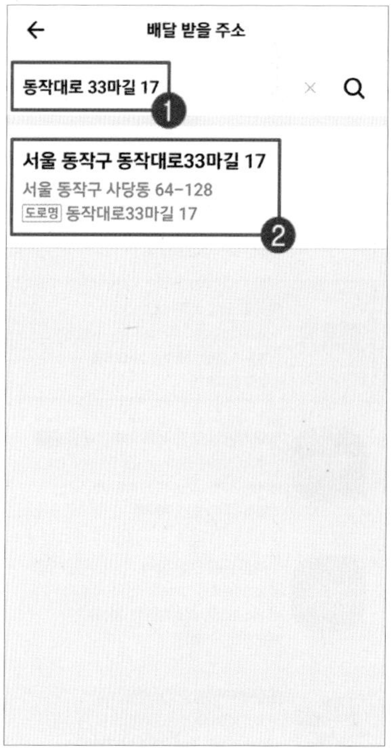

1 ①약관에 **[전체동의]**를 체크합니다. ②**[시작하기]**를 터치합니다.

2 **[확인]**을 터치하여 진행합니다.

3 ①주소를 검색합니다. ②배달 받을 주소를 선택합니다.

1 ①[**상세주소**]를 정확하게 입력 후 ②[**완료**]를 터치합니다.

2 메인화면에서 [**배달**]을 터치합니다.

3 ①음식 카테고리에서 ②원하는 메뉴를 선택합니다.

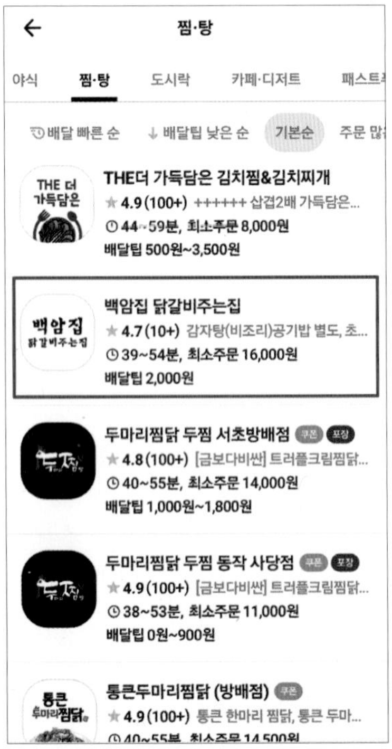

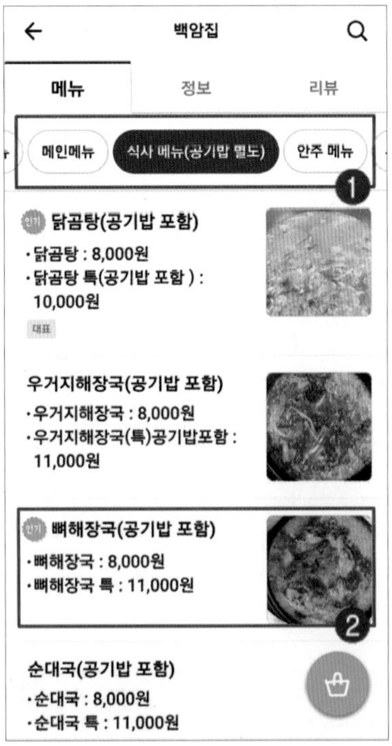

1 화면에 노출되는 배달 음식점은 입력한 주소에 맞춰 갱신됩니다. 음식점을 선택합니다.

2 음식점을 터치하여 화면을 드래그해서 메뉴를 확인합니다.

3 ①선택한 배달 음식점의 메뉴를 분류하여 빠르게 검색할 수 있습니다. ②원하는 음식을 선택합니다.

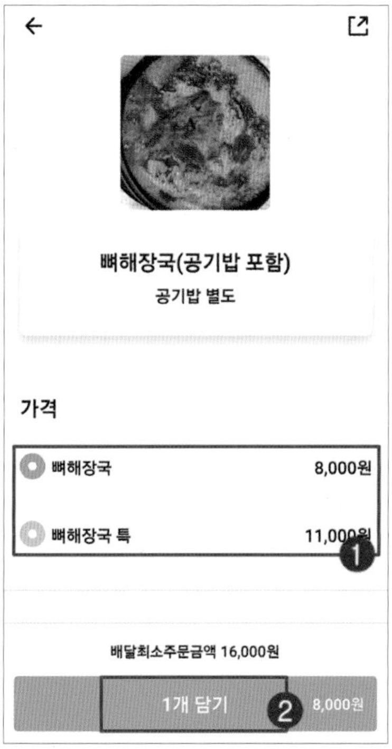

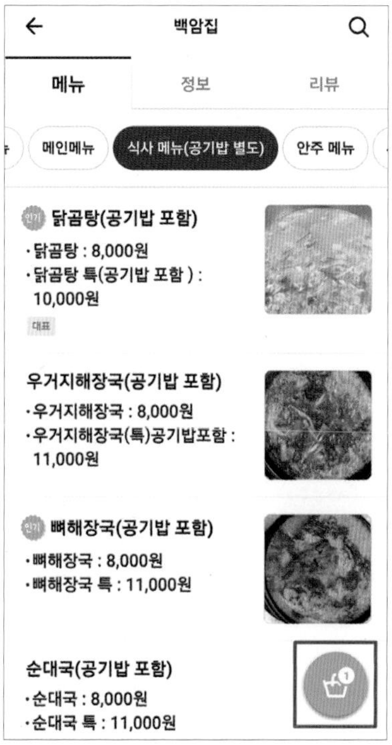

1 ①선택한 음식에 따라 조금씩은 다르지만 음식의 양이나 기호를 선택할 수 있는 화면입니다. ②1개 담기를 선택하여 음식을 장바구니에 담아주세요. 2 선택한 음식이 장바구니에 담겨 1 표시가 생긴 걸 확인할 수 있습니다. 3 추가 음식을 장바구니에 담을 수 있습니다.

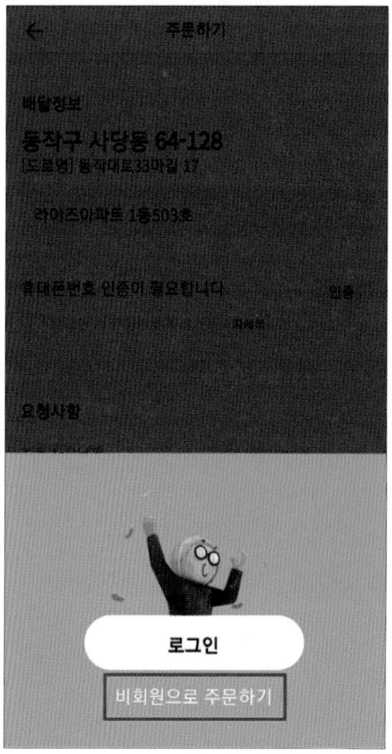

1 장바구니 아이콘을 터치합니다. 2 ①선택한 음식의 개수를 바꿀 수 있습니다. ②추가할 음식이 있다면 [✚ 더 담으러 가기]를 선택하여 진행합니다. ③음식 담기가 끝났다면 주문 금액을 확인 후 [**배달 주문하기**]를 터치합니다. 3 [**비회원으로 주문하기**]를 기준으로 예시를 진행합니다.

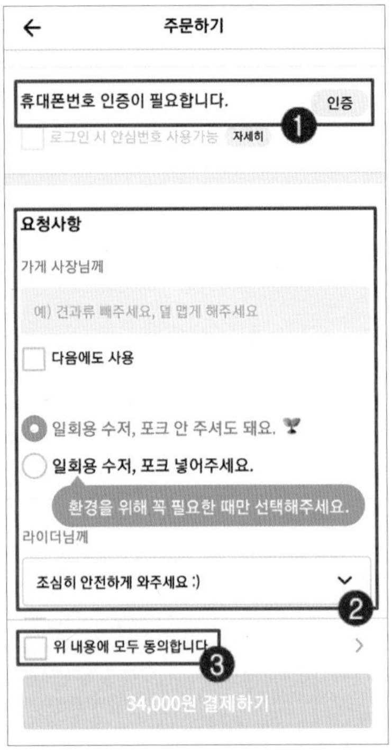

1 ①비회원으로 진행하였기 때문에 배달 중 생기는 문제 해결을 위해 본인의 휴대폰 번호를 인증하여야 합니다. ②요청사항을 통해 배달에 필요한 정보를 추가적으로 음식점에 전달할 수 있습니다. ③[**위 내용에 모두 동의합니다**]를 체크합니다. 2 [**결제하기**]를 터치하여 결재를 진행하시면 됩니다.

CHECK 리스트

키오스크 활용하기 - 쇼핑(이마트, 네이버 앱 쇼핑)

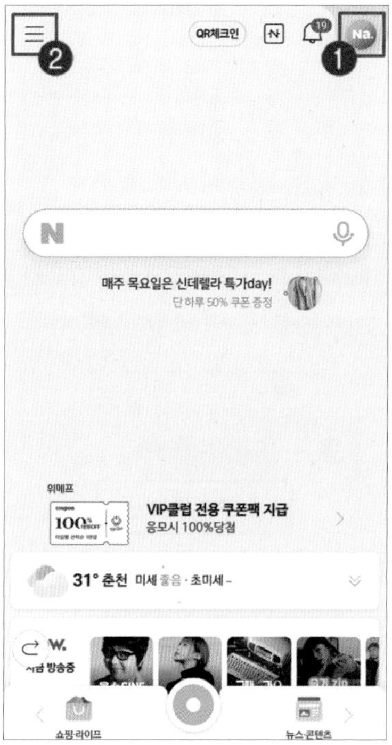

1 네이버 앱 첫 화면입니다. ①네이버 아이디로 로그인합니다. ②[**삼선**] 메뉴 버튼을 터치합니다. 2 네이버에서 지원하는 많은 기능들의 바로 가기를 확인할 수 있습니다. 전체서비스에서 [**네이버 쇼핑**]을 터치합니다. 3 ①원하는 상품을 검색할 수 있습니다. ②[**삼선**]을 터치하면 배송현황 및 장바구니를 확인할 수 있는 [**쇼핑 MY**]에 진입할 수 있습니다.

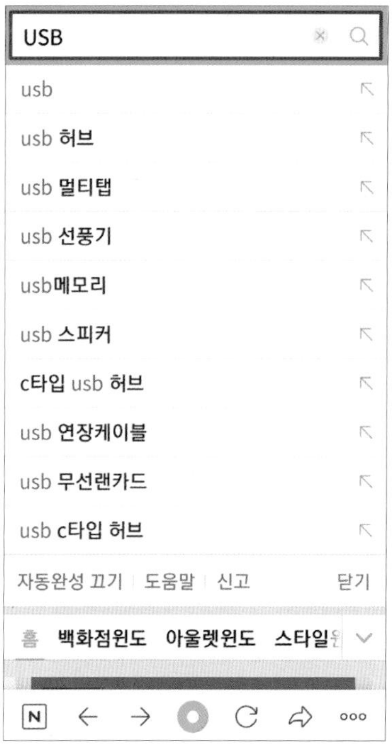

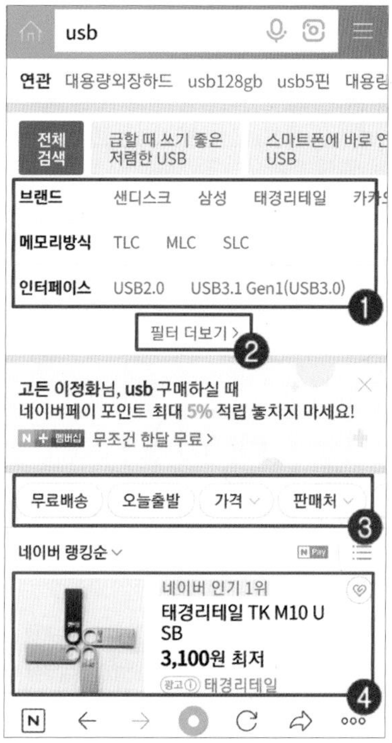

1 검색창에 원하는 상품을 입력 후 돋보기 아이콘 검색을 터치합니다. 2 ①검색한 상품 형식에 맞춰 고를 수 있는 필터가 나옵니다. ②[**필터 더보기**]를 터치하여 상세한 필터 설정을 통해 원하는 제품을 찾을 수 있습니다. ③판매자 필터를 통해 원하는 조건의 제품을 찾을 수 있습니다. ④조건에 맞는 상품을 터치합니다. 3 [**최저가 사러가기**]를 터치합니다.

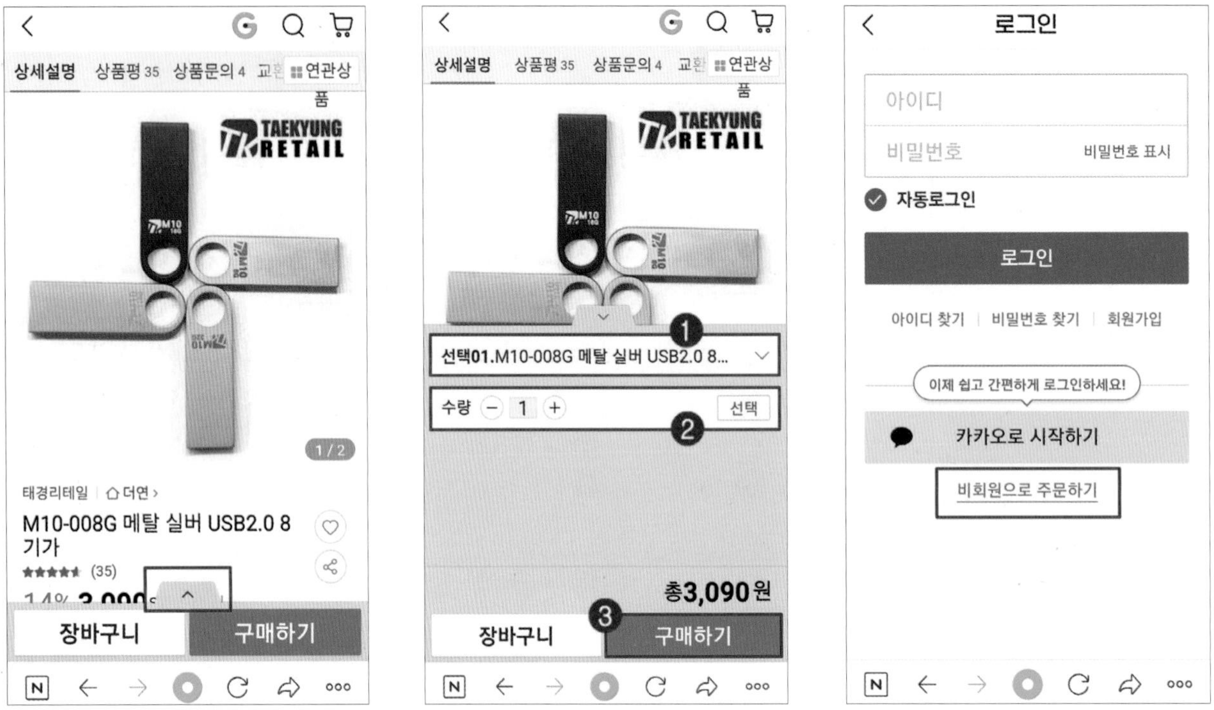

1 제품 옵션 더보기를 터치합니다. **2** ①제품의 색상을 선택할 수 있습니다. ②제품 수량을 선택합니다. ③[**구매하기**]를 터치합니다. **3** 로그인하지 않아도 비회원으로 주문할 수 있습니다. [**비회원으로 주문하기**]를 터치하여 진행합니다.

1 ①주문자 이름, 연락처, 이메일, 비회원 주문서이기 때문에 주문한 제품에 대한 정보를 열람하는데 필요한 임시 비밀번호를 입력합니다. ②배송지를 입력합니다. **2** ①주소를 검색하여 입력합니다. ②배송 요청사항을 선택할 수 있습니다. **3** 결재할 카드사를 선택 후 하단 화면에 전체 동의에 체크합니다. [**결제하기**]를 터치하여 결재를 진행합니다.

키오스크 활용하기 - 이마트몰

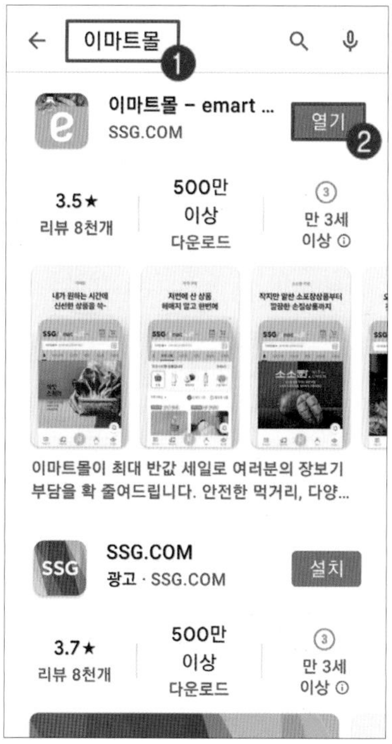

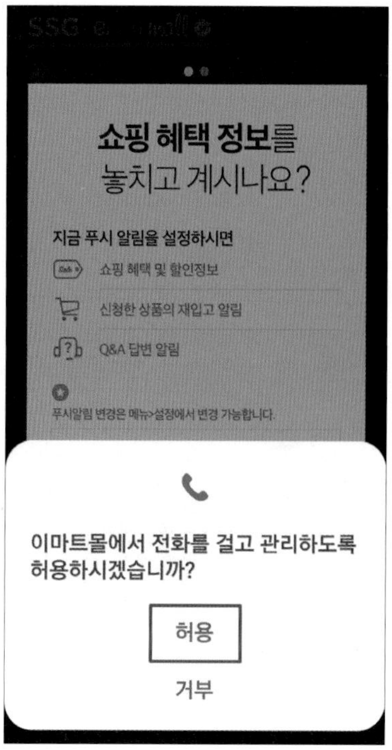

1 ①Play 스토어에서 **[이마트몰]**을 검색하여 설치 후 ②**[열기]**를 터치합니다.

2 권한 안내 확인 후 **[확인했어요]**를 터치합니다. 3 **[허용]**을 터치하여 진행합니다.

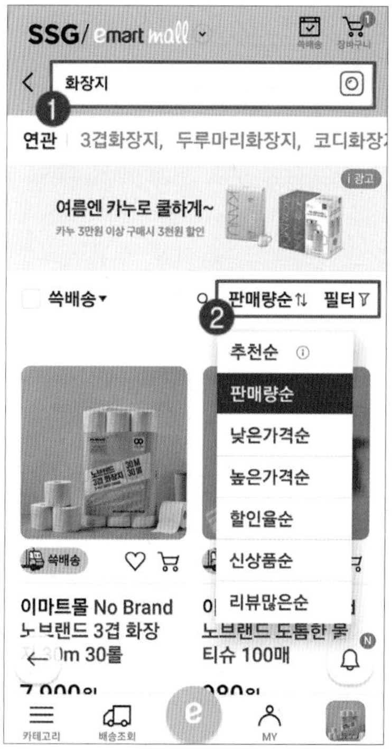

1 쇼핑 광고 알림을 받을지 여부를 선택합니다. 2 이마트몰 홈 화면입니다.

①원하는 상품 키워드를 직접 입력하여 검색할 수 있으며 ②하단 카테고리에서 선택할 수도 있습니다.

3 ①구매할 상품을 입력 후 검색합니다. ②원하는 조건의 필터를 선택할 수 있습니다.

1 ①상품의 수량 및 색상을 선택할 수 있는 옵션 [**더보기**]입니다. ②추가로 구매할 상품이 있다면 [**장바구니**]를 터치합니다. ③추가 상품이 없다면 [**바로구매**]를 터치하여 진행합니다.

2 로그인하지 않아도 비회원으로 주문할 수 있습니다. [**비회원으로 주문하기**]를 터치하여 진행합니다.

3 주문자 이름, 연락처, 이메일, 주소, 개인정보 수집 동의 체크 후 [**주문하기**]를 터치합니다.

1 ①배송 날짜와 시간을 선택할 수 있습니다. ②일반 배송인지 새벽 배송인지 선택할 수 있습니다. ③[**계속하기**]를 터치합니다. 2 배송 수령위치 선택, 요청사항 등을 입력 후 [**계속하기**]를 터치합니다. 3 결제할 카드사를 선택합니다. 이용약관 동의 후 [**결제하기**]를 터치하고 [**휴대폰 인증**] 절차 후 결재를 진행합니다.

QR-CODE 영상으로 볼 수 있는 키오스크 현장

KTX 열차 예매하기	KTX 예매 취소하기
무인민원 발급기	베스킨라빈스31 주문하기
KFC 주문하기	맥도널드 주문하기
버거킹 주문하기	EDIYA 음료 주문하기
농협 ATM 사용하기	무인점포매장 이용하기

스마트폰, 요금제, 보험 선택하는 방법

▶ 통신사 단말기보험 선택하기

< SKT 단말기 보험, 2021년 7월 기준 >

T All케어플러스 이용 요금

T All케어 서비스 자세히 보기

구분	기종	상품	이용료	자기부담금			가입 가능 단말 출고가	보상 횟수
				분실	파손	완전파손		
분실파손	안드로이드	T All케어플러스 200 >	9,900원	40만원	10만원	-	150만원 초과	분실 1회 파손 3회
		T All케어플러스 150 >	7,400원	35만원	8만원		150만원 이하 80만원 초과	
		T All케어플러스 80 >	4,900원	15만원	4만원		80만원 이하	
		T All케어플러스 폴드 >	11,500원	65만원	20만원		z-폴드 시리즈	
	애플	T All케어플러스 i200 >	10,300원	50만원	액정 10만원 리퍼 25만원		150만원 초과	
		T All케어플러스 i150 >	8,300원	40만원			150만원 이하 100만원 초과	
		T All케어플러스 i100 >	6,300원	25만원			100만원 이하	
파손	안드로이드	T All케어+파손 200 >	6,500원	-	10만원	10만원	150만원 초과	파손 3회 완전파손 1회
		T All케어+파손 150 >	5,700원		8만원	8만원	150만원 이하 80만원 초과	
		T All케어+파손 80 >	3,900원		4만원	4만원	80만원 이하	
		T All케어+파손 폴드 >	8,900원		20만원	20만원	z-폴드 시리즈	
	애플	T All케어+i200 >	7,300원		액정 10만원 리퍼 25만원	10만원	150만원 초과	파손 3회
		T All케어+i150 >	6,200원				150만원 이하 100만원 초과	
		T All케어+i100 >	5,100원				100만원 이하	

1 스마트폰 보험은 단말기 분실이나 파손에 대비해 매월 보험료를 납부하고, 단말기 분실이나 파손 시 도움을 받는 부가서비스입니다. 납부하는 보험료에 따라 단말기 분실이나 파손 시 보상받을 수 있는 금액에 차이가 있습니다.

단말기 보험은 스마트폰 교체 시에 가급적 가입하실 것을 권합니다. 약정기간 내내 납부하는 보험료가 부담된다면 스마트폰 교체 직후 3개월~6개월만이라도 보험을 가입하는 것이 바람직합니다. 스마트폰 교체 직후 새 스마트폰에 적응하는 과정에서 스마트폰을 분실하는 경우가 많기 때문이기도 하고, 구입 초기에 스마트폰을 분실하면 오랫동안 큰 부담을 감당해야 하기 때문입니다.

KT에는 스마트폰을 구입하고 1개월 이후에 가입할 수 있는 보험상품도 있지만, 통상적으로 단말기 보험은 새 폰을 구입하고 30일이 경과하면 가입이 불가능하다는 점을 꼭 기억하시기 바랍니다.

▶ 통신사 시니어요금제 선택하기

또한, 요금상품을 선택하는 것은 스마트폰을 구입하는 것 이상으로 중요합니다. 본인의 통화량과 데이터사용량 등을 참고해서 적당한 요금제를 선택하는 것이 현명한 통신생활의 첫걸음이기 때문입니다. 스마트폰을 사용하면서 수시로 통신매장에 들러 본인의 요금제를 점검하는 것도 좋은 습관입니다.

<SKT 시니어 요금제, 2024년 3월 기준>

#만 65세 이상 ×　　　　추천순 | 낮은가격순 ↓

상품명				월정액	선택약정 반영 금액	
T플랜 시니어 스페셜	160GB	집전화·이동전화 무제한	기본제공	79,000원	59,200원	자세히보기
T플랜 시니어 에센스	110GB	집전화·이동전화 무제한	기본제공	69,000원	51,730원	자세히보기
T플랜 시니어 안심4.5G	4.5GB	집전화·이동전화 무제한	기본제공	50,000원	37,460원	자세히보기
T플랜 시니어 안심2.8G	2.8GB	집전화·이동전화 무제한	기본제공	43,000원	32,220원	자세히보기
T플랜 시니어 세이브	1.7GB	집전화·이동전화 무제한	기본제공	33,000원	24,750원	자세히보기
T끼리 어르신	400MB	SKT 고객간 무제한	기본제공	19,800원	14,850원	자세히보기
뉴실버요금제	-	30분	80건	9,900원	7,425원	자세히보기

<KT 시니어 요금제, 2024년 3월 기준>

부가세가 포함된 실제 지불금액입니다.

데이터ON 시니어	만 65세 이상	집/이동전화 무제한	데이터 무제한 (속도제어)	월 49,000원	상세보기 / 상품리스트
시니어 베이직	만 65세 이상	집/이동전화 무제한	데이터 이월+당겨쓰기	월 33,000원	상세보기 / 상품리스트
추천 순 골든(LTE)	만 65세 이상	지정번호 통화할인	스마트 지킴이 제공	월 22,000원	상세보기 / 상품리스트
LTE WARP 골든	만 65세 이상	지정번호 통화할인	최대 500MB	월 16,500원~	상세보기 / 상품리스트

▶ 통신사 스마트폰 계약 주의사항

스마트폰 계약을 하면서 참고할 사항입니다. 첫 번째는 내가 가입하고자 하는 통신사를 정확히 구분할 수 있어야 합니다. 알뜰폰은 통신사의 망을 임대해서 제공하는 서비스로 요금이 저렴한 장점이 있지만, 매장이 없어서 전화로만 업무가 가능한 단점이 있습니다. 수시로 매장에 방문해서 스마트폰 사용에 대해 문의를 해야하는 어르신들은 불편할 수 있으니 주의가 필요합니다.

※ MNO(Mobile Network Operator) : skt kt lgu+와 같은 이동통신사업자

※ MVNO(Mobile Virtual Network Operator) : MNO의 망을 임대하여 서비스하는 사업자

< 출처 : 한국알뜰통신사업자협회 >

구분	이동통신사업자(3개사)	알뜰폰(27개사)
의미	KT SKT LGU+ 3개 통신사	이동통신사의 망을 빌려서 통신서비스 제공
장점	✓ 직영 매장 이용 편리 ✓ 가족결합 할인 가능 ✓ 기종, 요금제 종류 다양	✓ 전체적으로 요금 저렴 ✓ 약정 조건 부담 적음
단점	✓ 기본 24개월 약정 조건	✓ 가족결합 할인 불가
매장	직영 매장이 다수 존재 (3사 합계 전국 1만여개)	직영 매장 없음 (전화로만 업무 처리)

두 번째는 통신사 직영매장과 판매점을 구분해야 합니다. 통신사 직영매장은 각 통신사에서 직접 관리하는 매장으로, 해당 통신사의 요금제 가입이 가능하고 고객정보 전산을 통해 개통~요금수납 ~ 명의변경 등 모든 업무처리가 가능합니다. 판매점은 통신사와 직접적인 계약 관계가 없어서 모든 통신사의 요금제와 단말기 상담이 가능한 장점이 있습니다.

〈 KT직영매장 / SKT 직영매장 〉

〈 판매점 〉

구분	직영대리점	판매점
간판	KT SKT LGU+ 등 특정 통신사만 명시	통신사 로고를 다양한 형태로 조합 가능
전산 프로그램	통신사 전산을 통해 사용내역 조회 가능	거래처 대리점을 통해 전화로 정보 조회
상품•서비스	특정 통신사 단말기와 요금제만 안내	여러 통신사 단말기와 요금제 상담
매장 지속성	통신사에서 지원하는 형태로 매장 변동 적음	개인이 운영하는 형태로 매장 변동이 많음

세 번째는, 통신서비스 계약에 대한 안내입니다.

①통신서비스 계약은 기기를 구입하는 계약과 요금제를 약정하는 계약 2건으로 진행됩니다

②스마트폰 할부 계약은 무이자가 아니라 5.9% 할부이자가 있습니다

③요금제 약정 가입은 기본 24개월이고, 자급제폰이나 중고폰은 12개월 약정도 가능합니다

네 번째는 통신서비스 계약 주의사항입니다.

①전화가입 권유는 가급적 거절하세요 (각 통신사에서 고객관리를 위해 좋은 조건을 제시하는 전화 상담도 있지만, 상담내용과 다르게 가입이 이루어져서 피해를 보는 경우도 있습니다)

②할부원금과 할부기간을 꼭 확인하세요 (월 통신요금을 낮추기 위해 할부기간을 길게 설정하는 방법은 할부이자로 인해 부담만 키울 수 있습니다)

③개인별 데이터 사용량에 맞는 요금제를 선택하세요

④가족들이 같은 통신사에 가입해 결합할인을 받는 것도 좋은 방법입니다

⑤매월 요금할인을 받을 수 있는 제휴카드 할인도 검토해보세요

유용한 앱 활용하기

▶ 스마트폰 하나면 노래방이 필요없다 (노래방 종결자)

1 Play 스토어에서 [**노래방 종결자**]를 검색합니다. 2 어플 설치를 위해 앱 접근권한 안내를 확인합니다. 3 인기차트 등을 통해 음악 재생이 가능합니다.

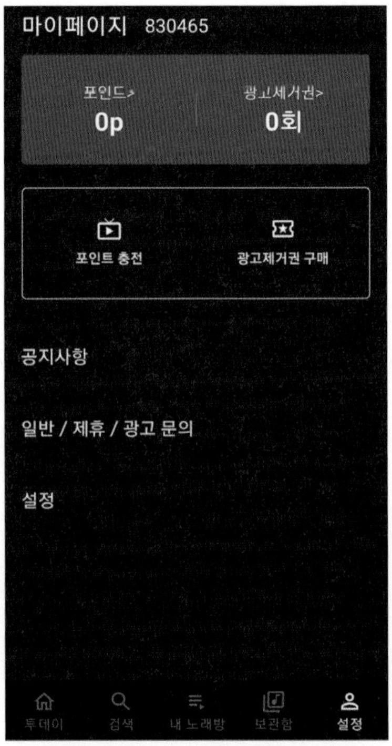

1 음악을 선택하면 녹음시작, 정지를 통해 본인의 노래를 녹음하고 공유할 수 있습니다. 2 검색 기능을 통해 원하는 음악을 찾아볼 수 있습니다. 3 마이페이지에 충전된 포인트 등을 확인할 수 있습니다.

▶ LED 전광판

❶ Play 스토어에서 [**LED전광판**]을 검색합니다. ❷ 좌우 화살표 버튼으로 글씨가 움직이는 방향을 설정할 수 있습니다. ❸ ━ ✚ 버튼으로 글씨 크기를 조정할 수 있습니다.

❶ [TEXT COLOR] 버튼으로 글씨 색상을 조정할 수 있습니다. ❷ [BACK COLOR] 버튼으로 배경 색상을 조정할 수 있습니다. ❸ [START] 버튼으로 조정한 내용을 실행할 수 있습니다.

어르신들이 꼭 알고 활용해야 할 디지털 범죄 예방 앱

세상에 이런일은 없다!

- 금융감독원에서 일반 사람들에게 전화할 일은 없다!
- 경찰청 직원 가족이 아니라면 검찰청에서 전화할 일은 없다!
- 결혼식 청첩장 전달할 때 친한 사람은 직접 전화한다.
- 택배 - 운송장번호, 네이버 택배 조회해 본다.
- 문서요구 - 문자로 폰 고장 났다고 신분증 요구할 일은 없다.
- 큰 범죄를 저질러도 검찰청이나 금융권에서 급하게 일처리 하지 않는게 현실이다!

디지털 범죄

디지털 범죄는 정보통신망을 이용하여 타인의 권리를 침해하거나 범죄를 저지르는 행위를 말합니다.

디지털 범죄 구분

❶ 정보통신망 이용형 범죄

인터넷, 스마트폰, SNS 등 정보통신망을 이용하여 타인의 금전이나 재산을 편취하거나, 개인정보를 빼돌리는 등의 범죄를 말합니다.

예시) 사이버사기, 사이버금융범죄, 개인·위치정보 침해 등이 있습니다.

❷ 정보통신망 침해형 범죄

인터넷, 스마트폰, SNS 등 정보통신망의 정상적인 기능을 방해하거나, 정보통신망을 침입하여 타인의 정보를 빼돌리거나, 정보를 훼손하는 등의 범죄를 말합니다.

예시) 해킹, 서비스 거부공격, 악성프로그램 등이 있습니다.

❸ 불법콘텐츠형 범죄

인터넷, 스마트폰, SNS 등 정보통신망을 이용하여 음란물, 불법 도박, 음란·폭력성 게시물 등을 유포하거나, 저작권을 침해하는 등의 범죄를 말합니다.

예시) 사이버성폭력, 사이버도박, 사이버 명예훼손 등이 있습니다

> **★ 한국 인터넷 진흥원 (https://www.kisa.or.kr/301)**
> 정보통신망의 고도화와 안전한 이용촉진 및 정보보호•디지털과 관련한 대국민 지원을 효율적으로 추진하고자 설립된 기관입니다. 사이트에 방문해서 '고객서비스' 메뉴를 클릭하시면 유용한 다양한 '주요 서비스'를 이용할 수 있습니다.

모바일 범죄

모바일 범죄는 디지털 범죄의 한 유형으로 볼 수 있지만, 모바일 기기의 특성상 다음과 같은 특징을 가지고 있습니다.

모바일 범죄 특징

❶ 범죄의 범위가 다양화되고 있다.

모바일 기기를 이용하여 사이버사기, 사이버금융범죄, 사이버성폭력, 사이버도박, 사이버 명예훼손, 사이버저작권침해 등의 범죄를 저지를 수 있습니다.

❷ 범죄의 난이도가 낮아지고 있다.

모바일 기기를 이용한 범죄는 비교적 간단한 기술만으로도 저지를 수 있어, 범죄에 대한 진입 장벽이 낮아지고 있습니다.

❸ 범죄의 피해가 심각해지고 있다.

모바일 기기를 이용한 범죄는 피해자의 개인정보 유출, 금전 피해, 명예훼손, 심리적 피해 등 심각한 피해를 초래할 수 있습니다.

모바일 범죄 예시

① **사이버 사기 :** 모바일 메신저, SNS, 쇼핑몰 등 모바일 기기를 이용하여 피해자에게 접근하여 금전이나 재산을 편취하는 범죄입니다.

② **사이버 금융범죄 :** 모바일 기기를 이용하여 금융기관을 사칭하거나, 악성 프로그램을 유포하여 피해자의 금융 정보를 빼돌리는 범죄입니다.

③ **사이버 성폭력 :** 모바일 기기를 이용하여 피해자의 성적 촬영물을 불법 촬영하거나, 유포하는 범죄입니다.

④ **사이버저작권침해 :** 모바일 기기를 이용하여 저작권이 있는 콘텐츠를 무단으로 복제하거나, 유포하는 범죄입니다.

⑤ **사이버도박 :** 모바일 기기를 이용하여 불법 도박을 하는 범죄입니다.

⑥ **사이버 명예훼손 :** 모바일 기기를 이용하여 피해자의 명예를 훼손하는 범죄입니다.

모바일 범죄 피해 예방 안전 수칙

- **개인정보를 안전하게 관리하세요.**
  SNS, 쇼핑몰 등에서 개인정보를 입력할 때는 반드시 주의하고, 비밀번호는 자주 변경하세요.

- **출처가 불분명한 메시지나 링크는 클릭하지 마세요.**
  악성 프로그램이 첨부된 메시지나 링크를 클릭하면 개인정보가 유출되거나, 피해를 입을 수 있습니다.

- **안전한 Wi-Fi에 접속하세요.**
  공공장소의 Wi-Fi는 보안이 취약할 수 있으므로, 중요한 정보를 입력하거나, 개인정보를 다룰 때는 안전한 Wi-Fi에 접속하세요.

- **최신 보안 업데이트를 적용하세요.**
  모바일 기기의 운영체제나 애플리케이션의 보안 업데이트를 최신 상태로 유지하세요.

꼭 알고 활용해야 할 모바일 범죄 예방 정보

스미싱

Q : 문자에 있는 인터넷 링크주소만 터치해도 내 정보가 유출 되나요?

A : 스미싱은 문자메시지(SMS)와 피싱(Phishing)의 합성어로,

❶ '무료쿠폰 제공', '돌잔치 초대장', '모바일 청첩장' 등을 내용으로 하는 문자메시지 내 인터넷주소 클릭하면

↓

❷ 악성코드가 스마트폰에 설치되어

↓

❸ 피해자가 모르는 사이에 소액결제 피해 발생 또는 개인·금융정보 탈취

● 문자에 있는 링크 클릭시 일어날 수 있는 일

① 폰에 해킹 어플이 설치됨

② 특정 이유를 들어 개인정보 요구

③ 전화 도청 또는 문자 메시지 해킹 등이 일어날 수 있습니다.

개인정보를 요구한다면 이를 거절하면 될 것입니다.

그러나 해킹 어플이 자동으로 설치되거나 도청, 문자메시지 해킹이 된다면, 폰 소유자 본인은 이유도 알지 못한 상태로 본인의 여러 정보들이 새어나갈 수 있습니다.

이런 형태는 결국 해킹하는 측에서 마음만 먹는다면 얼마든지 피해를 줄 수 있기 때문에 무척이나 위험합니다.

그렇기 때문에 스미싱 문자의 링크는 애초에 누르지 않는 것이 최선입니다. 하지만 그들의 수법에 속아 실수로라도 누르게 된다면, 그때는 어떻게 대처해야 할지에 대해 알아보도록 하겠습니다.

● 스미싱 문자의 링크를 누른 후 대처 방법(안드로이드)

① 한국인터넷진흥원 118 상담센터로 전화하여 상담

② Play 스토어에서 백신 어플 (V3, 알약 등) 다운로드 후 악성코드 검사 및 치료

③ "내 파일" > Download 폴더 > apk 파일 있다면 삭제

④ 통신사 소액결제 차단, 콘텐츠이용료 결제 중지/차단 신청

⑤ 통신사 부가서비스인 번호도용차단서비스 신청

⑥ 휴대폰에 보관 중이던 공인인증서 폐기

⑦ 스미싱 문자 내 URL 주소 신고
(휴대폰 간편신고 or 보호나라 홈페이지에서 신고 접수)

⑧ 금전적 피해를 당했을 경우, 경찰서(☎112)에 피해 내용을 신고하여 '사건사고 사실확인원'을 발급받아 이동통신사, 게임사, 결제대행사 등 관련 사업자에게 제출하면 피해 구제를 받을 수 있다고 합니다.

⑨ 더 자세한 정보는 방송통신 이용자 정보 포털 사이트 참조하세요.

★ **금융감독원보이스피싱지킴이**
(https://www.fss.or.kr/fss/main/sub1voice.do?menuNo=200012)

★ **보호나라 홈페이지** (https://www.boho.or.kr/main.do)

★ **와이즈유저** (www.wiseuser.go.kr)

이것만은 꼭 알고 계시면 디지털 범죄 예방하실 수 있습니다!

- **정부기관이나 금융기관은 어떠한 경우에도 전화나 문자로 금전 및 개인정보를 요구 하지 않습니다.**
- **의심전화 표시 앱 적극 활용하기 :** T전화, 후후(WhoWho), 후스콜
- **통장 양도 및 매매 금지**
- **ATM 지연인출제도 :** 100만원 입금시 이체 및 인출 30분 지연시킬 수 있으며 사기범의 현금인출 시간을 지연시키는게 목적입니다. 이 서비스를 이용하시려면 거래 은행을 통해 ATM 지연 인출 시스템을 미리 신청하시기 바랍니다.
- **지연이체 서비스 :** 자금 이체시 일정시간 송금시간을 지연시키는 서비스로 피래구제를 위한 시간을 확보하실 수 있습니다. 직접 본인이 신청하셔야 합니다.
- **입금계좌 지정 서비스 :** 내가 지정한 계좌 외에는 1일 100만원 이내 소액 송금만 가능하며 보이스피싱 사고를 사전에 방지하는 것이 목적입니다.
- **해외 IP차단 서비스 :** 해외접속 IP를 통해서 이용되는 이체거래를 차단하는 서비스이며 해외에서 보이스피싱을 시도하는 경우 원천적으로 차단하는 것이 목적입니다. 스마트폰이든 PC든 상관없이 거래할 수 있는 단말기를 미리 지정하여 승인할 수 있습니다. 승인되지 않은 기기에서 거래 요청이 들어올 경우 추가 인증이 필요하므로 무단 액세스를 효과적으로 방지하고 개인 정보 도난 위험을 줄일 수 있습니다.
- **고령자 지정인 알림 서비스 :** 고령자 지정인 알림 서비스는 고령자를 대상으로 하는 서비스로 사기 대출을 예방하는 데 도움이 됩니다. 이 서비스는 만 65세 이상 고객이 카드론을 이용할 때마다 지정한 사람에게 문자 메시지를 발송합니다. 고령자는 건망증과 조작에 취약하기 때문에 이 알림 시스템은 잠재적인 대출 사기를 방지하는 안전장치 역할을 합니다. 가족 등 신뢰할 수 있는 사람이 알림을 받도록 사전 승인하면 노인은 사기 대출 거래를 예방할 수 있습니다.
- 112(경찰청) 또는 1332(금융감독원)에 전화해서 지급 정지 요청을 하실 수 있습니다.
- **개인정보노출자 사고 예방시스템(https://pd.fss.or.kr)**에서 신규 계좌 개설 제한을 하실 수 있습니다.
- **계좌정보통합관리서비스(www.payinfo.or.kr)**에서 모든 계좌 일괄지급정지 신청을 하실 수 있습니다.
- **명의도용방지서비스(www.msafer.or.kr)**에서 휴대전화 신규 개설 방지 신청을 하실 수 있습니다.

스마트폰에서 10가지 실습하기

- 스마트폰 2단계 인증
- 설정 ➡ 보안 및 개인정보 보호 ➡ 보안 업데이트 ➡ 소프트웨어 업데이트
- 출처를 알 수 없는 앱 설치 권한 확인
  ➡ 설정 ➡ 보안 및 개인정보 보호 ➡ 출처를 알 수 없는 앱 설치 비활성화
- 앱 권한관리 설정하기
- 위치 권한 설정하기
- 잠금화면 설정 여부 점검
- 구글 플레이 프로텍트 인증 기능 사용여부 점검
- 알약 설치 ➡ 다양한 보안 서비스 활용하기
- 보안폴더 활용하기
- 개발자 옵션 활성화 여부 점검 ➡ 비활성화 되어 있는 경우 안전
  개발자 옵션은 보안 조치를 우회하는 데 악용될 수 있는 고급 기능을 제공하므로 민감한 데이터에 무단 접근으로 이어질 수 있습니다. 개발자 옵션을 활성화 할 경우 동의 없이 사용자 데이터를 수집하고 전송할 수 있으므로 사용자의 개인정보를 침해할 수 있습니다.

생활법률 앱(APP) 다운받기

앱을 설치하신 후, 상단 검색창에 **"전자 금융 범죄"**를 입력하시면
다양한 자료를 보실 수 있습니다.

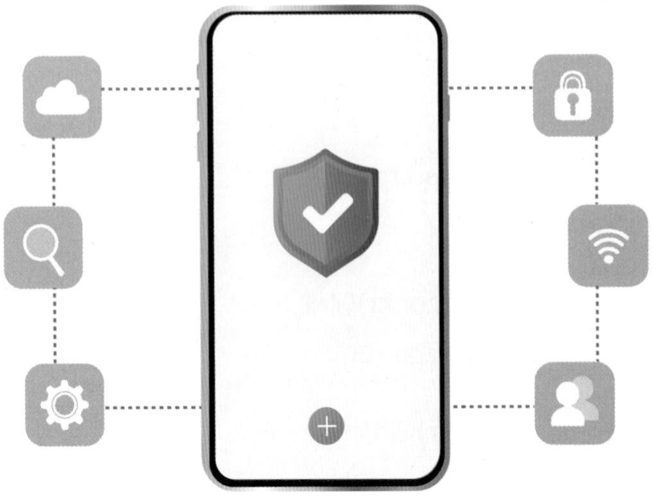

Ai 챗GPT 어렵지 않아요!

Ai란 무엇인가?

AI는 Artificial Intelligence의 약자로, '인공지능'이라고 읽습니다.

인공지능은 학습, 문제 해결, 패턴 인식 등과 같이 주로 인간 지능과 연결된 인지 문제를 해결하는 데 주력하는 컴퓨터 공학 분야입니다.
인간의 지능에는 학습 능력, 추론 능력, 지각 능력 등이 있는데, 인공지능은 이러한 능력을 컴퓨터에 구현하여 다양한 문제를 해결할 수 있도록 합니다.

AI, 즉 인공지능은 컴퓨터나 기계가 인간처럼 생각하고 학습할 수 있게 만든 기술입니다. 이 기술은 다양한 방식으로 우리 주변에 적용되고 있습니다.

예를 들면, 스마트폰의 음성인식 기능, 자동차의 자율주행 시스템, 인터넷 쇼핑몰에서 개인의 취향에 맞춘 상품 추천 등이 모두 AI 기술을 사용하고 있습니다.

인공지능은 다양한 분야에서 활용되고 있습니다. 대표적인 분야로는 다음과 같은 것들이 있습니다.

- **자율주행 자동차**: 자동차가 스스로 운전하는 기술에도 인공지능이 핵심적인 역할을 합니다. AI는 도로 상황, 교통 신호, 주변 차량을 인식하고 이해하여 안전한 운전을 가능하게 합니다.

- **의료**: 인공지능은 의료 이미지 분석, 예를 들어 X-레이나 MRI 스캔에서 질병을 감지하는 데 사용됩니다. AI 알고리즘은 이러한 이미지를 빠르고 정확하게 분석하여 의사가 진단을 내리는 데 도움을 줄 수 있습니다.

- **금융**: 은행과 금융 기관은 AI를 사용하여 사기 거래를 감지하고 위험 관리를 수행합니다. AI 시스템은 대량의 거래 데이터를 분석하여 이상 행동을 식별할 수 있습니다.

- **교육**: 인공지능은 학생들의 학습 스타일과 성취도를 분석하여 개인별 맞춤형 학습 경험을 제공할 수 있습니다. 예를 들어, AI가 학생의 약점을 파악하고 그에 맞는 추가 학습 자료를 제공함으로써 효과적인 학습을 돕습니다.

- **고객 서비스**: 많은 회사에서는 챗봇을 이용히여 고객 문의에 대응하고 있습니다. 이 섓봇들은 자연어 처리(NLP)라는 AI 기술을 사용하여 사람들의 질문을 이해하고 적절한 답변을 제공합니다.

- **추천 서비스**: 넷플릭스나 유튜브 같은 플랫폼은 사용자의 시청 이력과 선호도를 분석하여 맞춤형 콘텐츠를 추천합니다. 이러한 추천 시스템 뒤에는 사용자 데이터를 분석하고 학습하는 AI 알고리즘이 있습니다.

- **분석 서비스**: 기후 데이터를 분석하여 기후 변화의 원인과 영향을 연구하는 것으로, 기후 변화에 대응하기 위한 정책 수립에 기여합니다. 예를 들어, 미국 NASA는 인공지능을 활용하여 지구의 기후 변화를 연구하고 있습니다.

- **신약 개발**: 인공지능을 활용하여 신약 후보 물질을 발굴하고 개발하는 것으로, 신약 개발의 효율성과 성공률을 향상시키는 데 기여합니다. 예를 들어, 화이자는 인공지능을 활용하여 신약 개발을 진행하고 있습니다.

Ai는 크게 두 가지 주요 요소로 구성됩니다.
머신러닝(Machine Learning)과 **딥러닝**(Deep Learning)

인공지능 > 머신러닝 > 딥러닝 관계

인공지능 | Artificial Intelligence
학습, 문제해결, 패턴 인식 등과 같이 주로 인간 지능과
연결된 인지 문제를 해결하는 데 주력하는 컴퓨터 공학 분야

머신러닝 | Machine Learnign
컴퓨터가 스스로 학습하여 인공지능의 성능을
향상시킬 수 있도록 알고리즘과 기술을 개발하는 분야

딥러닝 | Deep Learning
인간의 뉴런과 비슷한 방식으로 심층 인공 신경망을
기반으로 학습 방식을 구현하는 머신러닝 기술

머신러닝(Machine Learning)은 컴퓨터에게 많은 데이터를 주고 그 안에서 패턴을 찾게 하는 방식입니다.

예를 들어, 수많은 고양이 사진을 컴퓨터에게 보여주면서 이것이 고양이라고 알려주면 컴퓨터는 점점 더 고양이를 잘 구별하게 됩니다.

딥러닝(Deep Learning)은 기계학습의 한 분야로, 인간의 뇌가 작동하는 방식을 모방한 신경망(Neural Networks)을 사용합니다. 이 신경망은 많은 계층과 노드로 구성되어 있어서, 복잡하고 추상적인 개념까지 학습할 수 있습니다.

좀 더 기계학습(Machine Learning)과 딥러닝(Deep Learning)에 대해서 자세히 알아보겠습니다.

Askup (아숙업, 애스크업)

개요 및 특징

'AskUp(아숙업, 애스크업)'은 'KakaoTalk(카카오톡)'에서 '챗 GPT'와 '대화(Chatting)'를 나눌 수 있는 서비스입니다. 국내 AI 대표 스타트업 '업스테이지(Upstage)' 기업에서 모바일 메신저 '카카오톡'에 23년 3월 론칭하였습니다.

AskUp은 생성 인공지능 챗봇 '챗GPT'를 기반으로 업스테이지의 'OCR(Optical Character Reader)'과 'Upsketch(업스케치)' 기술을 결합하였습니다. 'OCR(광학문자인식)' 기술은 사용자가 문서의 사진을 찍거나 전송하면 그 내용을 읽고 이해하고 답변할 수 있는 일명 '눈 달린 챗 GPT' 입니다, 'Upsketch (업스케치)'는 원하는 이미지 만들어 그려주는 기능과 얼굴 이미지를 바탕으로 더 젊게, 더 멋지게 프로필을 바꿔주는 '손 달린 챗 GPT'입니다.

AskUp은 영어로 '묻다, 질문하다'라는 뜻을 가진 'Ask'에, 'Upstage'의 기업명을 합성한 것으로 한글로는 발음하기 쉽게 '아숙업'이라는 친근한 별명으로 불립니다. '(주)업스테이지'가 'Making AI beneficial(AI로 세상을 더욱 이롭게 만듭니다)'라는 미션으로 AI의 편리함과 기술력을 더 많은 사람이 알고 써보면 좋겠다는 취지에서 카카오톡으로 서비스를 확장한 것이 AskUp입니다.

내 손안의 지식백과처럼 한 번 알아두면 언제 어디서나 유용하게 활용할 수 있는 AskUp은 카카오톡에서 '아숙업' 또는 'AskUp'으로 채널검색 하거나 홈페이지 접속을 통해 추가만 하면 간단히 쓸 수 있습니다. 이러한 특징들은 아숙업 출시 25일 만에 50만 채널 추가를 돌파했습니다.

AskUp 크레딧(질문할 수 있는 혜택)은 1일 GPT-3.5는 100건, GPT-4는 10건이고 이미지에서 1,000자까지 글씨를 읽을 수 있습니다. GPT-4를 사용하기 위해서는 질문 앞에 '!'을 붙이면 GPT-4가 친절하게 답을 합니다. 정보를 검색하기 위해서는 궁금한 질문 앞에 '?'를 붙여주면, 해당 질문에 관한 정보를 검색하여 알려줍니다.

장점

- **친화적인 인터페이스**
  별도 앱 설치 없이 카카오톡에서 편리하게 AskUp과 대화할 수 있습니다.

- **자연어 처리 기술과 대화형 인터페이 스**
  AskUp은 자연어 처리 기술을 통해 사용자의 질문을 이해하고, 정확한 답변을 제공하며 대화형 인터페이스를 통해 사용자와 상호작용하며 추가적인 질문에도 답변할 수 있습니다.

- **지식과 정보**

  AskUp은 다양한 주제와 분야에 대한 지식을 갖추고 있어 다양한 종류의 질문에도 대답할 수 있습니다. 구글 검색을 응용하여 최신 뉴스와 실시간 정보도 제공합니다.

- **다국어 지원**

  한국어, 영어, 일본어를 지원하여 사용자들에게 접근성과 사용 편의성을 제공합니다.

- **이미지 및 그림 지원**

  AskUp은 이미지나 그림을 그려주는 기능을 제공하고 사용자가 원하는 이미지를 요청하면 그림을 그려서 보여줄 수 있습니다.

단점

- **최신 정보 제공의 제약**

  AskUp은 2021년 9월까지의 정보를 기반으로 하므로 최신 정보나 이벤트에 대해서는 제한된 지식을 가지고 있습니다. 최신 소식이나 업데이트된 정보에 대해서는 검색을 권장합니다.

- **인간과의 대화 한계**

  AskUp은 AI 챗봇으로써 인간과의 대화 한계가 있을 수 있습니다. 따라서, 감정이나 의도를 완벽히 이해하지 못할 수도 있고, 복잡한 주제나 감정적인 대화에 대해서는 인간의 도움이 필요할 수 있습니다.

- **직접적인 경험 부족**

  AskUp은 직접적인 경험을 갖지 않기 때문에 실제 상황에 대한 답변이 제한될 수 있고, 실제 상황에서는 전문가의 조언이 필요할 수 있습니다.

- **언어 및 문화 제한**

  AskUp은 다양한 언어를 지원하지만, 언어와 문화의 특징에 따라 이해하는 데 제한이 있을 수 있으므로 특정 언어와 문화에 대한 깊은 이해는 한계가 있을 수 있습니다.

- **신뢰성 문제**

  제공되는 모든 정보가 정확하고 신뢰할 수 있는 것은 아닐 수 있으며, 사용자는 답변을 받은 후에도 질문의 내용을 검증해야 합니다.

결론 및 전망

AskUp은 실시간 질문과 답변 플랫폼으로써 빠른 답변 제공, 다양한 분야 지식, 편리한 사용성, 정확한 답변 제공 등의 장점을 가지고 있습니다. 그러나 도메인 제한, 오해 소지, 인간의 판단력 부재, 신뢰성 문제, 대화의 한계와 같은 단점도 있습니다. AskUp은 전반적으로 지속적인 학습과 개선을 통해 서비스의 품질을 향상하고 있으며, 앞으로 더 많은 사용자에게 유용한 정보를 제공할 것으로 전망됩니다. 사용자들의 피드백과 요구를 반영하여 더욱 발전하는 AskUp을 기대해 볼 수 있습니다.

1 아숙업 친구 등록하기 - 카카오톡에서 채널추가

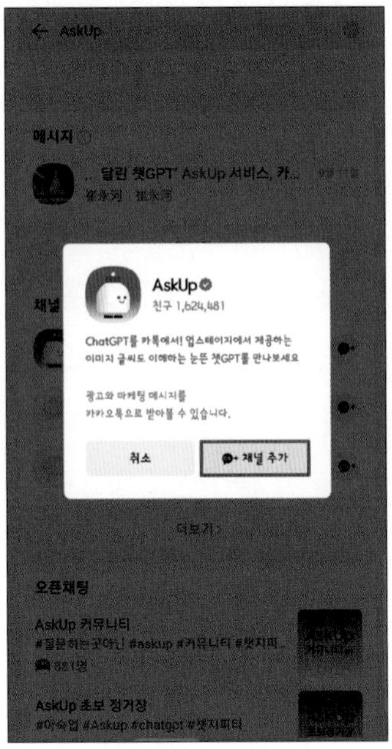

1 친구 또는 채팅탭에서 ② **[돋보기]**을 터치합니다.

2 ① 검색창에 [AskUp]를 입력합니다. ② **[채널 아이콘]** 을 터치하여 터치합니다.

3 **[채널 추가]**를 터치합니다.

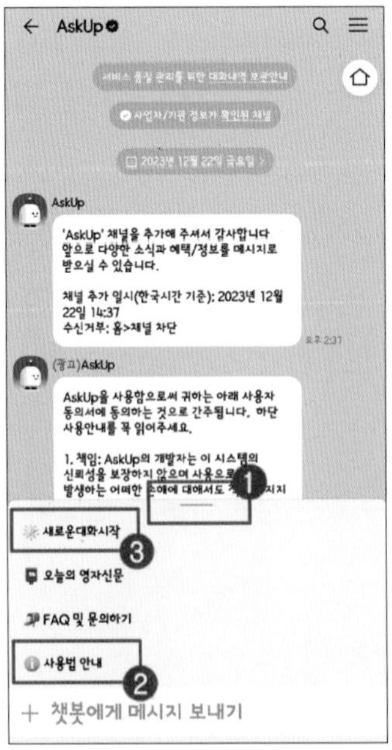

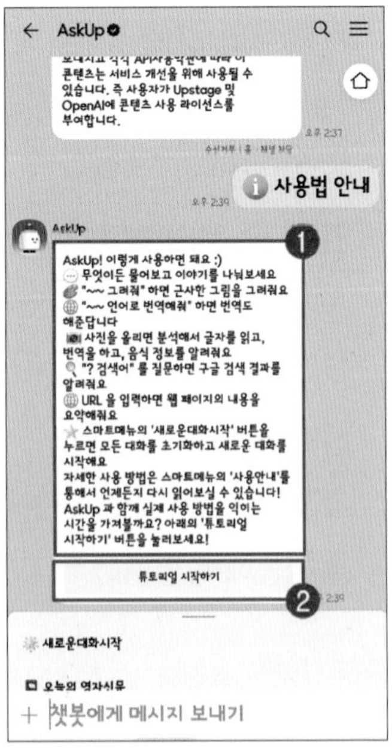

1 ① 채팅 목록에서 채널 추가된 **[AskUp 채널]**을 확인 및 터치합니다.

2 AskUp 첫 화면입니다. ① **[바]**ㅡ를 위로 밀어 ② **[사용법 안내]**를 터치합니다. 대화 중 새로운 주제로 대화하려면 ③ **[새로운대화시작]** 터치합니다.

3 ① 사용법이 안내됩니다. 더 자세한 안내가 궁금하면 ② **[튜토리얼 시작하기]**을 터치하여 단계별 상세 설명서를 확인하고 따라서 해봅니다.

② 아숙업 튜토리얼 1~6단계

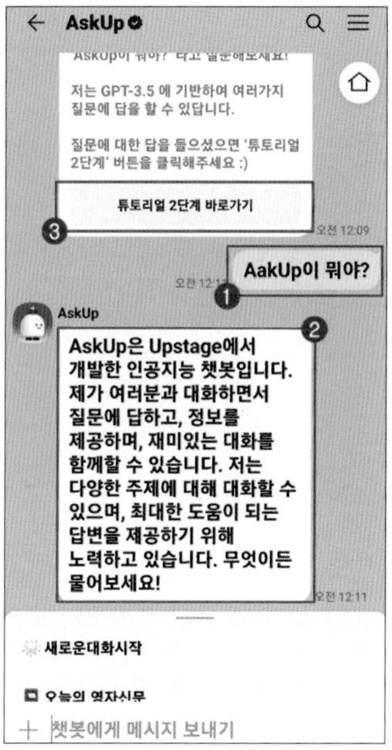

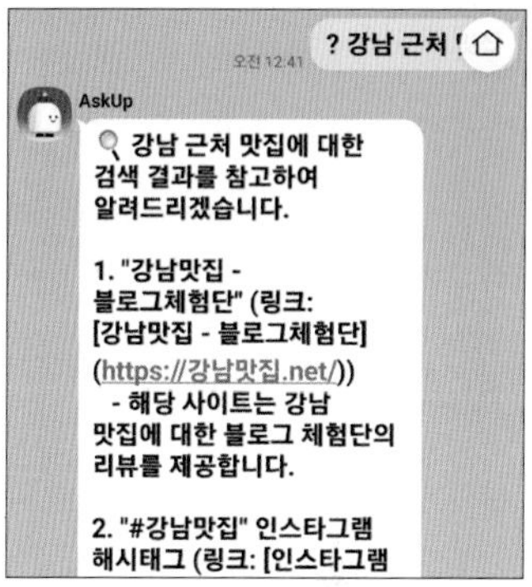

1 [튜토리얼 1단계 바로가기]을 터치하면 ② 1단계가 시작되며 연습할 질문이 나타납니다.

2 ① 하단 입력창에 [**AskUp이 뭐야?**]를 입력합니다. ② 답변이 나타납니다. ③ [**튜토리얼 2단계 바로가기**]을 터치합니다. **3** [? 강남 근처 맛집] 질문하고 답변이 나타납니다.

※ AskUp은 GPT-3.5기반이라 2021년 9월까지 정보로 답변하지만, [?] 붙이면 최신 정보를 검색하여 답변합니다.

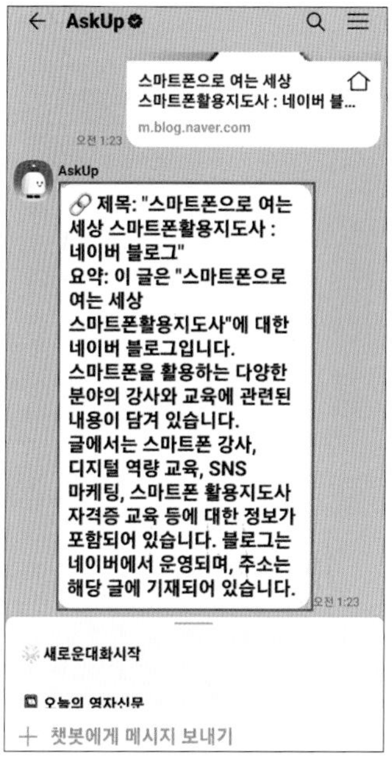

1 **튜토리얼 3단계**는 [**URL 요약**] 기능입니다.

2 [**챗봇에게 메시시 보내기**] 창에 URL를 복사하여 붙여 놓고 [**요약해줘**]라고 입력합니다.

3 해당 URL 내용을 요약하여 보여줍니다.

튜토리얼 4단계 바로가기
AskUp
튜토리얼 4단계 - 이미지 생성 (4/6)
'사람들과 동그란 창문 그려줘' 라고 제게 질문해보세요!
저는 이미지 생성 기능을 제공합니다. '무엇무엇 그려줘' 라고 요청하면 다양한 이미지를 생성해드려요.
근사한 그림을 그려보셨다면 '튜토리얼 5단계' 버튼을 클릭해주세요 :)
튜토리얼 5단계 바로가기
2
영화 '바람과 함께 사라지다' 한 장면 그려줘
새로운대화시작
1
챗봇에게 메시지 보내기

AskUp
튜토리얼 5단계 바로가기
영화 '바람과 함께 사라지다' 한 장면 그려줘
AskUp
새로운대화시작
챗봇에게 메시지 보내기

AskUp
영화 '바람과 함께 사라지다' 한 장면 그려줘
AskUp
새로운대화시작
챗봇에게 메시지 보내기

1 **튜토리얼 4단계**는 [이미지 생성]입니다. ① **[챗봇에게 메시지 보내기]**창에 ② 이미지 생성 문구를 입력합니다.

2 생성된 이미지가 보입니다.

3 다시 요청하면 다른 이미지를 생성하여 보여줍니다.

튜토리얼 5단계 바로가기
AskUp
튜토리얼 5단계 - 얼굴 변경 (5/6)
지금 바로 셀카를 찍어서 제게 보내보세요!
저는 여러분의 얼굴이 담긴 사진을 더욱 화사한 이미지로 바꾸어 드릴 수 있어요.
바뀐 이미지를 확인하셨다면 '튜토리얼 6단계' 버튼을 클릭해주세요 :)
튜토리얼 6단계 바로가기
튜토리얼 종료하기
새로운대화시작
챗봇에게 메시지 보내기

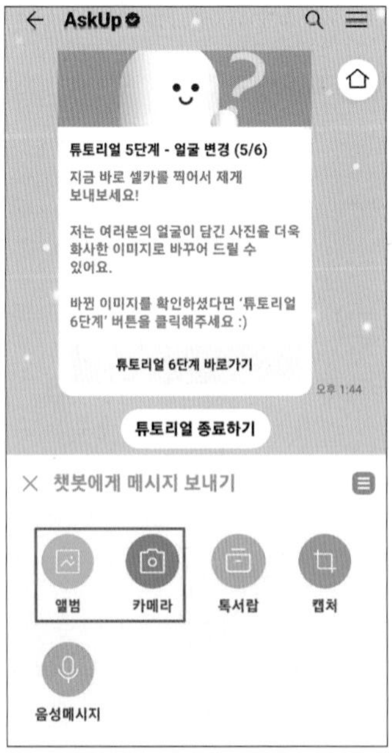
AskUp
튜토리얼 5단계 - 얼굴 변경 (5/6)
지금 바로 셀카를 찍어서 제게 보내보세요!
저는 여러분의 얼굴이 담긴 사진을 더욱 화사한 이미지로 바꾸어 드릴 수 있어요.
바뀐 이미지를 확인하셨다면 '튜토리얼 6단계' 버튼을 클릭해주세요 :)
튜토리얼 6단계 바로가기
튜토리얼 종료하기
챗봇에게 메시지 보내기
앨범
카메라
톡서랍
캡처
음성메시지

AskUp
AskUp
안녕하세요! 얼굴을 인식했습니다. 얼굴을 바꿔보고 싶으신가요?
멋있게
멋있게
새로운대화시작

1 **튜토리얼 5단계**는 [얼굴 변경]입니다. ① **[+]**를 터치합니다.

2 **[앨범]** 선택하여 갤러리에서 얼굴 사진을 불러오거나 **[카메라]**를 터치하여 셀카를 찍어 가져옵니다.

3 **[멋있게]**를 선택합니다.

AskUp
안녕하세요! 얼굴을 인식했습니다. 얼굴을 바꿔보고 싶으신가요?
오후 1:45
여 멋있게 그려줘
AskUp
새로운대화시작
챗봇에게 메시지 보내기

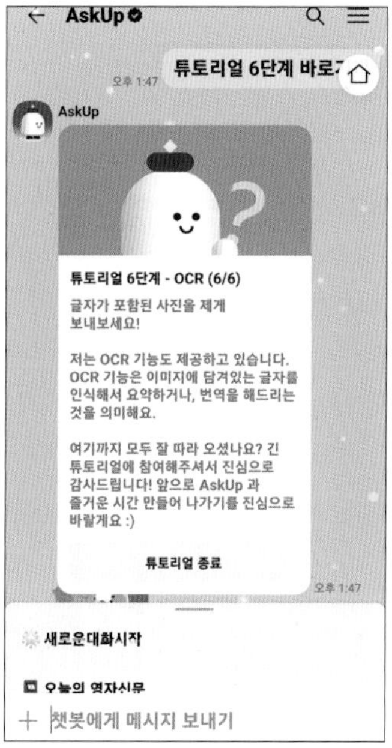
AskUp
튜토리얼 6단계 바로
오후 1:47
AskUp
튜토리얼 6단계 - OCR (6/6)
글자가 포함된 사진을 제게 보내보세요!
저는 OCR 기능도 제공하고 있습니다. OCR 기능은 이미지에 담겨있는 글자를 인식해서 요약하거나, 번역을 해드리는 것을 의미해요.
여기까지 모두 잘 따라 오셨나요? 긴 튜토리얼에 참여해주셔서 진심으로 감사드립니다! 앞으로 AskUp 과 즐거운 시간 만들어 나가기를 진심으로 바랄게요 :)
튜토리얼 종료
새로운대화시작
챗봇에게 메시지 보내기

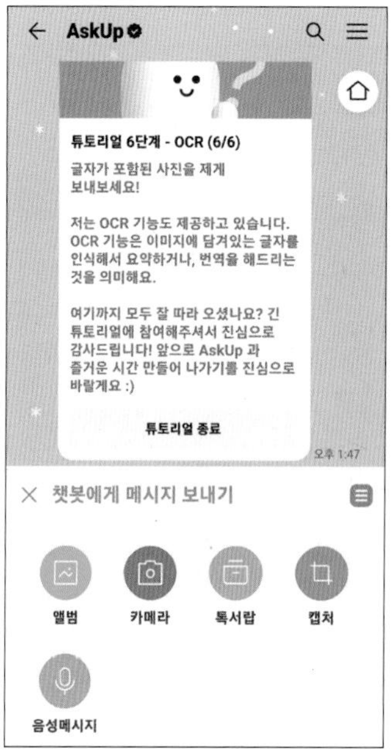
AskUp
튜토리얼 6단계 - OCR (6/6)
글자가 포함된 사진을 제게 보내보세요!
저는 OCR 기능도 제공하고 있습니다. OCR 기능은 이미지에 담겨있는 글자를 인식해서 요약하거나, 번역을 해드리는 것을 의미해요.
여기까지 모두 잘 따라 오셨나요? 긴 튜토리얼에 참여해주셔서 진심으로 감사드립니다! 앞으로 AskUp 과 즐거운 시간 만들어 나가기를 진심으로 바랄게요 :)
튜토리얼 종료
챗봇에게 메시지 보내기
앨범
카메라
톡서랍
캡처
음성메시지

1 선택한 이미지가 완성되어 나타납니다. **※ 이미지는 프로필로 활용하면 좋습니다.**

2 **튜토리얼 6단계는 [OCR]입니다.** ① [+]를 터치합니다.

3 [앨범]을 선택합니다. 갤러리에서 텍스트를 추출할 이미지를 선택하여 가져옵니다.

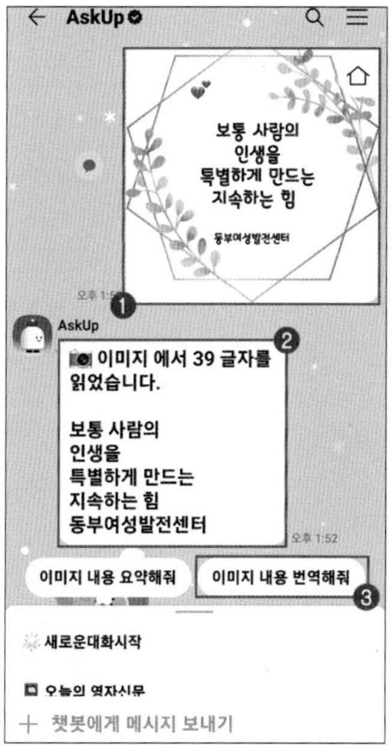
AskUp
보통 사람의 인생을 특별하게 만드는 지속하는 힘
동부여성발전센터
AskUp
이미지 에서 39 글자를 읽었습니다.
보통 사람의 인생을 특별하게 만드는 지속하는 힘 동부여성발전센터
이미지 내용 요약해줘
이미지 내용 번역해줘
새로운대화시작
챗봇에게 메시지 보내기

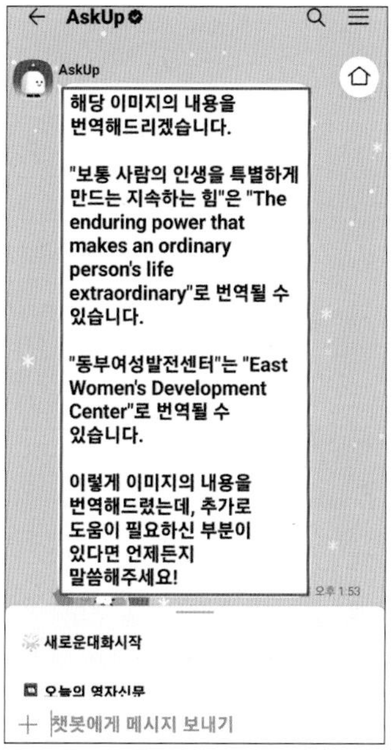
AskUp
해당 이미지의 내용을 번역해드리겠습니다.
"보통 사람의 인생을 특별하게 만드는 지속하는 힘"은 "The enduring power that makes an ordinary person's life extraordinary"로 번역될 수 있습니다.
"동부여성발전센터"는 "East Women's Development Center"로 번역될 수 있습니다.
이렇게 이미지의 내용을 번역해드렸는데, 추가로 도움이 필요하신 부분이 있다면 언제든지 말씀해주세요!
새로운대화시작
챗봇에게 메시지 보내기

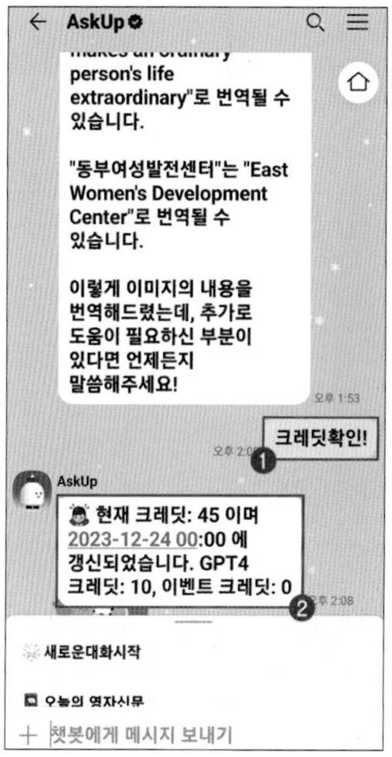
AskUp
person's life extraordinary"로 번역될 수 있습니다.
"동부여성발전센터"는 "East Women's Development Center"로 번역될 수 있습니다.
이렇게 이미지의 내용을 번역해드렸는데, 추가로 도움이 필요하신 부분이 있다면 언제든지 말씀해주세요!
크레딧확인!
AskUp
현재 크레딧: 45 이며 2023-12-24 00:00 에 갱신되었습니다. GPT4 크레딧: 10, 이벤트 크레딧: 0
새로운대화시작
챗봇에게 메시지 보내기

1 ① 이미지에서 ② 텍스트를 추출하였습니다. ③ **[이미지 내용 번역해줘]**를 선택합니다.

2 번역된 내용입니다.

3 ① **[크레딧확인!]**를 입력하면 현재 내 AskUp 크레딧 잔량을 확인할 수 있습니다. ② 잔여 크레딧을 확인합니다. **※ 크레딧은 AskUp에게 질문할 수 있는 횟수를 의미한다.**

3 아숙업 - 활용사례

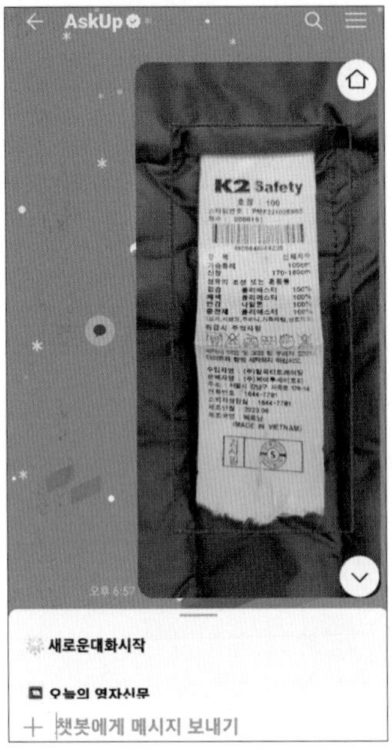

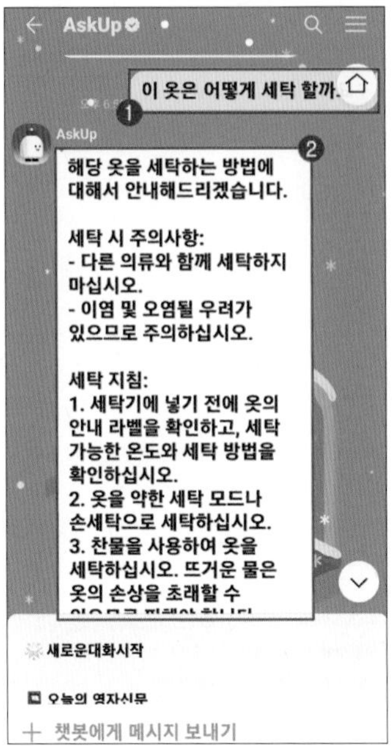

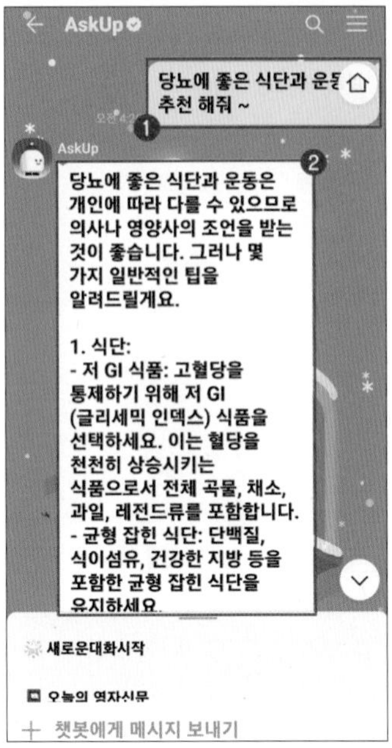

1 활용 사례 • 일상 - 옷라벨을 찍어 올리고,

3 ① 세탁 방법을 물어보면 ② 세탁 시 주의 사항을 알려줍니다.

3 활용 사례 • 건강 - ① 당뇨 식단과 운동 추천을 요청하면 ② 쉽고 빠르게 안내합니다.

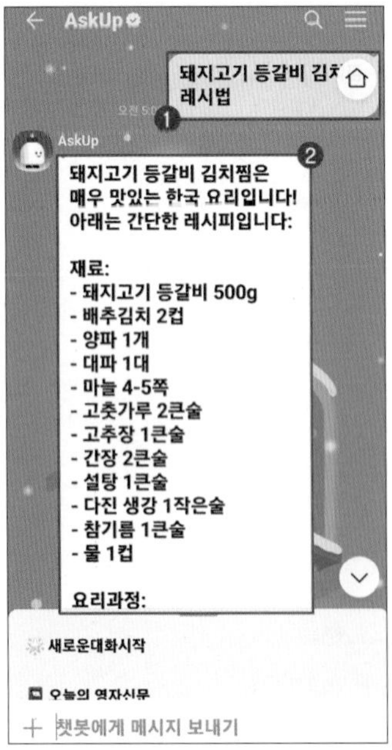

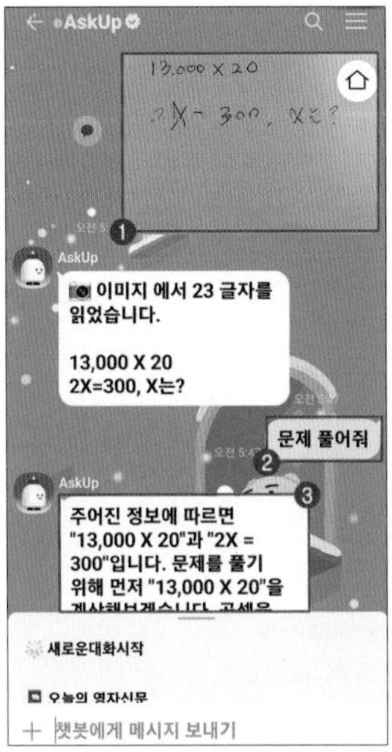

1 활용 사례 • 요리 - ① 등갈비찜 레시피를 요청하면 ② 레시피가 나옵니다.

2 활용 사례 • 학습 - ① 문제를 보여주고 ② 풀어달라고 하면 ③ 풀고 설명까지 자세히 알려줍니다.

3 활용 사례 • 여가 - ① 노래 추천을 부탁하면 추천해주고 ② 추천한 이유를 물어보면 자세히 설명해 줍니다.

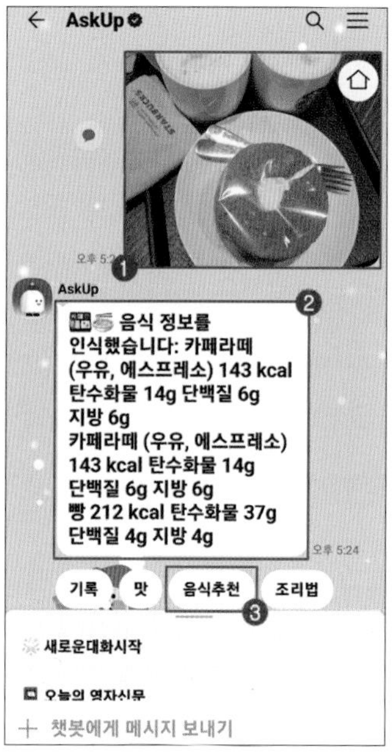

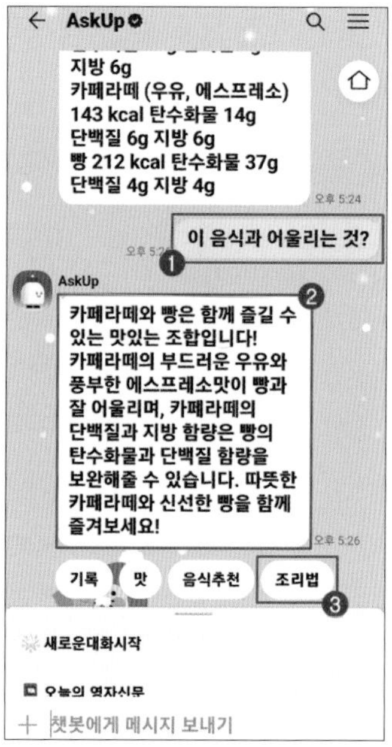

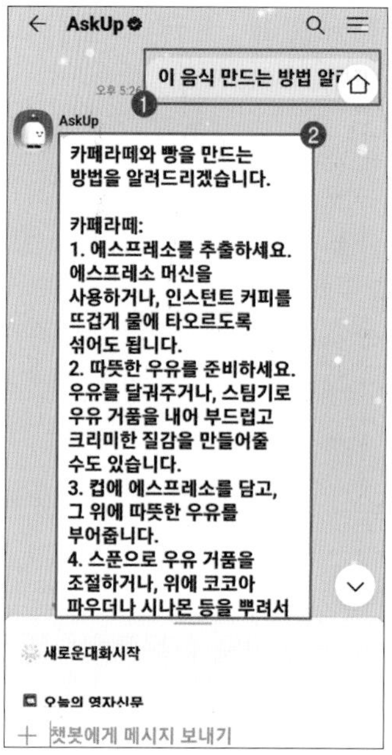

1 활용사례 • 칼로리 ① 사진 속 이미지에서 ② 음식 정보를 알려줍니다.

③ 어울리는 **[음식추천]**을 터치합니다.

2 ① 선택 질문이 쓰여지고 ② 카페라떼와 빵 어울림을 설명합니다. ③ **[조리법]**을 터치합니다.

3 ① 선택 질문이 쓰여지고 ② 카페라떼와 빵 만드는 방법을 설명합니다.

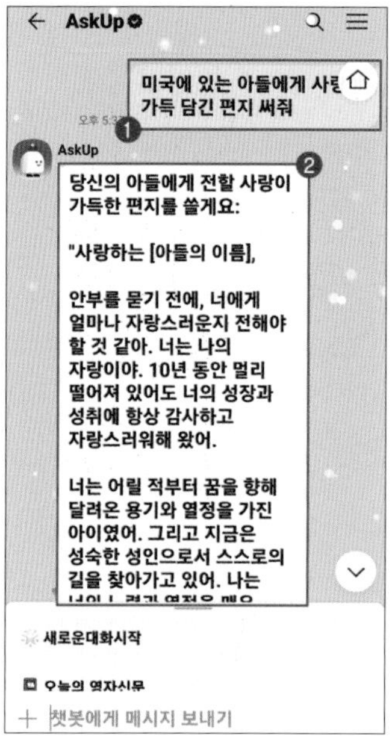

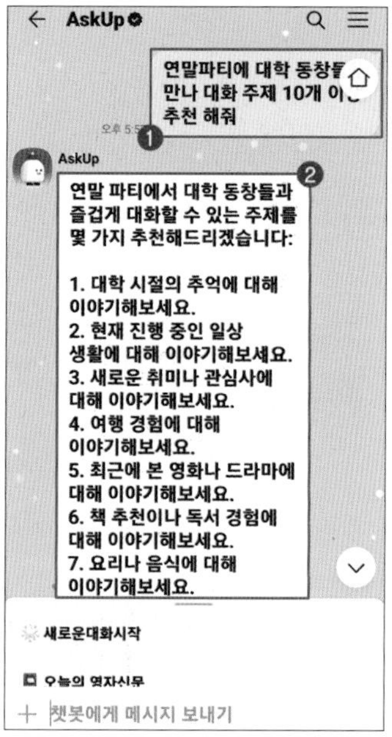

1 ① 안부 편지를 요청합니다. ② 사랑 가득 편지가 완성되었습니다.

2 ① 대화 주제를 부탁합니다. ② 대화 주제가 작성되었습니다.

3 대화 주제를 바꿀 때는 꼭 ① **[새로운대화시작]**을 터치하고 질문을 시작합니다.

② **[타지마할 그려줘]**라고 입력합니다. ③ 멋진 타지마할 그림입니다.

❹ 아숙업 - 활용팁

질문 앞에 [?]로 대화를 시작하면 해당 질문에 관한 정보를 검색하여 답변합니다.

[?] 붙이면 잘하는 것	[?] 안 붙였을 때 잘하는 것
▶ **? 를 사용한 검색은 최신 정보 기반** • ? 무인도의 디바 내용 요약 • ? 강남 맛집 추천 • ? 포노사이피엔스가 뭐야 • ? 머신러닝 설명 요약 ▶ **더 자세한 정보를 알아보기 위해 링크를 첨부해줬으면 할 때**	▶ **기존 질문은 2021년 9월까지 전 세계에서 모은 지식 기반** • 행복해로 삼행시 지어줘 • 오늘 만나는 소상공인 홍보 담당자랑 • 이야기할 대화 추천해줘 • 4주 코어 강화 운동 루틴 짜줘. 스트레칭으로 시작해서 스트레칭으로 끝나면 좋겠어.

• 질문 앞에 [!]로 대화를 시작하면 **GPT-4 기반**으로 질문에 답합니다.
• 답변 앞에 **[#GPT4]** 달려 있다면 **[GPT-4]**가 생성한 답변입니다.
• **하루 동안 GPT-3.5 기반은 100건, GPT-4 기반은 10건 무료 답변**을 제공합니다.
• **이미지에 있는 글은 한 번에 1000자 이하로 인식되므로 긴 글은 나누어** 인식시킵니다.

? 하와이 7박 8일 코
AskUp
하와이 7박 8일 코스에 대한 정보를 찾아보았습니다. 아래 링크를 통해 자세한 정보를 확인하실 수 있습니다.
링크: [한진관광] (https://www.kaltour.com/ProductOverseas/OverseasView?pkgpnh=KW30125&hg1hno=)
해당 링크에서는 하와이 여행에 대한 패키지 상품을 제공하고 있습니다. 상세한 일정과 여행 내용을 확인하시면 하와이 7박 8일 코스에 대한 정보를 얻을 수 있을 것입니다. 즐거운 여행이 되시길 바랍니다!
새로운대화시작
챗봇에게 메시지 보내기

한진관광
www.kaltour.com
여행 마일리지 호캉스 전세기 크루즈 골프
[사전발권특가] 시애틀 승선 알래스카 크루즈 10일
다른 출발일
구분
성인(만12세이상)
기본상품가격
4,990,000원

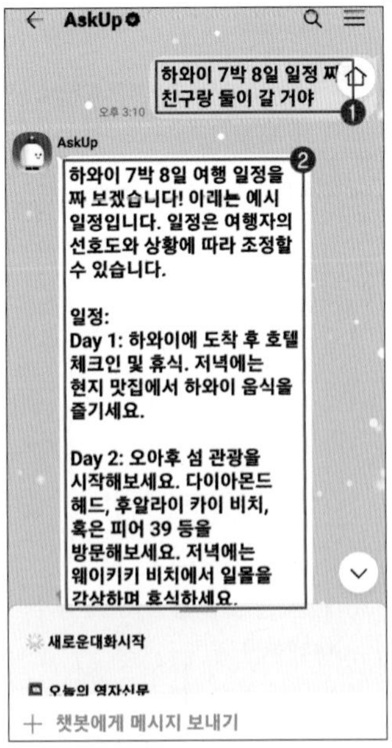
AskUp
하와이 7박 8일 일정 짜 친구랑 둘이 갈 거야
AskUp
하와이 7박 8일 여행 일정을 짜 보겠습니다! 아래는 예시 일정입니다. 일정은 여행자의 선호도와 상황에 따라 조정할 수 있습니다.
일정:
Day 1: 하와이에 도착 후 호텔 체크인 및 휴식. 저녁에는 현지 맛집에서 하와이 음식을 즐기세요.
Day 2: 오아후 섬 관광을 시작해보세요. 다이아몬드 헤드, 후알라이 카이 비치, 혹은 피어 39 등을 방문해보세요. 저녁에는 웨이키키 비치에서 일몰을 감상하며 휴식하세요.
새로운대화시작
챗봇에게 메시지 보내기

'비슷한 질문에 대해 [?]를 붙이고 안 붙이고의 차이

1 ① [? 하와이 7박 8일 코스]로 질문하면 실제 다녀온 여행 코스에 대해 검색 ② 링크를 터치하면

2 여행을 예약할 수 있는 창이 열립니다.

3 **① 물음표 없이 질문을 하면 ② 여행 코스 아이디어 제공 및 창의적인 코스을 짜줍니다.**

쉽고 간편한 업무시간을 90% 이상 줄여주는 웹사이트 소개

샌드애니웨어
send-anywhere.com

샌드애니웨어는 **쉽고 빠른 무제한 파일 전송 서비스**입니다. 모바일, PC 어떤 플랫폼에서도 간편하게 파일을 전송할 수 있습니다. 샌드애니웨어는 파일의 종류, 개수, 용량 제한 없이 사용할 수 있습니다.

웜홀
wormhole.app

웜홀(Wormhole) 서비스는 **10GB 이상의 대용량도 빠른 속도로 전송이 가능한 무료 서비스**입니다. 별도의 설치가 필요하지 않은 웹 서비스로 아이폰(iOS), 안드로이드 스마트폰, 윈도우, 맥 등 구분이 없이 자유롭게 파일 전송이 가능합니다.

투컬러컴비네이션
2colors.colorion.co

파워포인트에서 슬라이드 화면에 사용할 이미지나 폰트 및 도형의 색채, 배색 생각만 해도 고민이라고 하시는 분들은, 간편하게 투컬러 컴비네이션을 사용해보시면 좋습니다.

리무브
remove.bg

Remove는 **개인이 무료로 사용할 수 있는 배경제거 사이트**입니다. 인공지능 기술을 활용하여 피사체를 인식하고, 배경을 깔끔하게 지워줍니다. 안드로이드 폰은 구글 플레이스토어에서도 다운받아 사용할 수 있습니다. 캔바 CANVA 에디터를 활용해서 디자인을 만들 수도 있습니다.

클린업픽쳐스
cleanup.pictures

모두 사용 가능한 **인공지능 배경 제거 사이트**입니다. 클린업 픽쳐스는 **[인페인팅] 이라는 인공지능 기술을 이용**하는 사이트로, '인페인팅'이란 이미지에서 손상된 부분을 채우거나, 누락된 부분을 복원하고 사진에서 원하지 않는 사물이나 인물 및 개체를 제거하는 기술입니다. '인페인팅'은 딥러닝 알고리즘을 활용하여 이미지의 특정 부분을 새로운 이미지로 변경도 가능한 기술입니다.

플레이스잇
placeit.net

실제 제품을 만들기 전, 디자인 검토를 위해 **실물과 비슷하게 시제품을 제작하는 작업의 과정을 '목업(Mockup)'**이라고 합니다. 머릿속으로 상상하는 것과 눈에 보이는 형태의 시제품으로 만들어서 작업을 진행하는 것은 정말 큰 차이가 있습니다. 디자이너가 아닌 이상(혹은 우리 팀에 디자이너가 없다면) 목업을 하는 과정이 너무 어렵습니다. 그럴 때 강력 추천하는 것이 **무료 목업 사이트를 활용하는 방법**입니다. 실제로 전자책을 만들 때 썸네일, 상세 페이지에 들어갈 입체적인 전자책 이미지를 만들기 위해 플레이스잇을 사용하면 쉽고 빠르게 만들 수 있습니다.

셀프
xelf.io

xelf은 전 세계 수많은 유저들과 함께 **무료 ppt 탬플릿을 제작하고, 공유할 수 있는 커뮤니티 기능을 포함**하고 있습니다. 일단, xelf는 한국어를 지원하기에 영어 울렁증이 있는 당신이라면 보다 편하게 사용해볼 수 있습니다. xelf는 미리캔버스처럼 ppt 탬플릿뿐만 아니라 카드 뉴스, HTMl5를 이용한 게임 소스까지 당신만의 개성을 뽐낼 수 있는 다양한 콘텐츠를 제작하고 웹을 통해 유저들과 공유할 수 있습니다.

유용한 사이트 소개

1 스마트쉼센터

- 인터넷, 스마트폰 과의존으로 어려움을 겪고 있는 사람들을 위해 과의존 진단을 받을 수 있으며 상담이 필요한 경우 온라인 상담 및 센터내방상담, 가정방문상담으로 도움을 주는 센터입니다.
- 기관에서 예방교육을 신청할 수 있으며 자료실에서 콘텐츠 교육자료, 상담사례를 참고할 수 있습니다.
- 스마트폰 과의존 상담 전문인력을 양성하고 전국에 18개 스마트쉼센터가 운영되고 있습니다.

2 스마트초이스

- 통신서비스 이용자에게 통신요금, 통신서비스 관련 정보를 알기 쉽고 체계적으로 제공하기 위해 한국 통신사업자 연합회에서 운영하는 통신요금 정보포털 사이트입니다.
- 이동전화 요금제 추천과 요금 할인 단말기 지원금 조회, 분실·도난 단말기 조회, 통신 미환급금 조회 등을 확인할 수 있으며 eSIM이 탑재된 스마트폰도 가입, 해지, 번호이동이 가능합니다.

3 경찰청 사이버캅

- 검색창에 전화번호(계좌번호, 이메일)를 입력히여 상대방이 사이버사기로 경찰에 신고되어 있는지 확인할 수 있습니다. (최근 3개월동안 3회 이상 신고)
- 안전거래 결제 전 사이트, 계좌를 확인할 수 있고 피해 경보를 통해 최근 이슈 내용을 확인하고 신종 범죄 예방에 대한 정보를 제공합니다.
- 사이버 범죄 신고(상담)이 가능하며 예방교육신청을 하여 교육을 받을 수도 있습니다.

4 시티즌 코난

- 스마트폰의 보이스피싱에 악용되는 악성앱을 탐지하기 위한 악성앱 순간 탐지기로 경찰대학 치안정책연구소와 ㈜인피니그루에서 개발하고 공동 운영하고 있습니다.
- 전화 가로채기앱, 금융기관 사칭앱, 경찰/검찰 등의 공공기관 사칭앱, 의료 사칭앱, 택배/쇼핑 사칭앱, 몸캠 악성앱 등을 실시간으로 탐지 가능하며 미설치된 악성파일(.apk/ .zip)의 탐지 및 삭제도 가능합니다.

5 피싱아이즈

피싱아이즈는 금융 보이스피싱 탐지 및 예방 솔루션으로서 시티즌코난(피싱아이즈 폴리스)과 함께 운영되고 있습니다. 피싱아이즈는 경찰청 및 제휴된 금융사와 다양한 유형의 피싱에 대해 실시간적으로 공동 대응함으로써, 피싱범의 4대 현혹 행위(악성 앱, 원격제어 앱, 문자, 카카오톡)와 5대 갈취 채널(APP, WEB, ARS, ATM, 창구)로부터 보이스피싱을 예방하는 국내 유일의 "보이스피싱 민관 공동 대응망 서비스" 입니다. 피싱아이즈는 경찰대학 치안정책 연구소와 함께 운영하는 시티즌코난(=피싱아이즈 폴리스)과 함께 운영됩니다.

6 더치트(thecheat.co.kr)

더치트는 2006년 1월 4일 비영리로 개설된 국내 최초의 사기피해 정보공유 사이트이며, 사기피해사례 공유를 통한 사기피해 재발방지 및 피해자 간 공동대응을 목적으로 운영되고 있습니다. 모바일 앱도 이용할 수 있습니다.
중고거래 특성상 소액의 경우 수수료가 아까워서 그냥 선입금을 해 버리는 경우가 있는데 그러면 중고 사기의 위험성이 높아집니다. 이와 같은 중고거래 사기이를 막기 위해서 제공되는 서비스가 바로 더치트입니다. 더치트는 문제가 있는 사용자의 이름이나 아이디 휴대폰 번호로 계좌번호 등을 공유하는 사이트라고 합니다. 피해자들의 자발적 신고로 데이터베이스가 쌓여 있기 때문에 신뢰도가 높은 편입니다. 그럼에도 불구하고 등록된 데이터가 없는 경우도 있어서 주의를 필요로 합니다.
더치트를 이용하더라도 모든 피해를 막거나 확인이 불가능한 경우도 있기 때문에 안심할 수는 없습니다. 가급적 지역 주민과 바로 직거래할 수 있는 플랫폼 이용을 권장합니다. 꼭 택배를 통한 중고거래를 해야겠다면 앞서 언급한 것처럼 더치트를 통해 먼저 조회를 해보시는게 좋습니다.
만약 판매자가 선입금을 하라고 하면 입금은 절대 하지 말고 에스크로 또는 네이버페이 등 안전거래를 이용하도록 합니다. 물론 수수료는 구매자가 부담하는 조건으로 제시하면 웬만해선 판매자도 오케이 합니다. 때문에 안전 거래를 하는 것이 좋습니다.

7 건강e음

건강보험심사평가원의 모바일 앱 서비스인 『건강e음』은 기관 홈페이지(www.hira.or.kr)의 주요 조회·신청서비스를 모바일 환경에서 쉽고 편리하게 이용할 수 있도록 구성하였습니다.

● 건강e음 주요서비스

※ **비급여 진료비 정보:** 의료기관에서 제출한 비급여 진료비용의 가격 등을 확인하여 공개함으로써, 해당 의료기관의 적정한 비급여 제공과 의료기관을 이용하는 환자의 합리적인 선택을 돕습니다.

※ **내 진료정보 열람:** 내가 낸 진료비, 총 진료비 등과 진료내역, 처방조제내역 등의 정보를 확인할 수 있습니다.

※ **나의 건강수첩:** 올 한해의 한방 추나요법, 치과 스케일링, 물리치료, 응급진료, 방사선단순영상 촬영 횟수 등 나의 의료이용 정보를 확인할 수 있습니다.

8 응급 의료 정보제공

보건복지부는 응급의료 수요 증가 및 급변하는 IT(정보기술) 환경에 부응하기 위하여 스마트폰을 이용한 응급의료 관련 정보제공을 시작합니다.

● **[응급의료정보제공 앱 주요 기능]**

※ 지도 중심으로 실시간 진료 가능한 병원 찾기

- 내 위치를 중심으로 주변 병의원 및 약국을 검색할 수 있습니다.

※ 즐겨찾기로 자주 가는 병의원 및 약국 모아 보기

- 자주 가는 병원을 즐겨찾기에 등록하고, 등록된 병원의 상세정보를 빠르게 찾을 수 있습니다.

※ 응급실 상황 한눈에 보기

- 현재 위치를 기반으로 각 응급실의 세부 상황을 한눈에 파악할 수 있습니다.

※ 야간/주말 진료 가능한 병원 찾기

- 야간이나 주말에 현재 운영 중인 병의원 및 약국을 빠르게 찾을 수 있도록 아이콘을 제공하고 있습니다.

※ 현 위치 중심으로 내 주변 AED 찾기

- 내 주변에 있는 AED(자동 심장 충격기)를 빠르게 찾을 수 있고, 점검 상태를 알 수 있습니다. (60일 이내 점검 여부)

※ 명절 응급의료기관(휴일지킴이약국)찾기

- 명절 시기에 운영하는 병의원 및 약국을 조회할 수 있습니다.